案外人执行异议之诉异议事由论

基于实体法与诉讼法的双重视角

庄诗岳 / 著

法律出版社
LAW PRESS · CHINA
北京

图书在版编目(CIP)数据

案外人执行异议之诉异议事由论：基于实体法与诉讼法的双重视角／庄诗岳著. -- 北京：法律出版社，2024

ISBN 978-7-5197-9154-4

Ⅰ. ①案… Ⅱ. ①庄… Ⅲ. ①执行(法律)-研究-中国 Ⅳ. ①D925.04

中国国家版本馆 CIP 数据核字(2024)第 098251 号

案外人执行异议之诉异议事由论
——基于实体法与诉讼法的双重视角
ANWAIREN ZHIXING YIYI ZHISU YIYI SHIYOULUN
—JIYU SHITIFA YU SUSONGFA DE SHUANGCHONG SHIJIAO

庄诗岳 著

责任编辑 慕雪丹 章 雯
装帧设计 鲍龙卉

出版发行 法律出版社
编辑统筹 法商出版分社
责任校对 赵明霞
责任印制 胡晓雅
经　　销 新华书店

开本 710 毫米×1000 毫米 1/16
印张 13 **字数** 188 千
版本 2024 年 6 月第 1 版
印次 2024 年 6 月第 1 次印刷
印刷 唐山玺诚印务有限公司

地址：北京市丰台区莲花池西里 7 号(100073)
网址：www.lawpress.com.cn
投稿邮箱：info@lawpress.com.cn
举报盗版邮箱：jbwq@lawpress.com.cn

销售电话：010-83938349
客服电话：010-83938350
咨询电话：010-63939796

书号：ISBN 978-7-5197-9154-4　　**定价**：59.00 元

凡购买本社图书，如有印装错误，我社负责退换。电话：010-83938349

目　录

绪　论

虽然2007年修正的《民事诉讼法》第204条创设了案外人执行异议之诉制度，但在执行难的大背景下，该制度长时间处于休眠状态。比如，截至2023年11月6日，2010年、2011年、2012年、2013年案外人执行异议之诉的案件数量分别为17件、5件、54件、366件。[①] 不过，2014年中共中央发布了《关于全面推进依法治国若干重大问题的决定》，指出"切实解决执行难，制定强制执行法"以及"推动实行审判权和执行权相分离的体制改革试点"；2015年最高人民法院发布了《关于人民法院办理执行异议和复议案件若干问题的规定》以及《关于适用〈中华人民共和国民事诉讼法〉的解释》，为案外人执行异议的审查和案外人执行异议之诉的审理提供了较为详细的规范指引，尤其是明确了案外人执行异议之诉的管辖、起诉条件、当事人、审理程序、证明责任、判决、对强制执行程序的影响等内容；2016年最高人民法院提出"用两到三年时间基本解决执行难问题"；2019年最高人民法院发布了《关于深化执行改革健全解决执行难长效机制的意见——人民法院执行工作纲要（2019—2023）》，指出"基本解决执行难"这一阶段性目标如期实现，奋力向

① 以上数据系笔者以"民事案件""案外人执行异议之诉"为关键词在中国裁判文书网上检索所得，载中国裁判文书网2023年11月6日，https：//wenshu. court. gov. cn/website/wenshu/181217BMTKHNT2W0/index. html? s8 = 03&pageId = 0. 3409012903340176。

“切实解决执行难”的目标迈进。由此，随着执行难问题逐渐化解、审执分离体制机制改革稳步推进，案外人执行异议之诉程序规范不断完善，案外人执行异议之诉的案件数量自2014年开始急剧攀升，截至2023年11月6日，2014年、2015年、2016年、2017年、2018年、2019年、2020年、2021年、2022年的案件数量分别为2926件、4823件、10,434件、14,313件、21,691件、28,071件、30,124件、23,506件、12,626件。①

随着案外人执行异议之诉案件数量的激增，大量新型疑难复杂问题以及传统的理论争议相继浮出水面。其中，争议最大的问题之一便是案外人执行异议之诉异议事由的类型。虽然《最高人民法院关于适用〈中华人民共和国民事诉讼法〉执行程序若干问题的解释》第14条规定，案外人异议的事由是对执行标的主张所有权或者其他足以阻止执行标的转让、交付的实体权利。考虑到阻止执行的权利类型广泛，涵盖了物权、特殊债权甚至“占有”事实状态，《最高人民法院关于适用〈中华人民共和国民事诉讼法〉的解释》第463条仍未一一列举案外人执行异议之诉的异议事由，仅将“权利”改为“权益”、将“阻止”改为“排除”。② 但这样抽象的规定，却无法应对复杂的司法实践。案外人对执行标的享有的哪些民事权益足以排除强制执行，司法实践中分歧不断。虽然江苏、山东、江西、黑龙江、吉林、浙江、安徽、北京、广东、广西、河南等省高级人民法院相继发布了执行异议之诉案件审理指南、指导意见、疑难问题解答、裁判要旨汇总等文件。最高人民法院也自2015年开始起草《关于审理执行异议之诉案件适用法律问题的解释（一）》，并于

① 以上数据系笔者以“民事案件”“案外人执行异议之诉”为关键词在中国裁判文书网上检索所得，载中国裁判文书网2023年11月6日，https://wenshu.court.gov.cn/website/wenshu/181217BMTKHNT2W0/index.html?s8=03&pageId=0.3409012903340176。

② 参见最高人民法院民法典贯彻实施工作领导小组办公室编著：《最高人民法院新民事诉讼法司法解释理解与适用》，人民法院出版社2022年版，第1044页。

2019年11月向社会发布了征求意见稿。但各省高级人民法院之间以及与最高人民法院之间，关于案外人执行异议之诉异议事由的规定并不完全相同甚至完全相反。事实上，在《最高人民法院关于审理执行异议之诉案件适用法律问题的解释（一）（草案）》的起草过程中，几乎每一条都存在重大争议，其中很多条款被删除。该司法解释历时8年，修改达40余稿，至今仍未出台。

不同司法解释以及地方性司法文件的规定相互矛盾、不同法院以及不同法官的裁判尺度不一，无疑会产生侵害案外人、执行当事人的合法权益，损害法律、司法解释的权威等严重后果。因此，案外人执行异议之诉异议事由的类型，需要理论上的深入研究和立法上的及时回应。

第一章　案外人执行异议之诉异议事由的确定因素

第一节　案外人执行异议之诉的法律性质与异议事由

案外人执行异议之诉的法律性质，是其解释论的指针。因此，案外人执行异议之诉异议事由的确定因素，与案外人执行异议之诉的法律性质密切相关。从历史发展的角度而言，关于案外人执行异议之诉的法律性质，相继产生了旧实体法说、诉讼法说、新实体法说和两面说。

关于案外人执行异议之诉的法律性质，最早的学说是旧给付之诉说（旧实体法说），其诞生于德国1877年《民事诉讼法典》制定前后。该说认为，案外人执行异议之诉不过是实体权利的一种诉讼行使，其实体基础与普通诉讼并无区别，根据被强制执行所侵害的权利或者财产的种类，可能是所有物返还之诉、使用物交付之诉、质押物交付之诉或排除妨害之诉等诉讼。[1] 换言之，案外人执行异议之诉的异议事由就是实体法上的

---

① Vgl. Kühne, Berechtigt nach gemeinem Rechte juristischer Besitz zur Intervention der Exekutionsinstanz oder infolge der Vollstrcckung eines Sicherheitsarrestes?, Beiträge zur Erläuterung des deutschen Rechts 23（1879）, 497 ff.

排除妨害请求权。由于排除妨害请求权在实体法上一直被理解为以所有权为中心的物权请求权，旧给付之诉说（旧实体法说）无法合理说明在以往司法实务中，出租人、出借人、交存人等只拥有债权请求权的人也可以提起案外人执行异议之诉的问题，因而遭受了猛烈的批评。[①] 旧给付之诉说（旧实体法说）将案外人执行异议之诉的容许性限制在物权请求权的做法被视为该说的不完全性和狭义性。[②] 由于旧给付之诉说（旧实体法说）无法对不完全性和狭义性的批评作出有效回应，因此随着私法诉权说的衰退而衰退。

与此同时，随着公法诉权说的兴起，民事诉讼法（学）摆脱民事实体法（学）的束缚而取得独立的地位，案外人执行异议之诉的法律性质学说逐渐由实体法说转向诉讼法说，相继产生了形成之诉说（诉讼法说）、确认之诉说（诉讼法说）和命令之诉说（诉讼法说）。以上学说均认为，案外人执行异议之诉是诉讼法上的诉讼，其目的是排除强制执行。其中，为了克服旧给付之诉说（旧实体法说）不完全性和狭义性的致命缺陷，形成之诉说（诉讼法说）放弃了案外人执行异议之诉异议事由的明确判断基准，指出案外人执行异议之诉的异议事由并非案外人对特定执行标的享有所有权等物权，而是倡导法律上的利益等更为灵活包容的判断基准。[③] 确认之诉说（诉讼法说）认为，具有债权请求权的权利人也可以提起案外人执行异议之诉，但从他们所拥有的权利的性质和内容或者说从实体法上的请求权不能引出案外人执行异议之诉，案外人执行异议之诉是来自诉讼法的以异议为诉讼对象的执行法上固有的权利保护手

① Vgl. Picker, Die Drittwiderspruchsklage in ihrer geschichtlichen Entwicklung als Beispiel für das Zusammenwirken von materiellem Recht und Prozessrecht, 1981, S. 33.

② Vgl. v. Schrutka, Zur Analyse der Exscindirungsklage, Zeitschrift für das Privat - und öffentliche Recht der Gegenwart 13. Band, S. 312 f.

③ Vgl. v. Schrutka, Zur Analyse der Exscindirungsklage, Zeitschrift für das Privat - und öffentliche Recht der Gegenwart 13. Band, S. 313 f.

段。[①] 命令之诉说虽未就案外人执行异议之诉的异议事由的判断基准作出明确说明，但也认为案外人执行异议之诉是诉讼法上的诉讼，即认为案外人执行异议之诉是命令之诉，其判决是命令判决，命令判决本身不能改变胜诉当事人之前的实体法上的法律状态，胜诉当事人在命令判决作出之后通过意思表示，作为接收人的国家机关通过被命令的职务行为，创造出新的法律状态。[②] 由此，案外人执行异议之诉的异议事由不再直接等同于实体法上的排除妨害请求权，而是基于更为灵活包容的判断标准而被嵌入诉讼法因素的民事权益。

进入 20 世纪中叶以后，不少学者开始重思民事诉讼法与民事实体法的关系，反省民事诉讼法的独立性和封闭性。在此背景下，关于案外人执行异议之诉的法律性质，诞生了试图驳斥作为通说的形成之诉说的新给付之诉说（新实体法说）。该说认为，案外人执行异议之诉是请求排除债权人的违法执行侵害的诉讼，也就是作为给付之诉的排除妨害之诉。[③] 据此，案外人执行异议之诉的异议事由也就是实体法上的排除妨害请求权。且该说认为，即便将案外人执行异议之诉理解为排除妨害之诉，排除妨害请求的适用范围也在判例、立法上被扩展，并被认定为对所有可以受保护的法律财产的违法侵害，因此，像过去那样对将当事人适格限制在拥有绝对权利的人的批评是不恰当的。[④] 而且，允许拥有债权请求权的案外人提起异议之诉，从历史发展来看，是为了减轻所有权的证明。即随着近代初期经济交易的飞跃发展，商品所有权在地域上广泛流动，所有权和债法上的返还请求权常常被分离，为了减轻关于所有权的证明或使在所有权转移中间存在的人得到执行救济，对于只不过是持有债法

---

① 松村和德『民事執行救済制度論』(成文堂，1998 年) 40 頁。

② Vgl. Kuttner, Urteilswirkungen ausserhalb des Zivilprozessrechts, 1914, S. 22, 25.

③ Vgl. Blomeyer, Rechtskraft – und Gestaltungswirkung der Urteile im Prozeß auf Vollstreckungsgegenklage und Drittwiderspruchsklage, AcP 165, Band, S. 481ff.

④ Vgl. Bettermann, Die Interventionsklage als zivile Negatoria, in Festschrift für Friedrich Weber zum 70. Geburtstag, S. 87ff.

上的请求权的人，也承认了案外人执行异议之诉的诉讼权限。因此，案外人执行异议之诉始终是以保护案外人的所有权为中心的。[①]

第二次世界大战以前，日本关于案外人执行异议之诉法律性质的学说几乎是亦步亦趋地追随德国，日本学界也先后兴起了旧给付之诉说（旧实体法说）、旧确认之诉说（旧诉讼法说）、旧形成之诉说（旧诉讼法说）。但第二次世界大战以后，随着美国法对日本法的渗透，日本关于案外人执行异议之诉法律性质的学说产生了重大转变，即解决纠纷的诉讼目的论成了选择案外人执行异议之诉权利保护形式的重要因素，由此诞生了日本独有的“两面说”。其中，救济之诉说（两面说）、命令之诉说（两面说）、新给付之诉说（两面说）、新确认之诉说（两面说）、新形成之诉说（两面说）等无不是两面或者二元地把握案外人执行异议之诉的功能或者说判决效果，即认为案外人执行异议之诉一方面排除了实体法上的违法状态；另一方面在执行法上被要求排除合法的强制执行。[②]但以两面说为支撑的学说和立法，并没有改变请求法院作出不许执行机关对特定执行标的进行强制执行的诉讼请求的惯用表达。[③]即案外人执行异议之诉的法律性质采两面说时，案外人执行异议之诉的目的或者说诉讼请求与诉讼法说并无本质性区别。因此，关于案外人执行异议之诉异议事由的判断基准，与诉讼法说也无本质性区别。

根据《最高人民法院关于适用〈中华人民共和国民事诉讼法〉的解释》第303条第1款第2项关于“有明确的排除对执行标的的执行的诉讼请求”、第310条第1款第1项关于“判决不得执行该执行标的”以及第310条第2款关于“案外人提起执行异议之诉时，可以同时提出确认其权

---

① Vgl. Picker, Die Drittwiderspruchsklage in ihrer geschichtlichen Entwicklung als Beispiel für das Zusammenwirken von materiellem Recht und Prozessrecht, 1981, S. 443.

② 松村和德『民事執行救済制度論』(成文堂，1998年) 125頁。

③ 参见［日］高桥宏志：《民事诉讼法制度与理论的深层分析》，林剑锋译，法律出版社2003年版，第68页。

利的诉讼请求”的规定可知，关于案外人执行异议之诉的法律性质，《最高人民法院关于适用〈中华人民共和国民事诉讼法〉的解释》采取了形成之诉说（诉讼法说）。事实上，形成之诉说（诉讼法说）也是德国、日本、韩国、我国台湾地区等大陆法系国家的理论通说以及立法学说。根据形成之诉说（诉讼法说），民事权益的实体法性质和效力并非判断案外人对特定执行标的享有的民事权益是否足以排除执行的唯一因素。事实上，案外人执行异议之诉异议事由的确定，除了要考虑私法因素，还要考虑公法因素和社会因素。

第二节　案外人执行异议之诉异议事由确定的私法因素

案外人执行异议之诉，是案外人基于对特定执行标的享有足以排除强制执行的民事权益，向执行法院提起的请求排除对特定执行标的实施强制执行的诉讼。案外人提起执行异议之诉的直接目的是排除执行机关对特定执行标的实施的不当执行行为，根本目的则是保护案外人因强制执行而受到侵害的民事权益。因此，案外人提起执行异议之诉请求法院判决排除强制执行，必须具备诉之原因，而诉之原因即民事实体法上的事由，也就是案外人对特定执行标的享有足以排除强制执行的民事权益。案外人对特定执行标的享有足以排除强制执行的民事权益包括两个方面：一是案外人对特定执行标的享有民事权益；二是案外人享有的民事权益足以排除强制执行。其中，案外人享有的民事权益是否足以排除强制执行，需审查案外人对特定执行标的享有的民事权益能否对抗申请执行人享有的执行债权发生的基础权利。

这里需要特别说明的是，从实体法之观点，强制执行系实现私法上请求权的过程，此项私法上之请求权又称为执行债权。[①] 执行债权不仅包括债权请求权，还包括基于物权或其他支配权、形成权、人格权等发生的请求权。案外人执行异议之诉中的权益对抗，应为案外人对特定执行标的享有的民事权益能否对抗申请执行人享有的执行债权发生的基础权利，而非能否对抗申请执行人享有的执行债权或者说私法上的请求权。请求权与基础权利系两个概念，二者划分的标准截然不同。以案外人对特定执行标的享有的民事权益对抗申请执行人享有的执行债权，系在不同层面进行权益对抗，无法得出结论。此外，以案外人对特定执行标的享有的请求权对抗申请执行人享有的执行债权，虽然系在同一层面上进行权益对抗，但请求权系以权利的作用为划分标准的产物，仅仅依靠权利的作用无法判断不同民事权益之间的优先性。

既然案外人执行异议之诉中的权益对抗是案外人对特定执行标的享有的民事权益能否对抗申请执行人享有的执行债权发生的基础权利，那么法官审理案外人执行异议之诉案件必须判断不同民事权益之间的优先性，而这一判断离不开民事权益的实体法性质和效力。民事权益的实体法性质和效力，也就是确定案外人执行异议之诉异议事由的私法因素。换言之，如果根据民事实体法的规定，案外人享有的民事权益足以对抗申请执行人享有的民事权益，则案外人享有的民事权益具备成为异议事由潜质；反之，则不宜作为异议事由。民事权益的实体法性质和效力，已由民事实体法作出明确规定。例如，在民法领域，通常法定优先权优先于物权、物权优先于债权、法律规定的特殊债权优先于普通债权、普通债权则平等保护。[②] 因此，确定案外人执行异议之诉异议事由的私法因素，应该通过民事实体法的规定加以确定。

实际上，《江苏省高级人民法院执行异议及执行异议之诉案件办理工

① 参见张登科：《强制执行法》，台北，三民书局股份有限公司2013年版，第1页。

② 参见《江苏省高级人民法院执行异议及执行异议之诉案件办理工作指引（二）》第一部分第6条的规定。

作指引（二）》第一部分第3条即明确规定：“审查案外人执行异议之诉中主张的民事权益是否具有实体法上的依据，并根据下列情形予以认定：(1) 案外人主张所有权的，应当依照《民法典》物权编及其司法解释的相关规定予以审理认定；(2) 涉及夫妻关系存续期间财产权属的，应当依照《民法典》婚姻家庭编及其司法解释相关规定予以认定；(3) 涉及股权以及股东权益认定的，应当依照《公司法》及其司法解释的相关规定予以认定；(4) 涉及债权、合同效力、租赁权以及建设工程价款优先受偿权等问题的，应当依照《民法典》总则、合同编及其相关司法解释等规定予以审理认定；(5) 涉及部分可以排除执行的特殊担保物权的，应当依照《民法典》物权编及相关司法解释等相关规定予以审理认定。”此外，《广东省高级人民法院关于审查处理执行裁决类纠纷案件若干重点问题的解答》第10条也明确规定：“执行异议之诉案件的法律适用问题意见：1. 适用《物权法》《合同法》《公司法》等实体法律及相关司法解释，通过认定基础法律关系和甄别实际权利人排除强制执行。2. 可以参照适用《执行异议和复议规定》、《查、扣、冻规定》，认定某些权利的可对抗性，是否足以排除强制执行。”

第三节　案外人执行异议之诉异议事由确定的公法因素

民事诉讼法与民事实体法如鸟之两翼、车之两轮，已是民事诉讼法和民事实体法学者的共识。因此，二者应当相互尊重。不过，民事实体法往往只注重对当事人双方实体利益关系的衡量，而民事诉讼法则须考虑更多的因素，即除了当事人之间的关系，还要斟酌法院与当事人之间的关系；除了实体法上的利益关系，还要兼顾劳力、时间、费用等诉讼法上的程序利益。[①] 而作为争议解决和权利实现终端的民事执行法则更为复杂，其是法律与社会、实体与程序、理论与实践交错、碰撞最为激烈的领域，是各种复杂的权利利益冲突最后决战的战场。[②] 案外人执行异议之诉是因执行机关的不当执行行为衍生出的诉讼，同时具有“诉讼”和“执行”因素。所以，案外人执行异议之诉中的利益冲突更加复杂。在民事执行权这一公权介入之后，仅仅依靠民事实体法难以应对各种复杂的利益冲突。

事实上，民事执行法作为公法，对于民事实体法并不是亦步亦趋，如影随形。[③] 由于民事实体法在动态程序中的局限性，为了协调不同主体之间不同的利益冲突，民事执行法不得不突破民事实体法作出特别规定。例如，关于司法拍卖的性质，《最高人民法院关于适用〈中华人民共和国民法典〉物权编的解释（一）》第7条、《最高人民法院关于适用〈中华人民共和国民事诉讼法〉的解释》第491条、《最高人民法院关于人民法院网络司法拍卖若干问题的规定》第1条，采取了公法说。再如，执行标的物拍卖时，对于其负担的处理方法，《最高人民法院关于人民法院民事执行中拍卖、变卖财产的规定》分别根据不同情况采取了“剩余主义+消灭主义”和“剩余主义+承受主义”两种模式。因此，有学者指出，民事执行法不仅仅是程序法律，在几乎等同甚至更甚的意义上，它还是一部特别民事实体法。[④]

基于案外人执行异议之诉中案外人、申请执行人、被执行人之间复杂的利益冲突，在民事实体法不足以协调这些利益冲突时，需要作为公

---

① 参见肖建国：《司法公正的理念与制度研究》，中国人民公安大学出版社2006年版，第99页。

② 参见肖建国：《中国民事强制执行法专题研究》，中国法制出版社2020年版，第1页。

③ 参见陈桂明、范向阳：《不动产执行程序中执行力的扩张——兼谈执行法作为程序法对实体法的回应和干预》，载《人民司法》2007年第21期。

④ 参见汤维建：《应单独制定我国的强制执行法》，载《人民检察》2011年第7期。

法的民事执行法对案外人、申请执行人、被执行人之间的利益冲突进行适当干预，以在不同主体之间实现利益平衡或者给予一方特殊保护。不过，民事执行法突破民事实体法的规定必须遵循谦抑原则（民事执行法突破民事实体法的规定确属必要，即民事实体法不能协调利益冲突）、法定原则（突破民事实体法的规定，必须由民事执行法作出规定）、比例原则（民事执行法突破民事实体法的规定，必须遵循适当性原则、必要性原则、相称性原则），必须具备足够、充分、必要且正当的理由。否则，必将动摇物权法定原则、债权形式主义的物权变动原则以及债权平等的实体法原则等实体法规则，进而造成民事执行法与民事实体法的冲突，产生民事执行法瓦解民事实体法的严重后果。

其中，民事执行法突破民事实体法的规定，确定案外人执行异议之诉的事由时，通常需要考虑以下公法因素：第一，案外人与被执行人恶意串通规避执行的行为。在司法实践中，被执行人规避执行的手段丰富多样，其中杀伤力最大的是采取反实体法规则思维制造虚假财产外观以逃避执行。[①] 例如，案外人与被执行人恶意串通，通过“假离婚”或虚构“借名买房”“隐名投资”法律关系逃避债务。第二，案外人与被执行人签订的合同本身的违法性或不正当性。第三，案外人本身的过错。第四，申请执行人信赖利益的保护。申请执行人虽非实体法意义上的“善意第三人”，但申请执行人因权利外观而信赖特定执行标的属于被执行人所有，且基于该信赖为启动强制执行程序付出了一定的时间、金钱等成本时，亦使善意的申请执行人产生信赖并遭受一定损失，因此，有必要对申请执行人程序法上的信赖利益予以保护。[②]

---

① 参见李丹：《案外人的不动产登记请求权与执行异议之诉——以名义登记情形下实质权利人的救济为中心》，载北京市第三中级人民法院官网 2017 年 11 月 8 日，http://bj3zy.bjcourt.gov.cn/article/detail/2017/11/id/3068457.shtml。

② 参见肖建国、庄诗岳：《论案外人异议之诉中足以排除强制执行的民事权益——以虚假登记财产的执行为中心》，载《法律适用》2018 年第 15 期。

第四节　案外人执行异议之诉异议事由确定的社会因素

案外人执行异议之诉异议事由的确定，对于立法者而言，是一个价值判断的问题。价值判断，是以某一选定的标准衡量人、事物和状态，通常是指某一特定客体对主体有无价值、有什么价值、有多大价值的判断。[①] 其中，异议事由确定的私法因素的价值判断，已经由民事实体法立法者完成，异议事由确定过程中无须立法者作出二次判断；异议事由确定的公法因素的价值判断，则是民事执行法立法者的使命，需要立法者结合私法因素进行综合考量，进而作出维持民事实体法的规定或者突破民事实体法的规定的判断。不过，价值判断问题，总是在特定的法治背景下展开的，而非“无底棋盘上的游戏”[②]。因此，案外人执行异议之诉异议事由的确定，不仅要考虑私法因素、公法因素，还要考虑社会因素，尤其是社会背景和社会效果。其中，案外人执行异议之诉异议事由的确定，需要考虑以下两方面的社会因素：

第一，当事人生存权的保障。生存权是首要的基本人权，已经是我国党政机关和社会各界的共识。《世界人权宣言》第 25 条第 1 款规定，人人有权享有为维持他本人和家属的健康和福利所需要的生活水准，包括食物、衣着、住房、医疗和必要的社会服务。《经济、社会及文化权利国际公约》第 11 条第 1 款规定，本公约缔约各国承认人人有权为他自己和家庭获得相当的生活水准，包括足够的食物、衣着和住房，并能不断

---

① 参见［德］伯恩·魏德士：《法理学》，丁小春、吴越译，法律出版社 2003 年版，第 54 页。

② 王轶：《民法价值判断问题的实体性论证规则——以中国民法学的学术实践为背景》，载《中国社会科学》2004 年第 6 期。

改进生活条件。我国已于 1997 年签署并在 2001 年批准加入了《经济、社会及文化权利国际公约》。此外，《为人民谋幸福：新中国人权事业发展70年》白皮书明确指出：中国在建设中国特色社会主义的伟大实践中，坚持把人权的普遍性原则与自身实际相结合，奉行以人民为中心的人权理念，始终把生存权、发展权作为首要的基本人权，协调增进全体人民的各项权利，努力促进人的全面发展。[①] 因此，在协调案外人、申请执行人、被执行人之间复杂的利益冲突时，要充分考虑案外人、申请执行人、被执行人的生存权保障，而且在不同位阶的法的价值发生冲突时，在先的价值优先于在后的价值。[②] 因生存权是首要的基本人权，在价值位阶上高于财产权，故应当优先于财产权保护。值得注意的是，案外人执行异议之诉异议事由的确定，不仅要考虑案外人的生存权保障，也要考虑申请执行人、被执行人的生存权保障。不过，申请执行人的生存权问题可以通过《中央政法委、财政部、最高人民法院、最高人民检察院、公安部、司法部关于建立完善国家司法救助制度的意见（试行）》及《最高人民法院关于加强和规范人民法院国家司法救助工作的意见》规定的执行救助基金制度以及司法实践衍生出的执行救助保险制度得到一定保障；被执行人的生存权问题可以通过责任财产豁免规定得到一定保障。

第二，社会背景和社会效果。案外人执行异议之诉异议事由的确定不能仅是理论上的推演，也不能对比较法亦步亦趋，而应当立足于我国民事实体法和民事执行法的规定，立足于我国的经济、社会、政治、文化背景以及可能产生的社会影响。例如，《最高人民法院关于人民法院办理执行异议和复议案件若干问题的规定》第 28 条，即是“基于我国现行房地产开发以及登记制度的不完善等原因，不动产买受人签订买卖合同

---

① 参见《为人民谋幸福：新中国人权事业发展 70 年》白皮书，载新浪网 2019 年 9 月 23 日，http：//news. sina. com. cn/c/2019 – 09 – 23/doc – iicezzrq7636505. shtml。

② 参见舒国滢主编：《法理学》（第四版），中国人民大学出版社 2016 年版，第 197 页。

后，往往不能即时进行登记，买受人取得法律意义上的所有权总会滞后于债权合意很长一段时间……由于不动产处于普罗大众的基本生活资料地位，尤其是在强调‘无恒产者无恒心’的我国，对不动产买受人在执行程序中予以优先保护，对于增强人民群众对法律公平的信心无疑具有特殊的意义”[①]，赋予了无过错不动产买受人的债权以排除执行的效力。这并不能直接在理论和比较法上获得相关依据。

---

① 江必新、刘贵祥主编：《最高人民法院〈关于人民法院办理执行异议和复议案件若干问题规定〉理解与适用》，人民法院出版社2017年版，第421－422页。

第二章　案外人基于物权提起的执行异议之诉

第一节　案外人基于物权提起执行异议之诉概述

根据《民法典》的规定，物权包括所有权、用益物权、担保物权及占有。在立法和实践中，案外人提起执行异议之诉所依据的权利，主要是所有权、用益物权和担保物权，因此，笔者仅对这三种权利予以概述。

一、案外人基于所有权提起执行异议之诉概述

大陆法系国家和地区传统的民事执行标的理论认为，只有属于被执行人所有或受其支配、具有财产价值和可转让性的财产，才能构成金钱请求权执行的标的。之所以强调执行标的须为被执行人所有或受其支配，是因为执行依据所确定的实体请求权具有相对性，除执行力主观范围扩张的法定例外情形，申请执行人只能申请执行被执行人的责任财产。[①] 换言之，因申请执行人经过权益判定程序取得的执行依据，只能在申请执行人和被执行人之间产生执行力，[②] 故申请执行人只能申请执行被执行人

---

① 参见肖建国主编：《民事执行法》，中国人民大学出版社2014年版，第95页。

② 田中康久『新民事執行法の解説』（金融財政事情研究会，1979年）95頁。

的财产，而不能通过执行案外人的财产来实现债权。否则，会侵害不具有可归责性的案外人的合法利益。《最高人民法院关于人民法院民事执行中查封、扣押、冻结财产的规定》第2条、十三届全国人大常委会2022年6月发布的《民事强制执行法（草案）（征求意见稿）》第100条，均对此作出了明确规定。基于物权的排他效力（也称“一物一权主义”），[①] 同一标的物上不得同时并立两个所有权。[②] 如果案外人对特定执行标的主张所有权，表明该特定执行标的可能非属被执行人的责任财产，法院强制执行该特定执行标的将侵害案外人的合法利益。因此，案外人可以基于所有权提起执行异议之诉。事实上，所有权作为案外人执行异议之诉的异议事由，是大陆法系国家和地区的共通做法，在理论和实践中也不存在争议，是最为常见的异议事由。[③] 且案外人不仅可以基于不动产所有权提起执行异议之诉，也可以基于动产或者其他有体物所有权、无体物所有权提起执行异议之诉；不仅可以基于法律行为而取得的所有权提起执行异议之诉，也可以基于非基于法律行为而取得的所有权提起执行异议之诉。

不过，所有权只是典型的异议事由，并不是任何妨碍转让或交付的权利。[④] 案外人执行异议之诉异议事由的要点是“妨碍转让或交付的权利”，其目的在于强制执行使被执行人以外的人本来享有的权利受到某种形式的侵害，且第三人应当把在不能容忍其侵害的情况下可以排除执行的宗旨用这样的形式表现出来。在考虑案外人执行异议之诉的异议事由时，不应根据与所有权的类推来决定，而应根据强制执行来决定。[⑤] 因此，存在以下几种情形时，虽然案外人享有所有权，但仍不得提起执行

① 千葉恵美子等『民法2 物権』（有斐閣，2002年）10頁。

② 参见梁慧星、陈华彬：《物权法》，法律出版社2017年版，第47页。

③ 内田武吉『民事執行・保全法要説』（成文堂，1999年）77頁；淡路剛久等『民法Ⅱ 物権』（有斐閣，1987年）8頁。

④ 三ケ月章『民事執行法』（弘文堂，1981年）140頁。

⑤ 三ケ月章『民事執行法』（弘文堂，1981年）141頁。

异议之诉：

第一，案外人以特定财产为被执行人向申请执行人提供担保的情形。根据《民法典》第386条的规定，担保物权人在债务人不履行到期债务或者发生当事人约定的实现担保物权的情形，依法享有就担保财产优先受偿的权利。基于此，申请执行人申请强制执行担保财产时，案外人负有忍受强制执行的义务，不得提起执行异议之诉。事实上，担保财产本身是实现担保物权诉讼程序或者非讼程序的争议标的物，案外人本身是实现担保物权诉讼程序或者非讼程序的当事人，无论是担保财产还是案外人均为执行力所及。《黑龙江省高级人民法院关于审理执行异议之诉案件若干问题的解答》第10条第1款第1项也规定，案外人虽为所有权人，但案外人以争议财产为被执行人提供担保的，可以判决许可强制执行特定标的。在申请执行人享有先以担保财产受偿抑或先以被执行人的非担保财产受偿的选择权时，如果申请执行人选择先以担保财产受偿，由于此种选择是申请执行人的权利而非义务，因此，案外人不得基于所有权提起执行异议之诉。① 不过，如果申请执行人非基于被担保的债权申请强制执行担保财产或者不享有担保物权的申请执行人申请强制执行担保财产，案外人当然可以基于所有权提起执行异议之诉，请求排除强制执行。②

第二，被执行人转让已经登记的抵押财产，案外人取得所有权且不存在行使涤除权等对抗抵押权的情形。《民法典》第406条第1款规定："抵押期间，抵押人可以转让抵押财产。当事人另有约定的，按照其约

---

① 就附物权担保债权人可否申请执行债务人的一般财产（担保财产之外的其他财产、非担保财产）的问题，学说及立法例上存在"先行主义"与"选择主义"两种主张的分歧。所谓选择主义，即"认为担保物权人拥有通过担保物权交换价值实现其债权的权利，但并不负担必须通过担保物交换价值实现其债权的义务。因此，担保物权人可以选择实行担保物权以优先满足其债权，也可以选择以普通债权人之地位，就债务人的一般财产申请强制执行。"参见刘保玉：《附物权担保债权人的执行选择权问题探讨》，载《法学家》2017年第4期。

② 参见赖来焜：《强制执行法总论》，台北，元照出版有限公司2007年版，第657页。

定。抵押财产转让的，抵押权不受影响。”由此，对于抵押财产的转让，《民法典》第 406 条第 1 款改变了《物权法》第 191 条的规则，由抵押财产转让限制主义转向抵押财产转让自由主义，并承认了抵押权的追及效力。据此，如果抵押期间，被执行人将抵押财产转让给案外人，案外人取得的是附有抵押权负担的财产，享有抵押权的申请执行人有权追及抵押财产之所在并直接支配该抵押财产，即可向案外人主张实现抵押权。此时，案外人负有忍受强制执行的义务，不得提起执行异议之诉。[①] 不过，对于已经设立但未经登记的动产抵押权，为了保护善意买受人的信赖利益，维护交易安全，抵押权的追及力应当受到阻却。即抵押权人只得向抵押人要求行使对转让价金的优先受偿权，而不得向买受人主张实现抵押权，买受人取得的是无权利负担的抵押财产所有权。[②] 此时，案外人可以提起执行异议之诉。此外，为了平衡抵押权人和买受人之间的利益，比较法上规定，买受人可以通过瑕疵担保请求权、代位清偿、替代清偿、代价清偿、涤除权对抗抵押权人。[③]《民法典》未对此作出明确规定。但如果案外人可以且已经通过以上方式使申请执行人的抵押权归于消灭，当然可以提起执行异议之诉。

第三，案外人自愿提供财产代被执行人履行债务的情形。《民法典》第 524 条第 1 款规定，债务人不履行债务，第三人对履行该债务具有合法利益的，第三人有权向债权人代为履行；但是，根据债务性质、按照当事人约定或者依照法律规定只能由债务人履行的除外。据此，对于被执

---

① 日本学者也指出，抵押权具有追及效力，无论谁成为所有人，都可以优先偿还，所以即使抵押权设定的不动产被扣押，也不需要阻止执行，通常不会成为第三人异议之诉的事由。三谷忠之『民事訴訟法講義』（成文堂，2005 年）210 頁。

② 参见张力、张翠萍：《论民法典时代的抵押物转让规则之建构——以公示公信原则为基础》，载《中国不动产法研究》2019 年第 2 辑（总第 20 辑）。

③ 参见高圣平、王琪：《不动产抵押物转让规则的解释论：〈物权法〉第 191 条及其周边》，载《法律科学（西北政法大学学报）》2011 年第 5 期；梁上上、贝金欣：《抵押物转让中的利益衡量与制度设计》，载《法学研究》2005 年第 4 期。

行人所欠债务，案外人当然可以用其个人财产代被执行人履行。事实上，《最高人民法院关于民事执行中变更、追加当事人若干问题的规定》第24条也将此种情形作为特定继受执行的一种情形。[①] 根据该条规定，第三人向执行法院书面承诺自愿代被执行人履行生效法律文书确定的债务，申请执行人申请变更、追加该第三人为被执行人，在承诺范围内承担责任的，人民法院应予支持。基于此，如果案外人经申请执行人的申请被变更、追加为被执行人，案外人自愿提供的财产也将随之变为执行标的，案外人自然不得以其对自愿提供的财产享有所有权为由提起执行异议之诉。此外，基于诚实信用原则，案外人自愿提供财产代被执行人履行债务，且申请执行人因信赖案外人而启动了对该财产的执行程序时，案外人不得因反悔而提出不愿提供财产代被执行人履行债务的请求，更不得提起执行异议之诉。当然，如果案外人系因被执行人或者申请执行人或者二者的欺诈而提供财产代被执行人履行债务，则尚有提起执行异议之诉的余地。

此外，还有几种特殊情形需要加以说明：第一，案外人执行异议之诉中的权益对抗，应为案外人对特定执行标的享有的民事权益能否对抗申请执行人享有的执行债权发生的基础权利，而非能否对抗申请执行人享有的执行债权或者说私法上的请求权。因此，被执行人基于仓储、保管、承揽、代销、借用、寄存、租赁等不转移财产权属的合同占有、使用案外人财产时，案外人应当基于执行债权发生的基础权利，即所有权，提起执行异议之诉。《安徽省高级人民法院关于审理执行异议之诉案件若干问题的会议纪要》第16条明确规定："被执行人基于仓储、保管、承揽、代销、借用、寄存、租赁等合同或者其他法律关系占有，使用他人动产的，所有权人提起执行异议之诉的，应予支持。"第二，权利人、利

---

① 参见廖浩：《民事特定继受执行程序研究——以执行主体变更、追加的二阶段架构为中心》，载《华东政法大学学报》2020年第4期。

害关系人认为不动产登记簿记载的事项错误而申请更正登记时，在登记机构更正登记之前，由于谁是真正的权利人并不明晰，为了保护真正的权利人的合法利益，避免因漫长的更正登记、异议登记、确认之诉程序而影响案外人及时提起执行异议之诉排除执行机关的不当执行行为，应当允许权利人、利害关系人以及不动产登记簿记载的权利人基于事实物权[①]或者法律物权直接提起案外人执行异议之诉，在该诉中一并解决权属问题。第三，案外人与被执行人签订的合同存在不成立、无效或者可撤销的事由时，在合同被确认不成立、无效或者撤销之前（债权形式主义的物权变动模式之下，物权行为的效力受其原因行为的影响），基于与第二种情形同样的理由，应当允许案外人提起执行异议之诉。

二、案外人基于用益物权提起执行异议之诉概述

对于案外人得否基于用益物权提起执行异议之诉，在日本、我国台湾地区的理论和实践中存在两种观点。一种观点认为，用益物权若因强制执行而丧失或受侵害，权利人得提起第三人异议之诉；若不因强制执行而丧失或受侵害，权利人不得提起第三人异议之诉。[②] 这一观点还特别指出，用益物权是伴随占有的物权。换言之，即便实施了强制执行，若基于占有的权限丝毫不受影响，则不能以伴随占有的用益物权为由提起第三人异议之诉。[③] 具体来说，在对不动产的执行中，在强制拍卖的情况下，第三人的占有并不妨碍执行的实施，因此在执行开始的阶段，还没

---

① 参见孙宪忠、常鹏翱：《论法律物权和事实物权的区分》，载《法学研究》2001 年第 5 期。

② 参见内田武吉『民事執行・保全法要説』（成文堂，1999 年）77 頁；三ケ月章『民事執行法』（弘文堂，1981 年）142 頁；中野貞一郎『民事執行・保全法概説』（有斐閣，2006 年）137 頁；和田吉弘『民事執行法・民事保全法』（弘文堂，2007 年）75 頁；赖来焜：《强制执行法总论》，台北，元照出版有限公司 2007 年版，第 672－681 页；张登科：《强制执行法》，台北，三民书局股份有限公司 2013 年版，第 194－197 页。

③ 三ケ月章『民事執行法』（弘文堂，1981 年）142 頁。

有通过第三人异议之诉来阻止执行的实际利益。但在强制管理的情况下，管理人硬要取得占有的时候，该不动产的占有人因为自己的占有被剥夺，为了保护自身利益，可以提起第三人异议之诉。在对动产的执行中，对于第三人占有的动产的扣押，在没有该第三人同意的情况下，是不能合法实施的，第三人可以通过拒绝扣押来规避执行。通过第三人异议之诉来寻求救济的必要性并不大；但就其占有权的存在与否而言，通过确定判决获得既判力的确定方面也不是没有实际利益，既然有这样的利益，第三人异议之诉也可以被认可。① 此外，在日本的实体法解释中，对间接占有人也尽可能给予与直接占有人相同保护的倾向很强，间接占有人也可以提出第三人异议之诉，是一般判例的大势。② 另一种观点认为，用益物权若因强制执行而丧失或受侵害，应当通过执行抗告程序解决。③ 我国的学者④以及《黑龙江省高级人民法院关于审理执行异议之诉案件若干问题的解答》⑤、《北京市高级人民法院关于审理执行异议之诉案件适用法律若干问题的指导意见（试行）》⑥ 针对该问题，完全承继了第一种观点。

---

① 三ケ月章『民事執行法』（弘文堂，1981 年）142 頁。

② 三ケ月章『民事執行法』（弘文堂，1981 年）143 頁。

③ 参见吴光陆：《强制执行法》，台北，三民书局股份有限公司 2012 年版，第 237－241 页。

④ 参见曹春梅：《第三人异议之诉研究》，西南政法大学 2015 年博士学位论文，第 82 页；匡青松：《第三人执行异议之诉研究》，湘潭大学 2011 年博士学位论文，第 62 页；汤维建、陈爱飞：《“足以排除强制执行民事权益”的类型化分析》，载《苏州大学学报（哲学社会科学版）》2018 年第 2 期；王聪：《案外人执行异议之诉中异议事由的类型化研究——以“足以排除强制执行的民事权益”为中心》，载《法治研究》2018 年第 4 期；陈娴灵：《案外人异议之诉异议事由释论》，载《江汉论坛》2011 年第 9 期。

⑤ 《黑龙江省高级人民法院关于审理执行异议之诉案件若干问题的解答》第 9 条规定：“审理中确认存在下列情形，可以判决停止强制执行特定标的：……（四）案外人对执行标的依法享有土地承包权、建设用地使用权、宅基地使用权和地役权等用益物权，因强制执行使用益物权人的占有、收益受到妨碍的。”

⑥ 《北京市高级人民法院关于审理执行异议之诉案件适用法律若干问题的指导意见（试行）》第 6 条第 1 款规定：“案外人依据《民事诉讼法》第二百零四条规定提起诉讼的，须主张其对执行标的物享有足以阻止其转让、交付的实体权利，具体包括：……（2）用益物权，但执行不妨害案外人占有使用的除外。”

的确，用益物权是对他人所有的物享有的占有、使用和收益的权利，旨在获取物的使用价值，且根据《最高人民法院关于人民法院民事执行中拍卖、变卖财产的规定》第 28 条第 2 款的规定，用益物权原则上不因拍卖而消灭。因此，用益物权若不因强制执行而丧失或受侵害，权利人自不得基于该权利提起执行异议之诉。

不过，用益物权的种类与内容因历史传统、各国国情和地域之不同而有异，深具固有法的色彩。[①] 我国《民法典》除对大陆法系国家或地区通行的居住权、地役权作了规定外，还规定了具有中国特色的土地承包经营权、建设用地使用权和宅基地使用权。而且，土地承包经营权、建设用地使用权和宅基地使用权在我国具有可流转性。基于此，土地承包经营权、建设用地使用权和宅基地使用权可能构成金钱请求权强制执行的标的。又同一标的物上，不能同时设立多个内容相互排斥的用益物权。因此，在土地承包经营权、建设用地使用权和宅基地使用权成为执行标的的情形下，其权利人、受让人、以物抵债的权利人等可能提起案外人执行异议之诉。由于土地承包经营权建设用地使用权和宅基地使用权采用特殊的物权变动模式，土地承包经营权、建设用地使用权和宅基地使用权的取得需具备一些特殊条件，所以排除强制执行的条件也不同于其他的物权。

此外，《民法典》第三分编（用益物权）第十章（一般规定）第 328、329 条还规定，依法取得的海域使用权、探矿权、采矿权、取水权和使用水域、滩涂从事养殖、捕捞的权利受法律保护。理论上，通常将海域使用权、探矿权、采矿权、取水权和使用水域、滩涂从事养殖、捕捞的权利称为准物权。又由于这些权利规定在《民法典》第三分编第十章中，因此，这些权利实际上是准用益物权。根据现行法的规定，除了使用水域、滩涂从事捕捞的权利不得转让外，其他准用益物权均得转让。

---

① 参见陈华彬：《物权法论》，中国政法大学出版社 2018 年版，第 456 页。

因此，准用益物权可能构成金钱请求权强制执行的标的，在准用益物权成为执行标的的情形下，其权利人、受让人、以物抵债的权利人等，可能提起案外人执行异议之诉。由于准用益物权的取得和转让等除了要受《民法典》的调整和约束，还要符合《海域使用管理法》《水法》《矿产资源法》《渔业法》等法律、行政法规的相关规定，所以案外人提起执行异议之诉时能否基于准用益物权排除强制执行，也具有一定的特殊性。

三、案外人基于担保物权提起执行异议之诉概述

担保物权只是对标的物的交换价值予以支配，其核心内容是就标的物的变价款优先受偿。[①] 且根据《最高人民法院关于人民法院民事执行中拍卖、变卖财产的规定》第 28 条第 1 款的规定，担保物权因拍卖而消灭，拍卖所得价款应当优先清偿担保物权人；根据《最高人民法院关于适用〈中华人民共和国民事诉讼法〉的解释》第 506 条第 2 款的规定，担保物权的债权人可以直接申请参与分配，主张优先受偿权。因此，担保物权若不因强制执行而丧失或受到侵害，纵然其具有优先效力（基于物权的优先效力，同一标的物上既有物权又有债权时，物权优先于债权。[②] 即案外人对执行标的享有的担保物权优先于申请执行人的债权），亦不足以排除强制执行。《广东省高级人民法院关于审查处理执行裁决类纠纷案件若干重点问题的解答》[③]《吉林省高级人民法院关于审理执行异

① 参见申卫星：《物权法原理》，中国人民大学出版社 2016 年版，第 293 页。

② 参见梁慧星、陈华彬：《物权法》，法律出版社 2016 年版，第 49 页。

③ 《广东省高级人民法院关于审查处理执行裁决类纠纷案件若干重点问题的解答》第 4 条规定："案外人的优先受偿权不可以排除执行，不可以提起执行异议之诉。人民法院应不予受理，已经受理的，裁定驳回起诉。"

议之诉案件若干疑难问题的解答》[①]《黑龙江省高级人民法院关于审理执行异议之诉案件若干问题的解答》[②]《安徽省高级人民法院关于审理执行异议之诉案件若干问题的会议纪要》[③]《江苏省高级人民法院执行异议及执行异议之诉案件办理工作指引（一）》[④] 均作出了担保物权人不得提起案外人执行异议之诉或者对担保物权人排除强制执行的诉讼请求不予支持的规定，理论上也持相同观点[⑤]。

不过，关于是否存在案外人基于担保物权提起执行异议之诉的例外情形，理论和实践中存在一定争议。赖来焜、张登科等教授认为，担保物权若因强制执行而丧失或受侵害，权利人得提起第三人异议之诉；若不因强制执行而丧失或受侵害，权利人不得提起第三人异议之诉。[⑥] 三ケ

---

① 《吉林省高级人民法院关于审理执行异议之诉案件若干疑难问题的解答》问题二十四规定："金钱债权执行中，案外人认为其对作为执行标的物的不动产享有抵押权的，应当在执行分配程序中主张优先受偿或者根据《中华人民共和国民事诉讼法》第二百二十五条规定主张权利，其提起执行异议之诉请求排除执行的，人民法院应当不予受理；已经受理的，裁定驳回起诉。"

② 《黑龙江省高级人民法院关于审理执行异议之诉案件若干问题的解答》第 6 条第 3 款规定："案外人仅以对执行标的享有担保物权为由提出异议的，应当根据《最高人民法院关于适用〈民事诉讼法〉若干问题的意见》第 102 条规定处理。"

③ 《安徽省高级人民法院关于审理执行异议之诉案件若干问题的会议纪要》第 5 条第 2 款规定："担保物权人、建设工程价款优先受偿权人以其对执行标的享有优先受偿权为由提起执行异议之诉，请求停止执行的，不予支持但金钱质权人除外。"

④ 《江苏省高级人民法院执行异议及执行异议之诉案件办理工作指引（一）》第三部分第 2 条规定："当事人、利害关系人基于以下权利提出执行异议的，不应依据《民事诉讼法》第二百三十四条规定审查处理：(1) 主张对执行标的物享有抵押权或不能阻却执行的留置权、质押权的；(2) 主张对执行标的物享有法定优先权的，如建设工程价款优先权，船舶优先权、税收优先权、划拨土地使用权出让金优先权、民用航空器优先权、受教育者学杂费用优先权、剩余价款优先受偿权等；(3) 主张对被执行人享有普通债权的；(4) 主张对执行标的物虽享有租赁权，但强制执行不影响租赁权的行使，或该租赁权形成于抵押、查封之后的；(5)《最高人民法院关于刑事裁判涉财产部分执行的若干规定》第十四条规定的权利；(6) 其他不足以排除执行的实体权益和程序性权益。"

⑤ 和田吉弘『民事執行法・民事保全法』(弘文堂, 2007 年) 70 頁; 吉川大二郎『強制執行法』(法律文化社, 1965 年) 238 頁; 内田武吉『民事執行・保全法要説』(成文堂, 1999 年) 77 頁; 内田武吉『民事執行・保全法要説』(成文堂, 1999 年) 178 頁。

⑥ 参见赖来焜：《强制执行法总论》，台北，元照出版有限公司 2007 年版，第 672－681 页；张登科：《强制执行法》，台北，三民书局股份有限公司 2013 年版，第 194－197 页。

月章教授基于日本的实体法更为细致地指出："担保物权在何种程度上可以成为第三人异议之诉的异议理由，需要根据执行程序的特征和担保物权的性质等来单独决定，因此非常复杂。动产抵押权原则上不被承认，因此，在动产执行中，抵押权和执行债权的冲突几乎没有必要通过第三人异议之诉进行处理。当然，这种不附带占有的担保物权在动产执行中是否完全不适用第三人异议之诉，也并非如此。在执行动产时，标的物的担保价值被降低时，例如，对附加在抵押物上成为一体的物或者财团抵押的组成物执行时，由于担保价值被降低，所以有允许第三人提起异议之诉的余地。此外，即使对这些物品进行交付执行，也有可能产生同样的担保价值被减损的情形，此时，有必要承认以抵押权为理由的第三人异议之诉。与此相对，在不动产的强制执行中，抵押权人作为利害关系人在程序上的地位也得到承认，在程序内部按照顺序确保分配。担保物权人的地位得到了充分的保护，在此基础上提起第三人异议之诉，全面排除执行的利益得不到认可。因为对于一般的先取特权，分配要求的条件被特别降低了，只要利用它参与分配，保护其权利就足够了，除此之外，因第三人异议之诉而全面排除执行的利益就不被认可。动产的担保物权，以质权为首，伴随着大量的占有，所以与伴随占有的用益物权一样，作为权利人的占有所带来的利益与执行债权人的利益冲突的调整，承认第三人异议之诉的必要性是存在的。但这些具有占有担保物权的人，在执行动产的情况下可以拒绝执行，因此，即使承认第三人异议之诉，也没有实际利益。在动产执行中，不以占有为条件的担保物权，典型的是一般的先取特权，是否可以以此为基础提出第三人异议之诉，这是一个问题。在这里，要求分配的条件也被降低了，应该用这种方法来维护自己的权利，所以和不动产执行的情况一样，应该否定性地理解。在旧法下，允许一般的先取特权人就该标的物提出第三人异议之诉，全面阻止其执行是过分的，但考虑到有必要确保其拥有的优先受偿权，特别是在动产执行以及债权执行中，作为这种不伴随占有的担保的保护手段，作为第三人异议之诉的减少形式的优先受偿请求之诉的方式被特别认可并加以处理。但是，这种优先受偿请求之诉在民事执行法中被废除了。担保物权人的地位得到了充分的保护，在此基础上提出第三人异议的诉讼，全面排除执行的利益得不到认可。”[①] 中野贞一郎教授也指出：“伴随占有的质权、留置权，与占有权一样，作为妨碍交付的权利，仅在执行造成占有被侵害的情况下成为异议的原因。不伴随占有的执行标的物上的先取特权和抵押权只限于优先受偿权，不受扣押的侵害，从拍卖金中接受优先受偿即达到目的，因此不成为异议原因。但是，执行使标的物的担保价值降低的情况，例如抵押权的目的范围内的从物或可分物的一部分被扣押或者财团抵押权中属于财团的个别物被执行的情况等，成为异议原因。”[②]

《江苏省高级人民法院执行异议及执行异议之诉案件办理工作指引(三)》第二部分第5条第2款规定：“但该处分行为同时具有下列情形的，应适用《民事诉讼法》第二百三十四条规定审查处理：①导致案外人享有的担保物权丧失或者可能减损担保物价值的；②导致案外人优先受偿权的实现受到实质性损害的。”吴光陆教授则认为，担保物权若因强制执行而丧失或受侵害，属于违法执行，应当通过执行行为异议解决。[③] 笔者认为，若强制执行会侵害质权人、留置权人对执行标的的占有而使质权人、留置权人可能丧失或者不能实现质权、留置权的，或者对抵押物为无益执行而可能减损抵押物价值的（如仅对具有抵押权效力的作为附加一体物或从物的动产予以强制执行，[④] 又如对整体具有担保价值的财

---

① 三ケ月章『民事執行法』(弘文堂，1981年) 143－145頁。

② 中野貞一郎『民事執行・保全法概説』(有斐閣，2006年) 138頁。

③ 参见吴光陆：《强制执行法》，台北，三民书局股份有限公司2012年版，第237－241页。

④ 参见三谷忠之『民事訴訟法講義』(成文堂，2005年) 210頁；和田吉弘『民事執行法・民事保全法』(弘文堂，2007年) 72頁；田中康久『新民事執行法の解説』(金融財政事情研究会，1979年) 99頁。

产的一部分予以强制执行[①])，则应当允许担保物权人提起案外人执行异议之诉，且根据物权的优先效力，足以排除强制执行。理由在于，此时强制执行已经侵害到担保物权人的实体权利，属于实体争议，且这种争议非其他程序所能够解决。

第二节 案外人基于不动产所有权提起的旨在排除预查封的执行异议之诉

根据《最高人民法院、国土资源部、建设部关于依法规范人民法院执行和国土资源房地产管理部门协助执行若干问题的通知》第 13、14、15 条的规定，对被执行人尚未在登记机构办理物权登记手续的土地使用权、房屋，执行机关可以采取预查封措施。不过，对于预查封的标的，实践中存在债权说[②]、期待利益说[③]、债权期待权说[④]、物权期待权说[⑤]、准物权说[⑥]、所有权说[⑦]、可供执行的财产权益说[⑧]等观点。理论方面，有观点认为，预查封的标的是被执行人尚未在登记机构办理物权登记手续的土地使用权、房屋。[⑨] 还有观点认为，在“房地产开发企业已办理商品房预售许可证但尚未出售的房屋”的情形中，预查封的标的是在建建筑物；在“被执行人购买已办理商品房预告登记的房屋”的情形中，预

① 参见吉川大二郎『強制執行法』(法律文化社，1965 年) 239 頁。

② 参见山西省晋城市中级人民法院民事判决书，(2019) 晋 05 民初 143 号。

③ 参见山东省青岛市中级人民法院民事判决书，(2018) 鲁 02 民终 1133 号。

④ 参见河南省武陟县人民法院民事判决书，(2019) 豫 0823 民初 328 号。

⑤ 参见湖北省恩施土家族苗族自治州中级人民法院民事判决书，(2019) 鄂 28 民终 1754 号。

⑥ 参见江西省南昌市中级人民法院民事判决书，(2018) 赣 01 民终 2726 号。

⑦ 参见浙江省新昌县人民法院民事判决书，(2018) 浙 0624 民初 5172 号。

⑧ 参见四川省成都市锦江区人民法院民事判决书，(2018) 川 0104 民初 11851 号。

⑨ 参见肖建国主编：《民事执行法》，中国人民大学出版社 2014 年版，第 251 页；江必新主编：《强制执行法理论与实务》，中国法制出版社 2014 年版，第 589 – 560 页。

查封的标的是物上期待权；在其他情形中，预查封的标的是被执行人对出卖人享有的债法上的交付请求权。[①]

笔者认为，根据《最高人民法院、国土资源部、建设部关于依法规范人民法院执行和国土资源房地产管理部门协助执行若干问题的通知》第2、3、13、14、15、21、22条的规定，由文义解释出发，预查封的标的就是被执行人尚未在登记机构办理物权登记手续的土地使用权、房屋，而非被执行人对土地使用权、房屋享有的权利。且在我国，根据方式、程序的不同，控制被执行财产的执行措施主要有查封、扣押和冻结三种。其中，查封主要针对的是不动产和难以移动的动产，扣押主要针对的是可以移动的动产，冻结主要针对的是诸如银行存款、股权、到期债权等有体物以外的其他财产权利。[②] 据此，《最高人民法院、国土资源部、建设部关于依法规范人民法院执行和国土资源房地产管理部门协助执行若干问题的通知》显然是将预查封的标的定位为土地使用权、房屋，否则针对“权利”会规定适用冻结措施。

对于尚未在登记机构办理物权登记手续的土地使用权、房屋，即便已经履行了一定批准、备案或者预告登记手续，被执行人也不享有土地使用权、房屋所有权。因土地使用权、房屋权属尚登记在出卖人的名下，故土地使用权、房屋是出卖人的财产，而非被执行人的责任财产。且这有违大陆法系国家和地区“只有属于被执行人所有或受其支配、具有财产价值和可转让性的财产，才能构成金钱债权强制执行标的”的传统民事执行标的理论，也导致预查封制度在理论和实务中面临很多苛责。当然，这并非笔者讨论的重点。由于预查封的标的是被执行人尚未在登记机构办理物权登记手续的土地使用权、房屋，而该标的是土地使用权、房屋出卖人的财产，因此，出卖人享有所有权的土地使用权、房屋为执

① 参见马强伟：《预查封制度质疑及物上期待权的执行》，载《法学》2019年第10期。

② 参见肖建国主编：《民事执行法》，中国人民大学出版社2014年版，第227页。

行力所及，出卖人不得基于所有权提起案外人执行异议之诉。

不过，在按揭商品房执行案件中，房地产开发企业（以下简称开发商）通常会以其承担了保证责任为由解除合同，基于合同解除的效果提起案外人执行异议之诉请求法院判决排除预查封。具体来说，按揭商品房买卖中，开发商与购房人签订商品房买卖合同，银行与购房人签订按揭贷款合同、商品房抵押合同，开发商与银行签订保证合同（开发商为购房人的贷款提供阶段性保证）。实践中，购房人断供时，银行一般会直接要求开发商承担阶段性保证责任。而开发商在商品房买卖合同中通常约定，其承担阶段性保证责任后，有权解除合同；或者虽无约定，但认为其享有法定解除权。因商品房买卖合同的履行需要一定周期，在此期间内，购房人可能因生效法律文书判决其对第三人履行金钱给付义务，导致第三人申请预查封其购买的商品房。此时，开发商通常会主张解除商品房买卖合同，并提起确认之诉/仲裁请求确认合同已解除，进而基于确定法律文书提起案外人执行异议之诉请求排除预查封，或直接提起案外人执行异议之诉请求法院基于合同解除的事实排除预查封。

实践中，各地法院、不同法官对预查封期间按揭商品房出卖人得否解除买卖合同存在较大争议（如果按揭商品房出卖人可以解除买卖合同，出卖人提起案外人执行异议之诉时，根据合同解除的效果，其基于所有权请求法院判决排除预查封的诉讼请求可能得到支持；如果按揭商品房出卖人不能解除买卖合同，即便出卖人可以提起案外人执行异议之诉，其基于所有权请求法院判决排除预查封的诉讼请求不可能得到支持）。具体来说如下。

部分判决认为，按揭商品房出卖人可以解除买卖合同。理由如下：第一，现行法未规定预查封期间出卖人不得行使约定解除权。[①] 第二，出

---

① 参见四川省成都市中级人民法院民事判决书，（2018）川 01 民终 17211 号；河南省郑州高新技术产业开发区人民法院民事判决书，（2019）豫 0191 民初 11343 号。

卖人行使约定解除权并不违背预查封申请人的预期。[①] 第三，约定的解除条件已成就，行使解除权符合法律规定和合同约定。[②] 第四，根据2008年发布的《最高人民法院关于人民法院民事执行中查封、扣押、冻结财产的规定》（已被修改）第18条第2款的规定，即第三人依法解除合同的，人民法院应当准许，出卖人可以解除合同。[③] 第五，由于被执行人拖延偿还银行贷款，出卖人持续承担连带保证责任，导致出卖人获取房屋对价的合同目的无法实现，如合同未能解除，按揭商品房又将为法院强制执行所处置，对出卖人而言显失公平。[④] 第六，即使合同被解除，根据合同解除后恢复原状等法律后果，被执行人对出卖人仍享有因支付价款而形成的债权，该债权可用于清偿预查封申请人的债权，并未严重损害预查封申请人的利益。[⑤]第七，条件成就时解除合同是被执行人在商品房被预查封时即能预料到的风险，其中并无因合同解除而额外增加被执行人合同利益减损的可能，出卖人要求按约解除合同的行为无恶意阻却预查封的主观恶意和客观实际。[⑥] 第八，出卖人解除合同不属于规避执行的行为。《最高人民法院关于人民法院民事执行中查封、扣押、冻结财产的规定》第24条的规定，仅限制被执行人实施在查封标的上以规避执行为目的而再次设定权利负担、改变权属的行为，并未禁止当事人行使不以

---

① 参见河南省郑州高新技术产业开发区人民法院民事判决书，（2019）豫0191民初11343号。

② 参见四川省攀枝花市中级人民法院民事判决书，（2019）川04民终545号。

③ 参见湖北省恩施土家族苗族自治州中级人民法院民事判决书，（2019）鄂28民终1754号；河北省博野县人民法院民事判决书，（2019）冀0637民初722号；北京市昌平区人民法院民事判决书，（2018）京0114民初6714号。

④ 参见河南省武陟县人民法院民事判决书，（2019）豫0823民初328号；四川省成都市中级人民法院民事判决书，（2018）川01民终15935号；山西省太原市中级人民法院民事判决书，（2018）晋01民终4273号。

⑤ 参见河南省武陟县人民法院民事判决书，（2019）豫0823民初328号；贵州省贵阳市观山湖区人民法院民事判决书，（2018）黔0115民初1766号。

⑥ 参见云南省昆明市盘龙区人民法院民事判决书，（2019）云0103民初3149号。

规避执行行为目的而对被查封财产上原有基础法律关系依法变更的权利。[①] 第九，预查封的基础在于被执行人基于商品房买卖合同而享有的债权，该权利的实现以买卖合同的正常履行为前提。若被执行人依约取得商品房所有权，则预查封转为正式查封；若被执行人不能依约取得商品房所有权，则预查封不能转为正式查封。因此，预查封并不当然限制商品房买卖合同权利义务的行使，而是受商品房买卖合同权利义务的影响。[②]

部分判决认为，出卖人除享有法定解除权外不得解除买卖合同。理由在于：第一，出卖人不能以被执行人在按揭贷款合同中的违约来解除已经履行完毕的商品房买卖合同。被执行人、出卖人、银行之间存在合同关系，即被执行人与出卖人之间的商品房买卖合同关系和被执行人、出卖人、银行之间的按揭贷款合同关系。在商品房买卖合同中，被执行人履行了付款义务，出卖人也交付了商品房，合同已履行完毕。从按揭贷款合同来看，被执行人不履行还款义务致使合同目的无法实现，银行解除合同并要求出卖人承担保证责任。出卖人承担保证责任后，有权对被执行人行使追偿权。出卖人在商品房买卖合同已经履行完毕的情况下，以被执行人在按揭贷款合同中的违约来解除已经履行完毕的商品房买卖合同，有违合同相对性原则。[③] 第二，预查封的对象是被执行人基于商品房买卖合同所享有的债权，即商品房交付请求权和所有权移转登记请求权，预查封的目的旨在使被执行人保有该债权，以便将来实现该债权，取得商品房的所有权，从而使预查封转为正式查封，得以执行。因此，

---

① 参见四川省攀枝花市中级人民法院民事判决书，（2019）川04民终545号；河南省郑州高新技术产业开发区人民法院民事判决书，（2019）豫0191民初11343号；山东省济南市槐荫区人民法院民事判决书，（2017）鲁0104民初5210号；湖北省襄阳市襄州区人民法院民事判决书，（2017）鄂0607民初5445号。

② 参见四川省成都市中级人民法院民事判决书，（2018）川01民终17211号。

③ 参见四川省成都市中级人民法院民事判决书，（2018）川01民终17211号；四川省绵阳市涪城区人民法院民事判决书，（2018）川0703民初5147号。

一旦该项请求权被查封，双方当事人均应维持该合同的效力并积极地履行，不能再通过行使合同约定的解除权解除合同，也不能通过协商一致解除合同；被执行人也不得作出放弃、转让该项请求权等必将导致其丧失被预查封的请求权的处分行为。[①] 第三，出卖人解除商品房买卖合同有损预查封申请人及其他债权人的利益。解除合同的法律后果为恢复原状并赔偿损失，即由出卖人按照商品房买卖合同签订时的价格退还房款，被执行人返还商品房并按照合同约定赔偿损失。但被执行人按照合同支付首付款占有商品房后又实际履行了若干期按揭贷款，此期间的商品房价值增值部分理应归被执行人享有，若恢复原状将增值部分归出卖人所有，难言公平，也损害了预查封及其他债权人的利益。[②] 第四，出卖人为被执行人代偿银行按揭贷款后可依法向被执行人追偿。[③]

不过，即便认为预查封期间按揭商品房出卖人可以解除买卖合同以及可以提起案外人执行异议之诉的法院、法官，对于买卖合同解除之际，出卖人能否基于复归其所有的商品房所有权（关于合同解除的效果，存在“物权立即变动说”和“物权回归变动说”之争。[④] 但在按揭商品房执行案件中，买卖合同解除后，因商品房尚登记在出卖人名下，因此，无论是采物权立即变动说还是物权回归变动说，其结果均是合同解除之际，商品房所有权仍然归出卖人所有）。排除预查封措施，也存在较大的分歧。具体来说如下。

有的法院、法官认为出卖人先提起确认之诉/仲裁请求确认合同已经

---

① 参见江苏省江阴市人民法院民事判决书，(2018) 苏 0281 民初 15295 号；河南省漯河市中级人民法院民事判决书，(2018) 豫 11 民终 2851 号；四川省达州市达川区人民法院民事判决书，(2018) 川 1703 民初 3488 号。

② 参见四川省成都市中级人民法院民事判决书，(2018) 川 01 民终 17211 号；福建省福州市中级人民法院民事判决书，(2018) 闽 01 民终 8075 号。

③ 参见四川省成都市中级人民法院民事判决书，(2018) 川 01 民终 17211 号。

④ 参见韩世远：《合同法总论》，法律出版社 2011 年版，第 531－533 页。

解除，[①] 进而基于确定法律文书提起案外人执行异议之诉请求排除预查封的，如果出卖人系于预查封之前提起确认合同解除之诉/仲裁且取得确定法律文书，则再提起案外人执行异议之诉时，其排除预查封的诉讼请求一般会得到支持；[②] 如果出卖人系于预查封之前提起确认合同解除之诉/仲裁但尚未取得确定法律文书，或者系于预查封之后提起确认合同解除之诉/仲裁，则再提起案外人执行异议之诉请求排除预查封的，其诉讼请求是否应当予以支持，存在三种不同的观点。第一种观点认为，根据《最高人民法院关于人民法院办理执行异议和复议案件若干问题的规定》第 26 条第 2 款、《最高人民法院关于适用〈中华人民共和国民事诉讼法〉的解释》第 477 条的规定，不予支持；[③] 第二种观点认为，适用《最高人民法院关于人民法院办理执行异议和复议案件若干问题的规定》第 26 条的前提，是依据第 25 条不能确定权属的情形；[④] 第三种观点认为，案外人执行异议之诉审理法院确认合同解除的事实，不是依据另案生效法律文书，而是合同解除通知到达被执行人时的事实，故不能适用《最高人民法院关于人民法院办理执行异议和复议案件若干问题的规定》第 26 条第 2 款的规定，而应根据合同解除的事实发生于预查封之前还是之后作出判断。[⑤]

---

① 实践中，出卖人通常以诉讼的形式请求解除合同或者行使解除权，而法院通常判决合同自判决生效之日起解除。参见四川省成都市锦江区人民法院民事判决书，(2018) 川 0104 民初 8610 号；北京市顺义区人民法院民事判决书，(2018) 京 0113 民初 4657 号。但笔者赞同曹志勋副教授的观点，即解除权人不得提起形成之诉，法院也不得作出形成判决。具体论证参见曹志勋:《论我国法上确认之诉的认定》，载《法学》2018 年第 11 期。

② 参见四川省成都市锦江区人民法院民事判决书，(2018) 川 0104 民初 11053 号；重庆市第一中级人民法院民事判决书，(2018) 渝 01 民终 6069 号。

③ 参见陕西省榆林市中级人民法院民事判决书，(2019) 陕 08 民终 1855 号；山东省泰安市中级人民法院民事判决书，(2019) 鲁 09 民终 25 号；四川省达州市达川区人民法院民事判决书，(2018) 川 1703 民初 3488 号；湖南省郴州市中级人民法院民事判决书，(2018) 湘 10 民终 2500 号；福建省福州市中级人民法院民事判决书，(2018) 闽 01 民终 10049 号。

④ 参见四川省成都市中级人民法院民事判决书，(2018) 川 01 民终 18026 号。

⑤ 参见河北省博野县人民法院民事判决书，(2019) 冀 0637 民初 721 号。

有的法院、法官则认为，出卖人直接提起案外人执行异议之诉请求法院基于合同解除的事实排除预查封时，部分判决根据《最高人民法院关于适用〈中华人民共和国民事诉讼法〉的解释》第 310 条第 2 款的规定，认为“确认其权利”不包括“确认合同解除”，确认合同解除的诉讼请求不属于案外人执行异议之诉的审理范围。[①] 部分判决认为，出卖人确认合同解除的请求系属出卖人与被执行人之间的房屋买卖合同纠纷，本不应在案外人执行异议之诉中予以审理，但鉴于出卖人享有的合同解除权能否排除执行属于本案的审查范围，而房屋买卖合同纠纷也影响到出卖人是否享有合同解除权的认定，因此，房屋买卖合同纠纷与案外人执行异议之诉存在牵连。为避免当事人讼累，如果案外人执行异议之诉审理法院对房屋买卖合同纠纷亦具有管辖权，则将案外人执行异议之诉与确认合同解除之诉合并审理，并无不当。[②] 在此前提下，部分判决认为，房屋买卖合同确定解除时，预查封的基础丧失，对于出卖人排除预查封的诉讼请求应予支持。[③] 部分判决认为，房屋买卖合同确定解除时，出卖人系房屋所有权人，其基于所有权享有足以排除预查封的民事权益。[④] 事实上，房屋出卖人提起案外人执行异议之诉时，通常会一并提出

---

① 参见山东省广饶县人民法院民事判决书，(2019) 鲁 0523 民初 2238 号；广东省阳江市江城区人民法院民事判决书，(2017) 粤 1702 民初 3613 号。

② 参见福建省福州市中级人民法院民事判决书，(2018) 闽 01 民终 8075 号。

③ 参见四川省成都市锦江区人民法院民事判决书，(2018) 川 0104 民初 9359 号；重庆市第一中级人民法院民事判决书，(2018) 渝 01 民终 6069 号；云南省昆明市中级人民法院民事判决书，(2018) 云 01 民初 2778 号；福建省南平市延平区人民法院民事判决书，(2019) 闽 0702 民初 649 号。

④ 参见山东省济南市天桥区人民法院民事判决书，(2018) 鲁 0105 民初 2731 号；山东省潍坊市奎文区人民法院民事判决书，(2018) 鲁 0705 民初 3343 号；北京市顺义区人民法院民事判决书，(2018) 京 0113 民初 4657 号；广东省中山市第一人民法院民事判决书，(2018) 粤 2071 民初 24639 号。

确认房屋权属的请求。[①]

笔者认为，预查封期间，按揭商品房出卖人不得以其承担了阶段性保证责任而享有约定或者法定解除权为由解除商品房买卖合同。[②]

首先，按揭商品房出卖人不享有约定解除权。出卖人与被执行人在商品房买卖合同中通常约定，出卖人承担阶段性保证责任后，有权解除合同。我国的按揭制度，系由英国经我国香港地区传入。与英美法系国家相比，我国的商品房按揭不需要转移购房人的财产权利，同时又创造性地附加了房地产开发商的保证责任。[③] 而开发商之所以愿意承担阶段性连带保证责任，是因为开发商的经营活动离不开银行的帮助，银行业务的拓展也需要开发商的支持，尤其是原本由开发商支付的贷款利息转由买受人支付，开发商的开发利润立竿见影地显现，开发商为销售商品住房获利，当然同意银行的要求。[④] 换言之，开发商愿意承担阶段性保证责任，皆是出于自身经济利益的考量。在被执行人已经通过支付首付款和银行贷款履行完全部付款义务的情况下，出卖人又以享有约定解除权为由解除合同，是典型的既想通过承担阶段性保证责任获利，又不想承担任何风险，对于被执行人而言是显失公平的。前述禁止出卖人解除合同对出卖人而言显失公平的说法，并不成立。事实上，关于合同解除权的约定属于典型的格式条款，应根据《民法典》第497条的规定认定无效。

其次，按揭商品房出卖人不享有法定解除权。有判决认为，出卖人作为开发商，其履行商品房买卖合同的目的即为收受购房款，现被执行

---

① 参见广东省中山市第一人民法院民事判决书，（2017）粤2071民初16334号；山东省肥城市人民法院民事判决书，（2018）鲁0983民初4876号；山东省广饶县人民法院民事判决书，（2019）鲁0523民初2238号；山东省德州市中级人民法院民事判决书，（2019）鲁14民终1549号。

② 参见庄诗岳：《中国式可期待财产的控制：预查封的效力分析》，载《河北法学》2023年第6期。

③ 参见孟祥沛：《论中国式按揭》，载《政治与法律》2013年第5期。

④ 参见唐烈英：《论个人住房贷款中的连带责任保证》，载《法学论坛》2007年第4期。

人不能偿还银行贷款导致出卖人承担保证责任，出卖人订立合同的目的不能实现，根据《最高人民法院关于审理商品房买卖合同纠纷案件适用法律若干问题的解释》第 19 条的规定，出卖人享有合同解除权。[①] 此处的合同解除权，指法定解除权。但笔者认为，出卖人并不享有法定解除权。已如前述，银行、出卖人、被执行人之间共订有四个合同，即便商品房担保贷款合同与商品房买卖合同存在合同联立关系，但数个合同各自保持独立。[②] 基于此，在商品房买卖合同中，被执行人已经履行完全部付款义务（首付款 + 银行贷款），出卖人收受购房款的目的已经实现。且《最高人民法院关于审理商品房买卖合同纠纷案件适用法律若干问题的解释》第 19 条的规定只限于导致商品房买卖合同不能履行的情形，不能据此认为出卖人享有法定解除权。基于合同相对性的原理，出卖人也不能以其承担了阶段性保证责任而主张被执行人未履行完全部付款义务，更不能以被执行人在按揭贷款合同中的违约来解除商品房买卖合同。

最后，按揭商品房出卖人解除合同属于妨碍执行的行为。是否约定、行使合同解除权，本属于当事人意思自治的范畴。但按揭商品房出卖人在明知被执行人通过首付款和银行贷款的方式可以履行完全部付款义务的情况下，却通过格式条款约定出卖人承担阶段性保证责任后有权解除合同，这显然是为了事先规避《最高人民法院、国土资源部、建设部关于依法规范人民法院执行和国土资源房地产管理部门协助执行若干问题的通知》第 15 条的规定。因为一旦允许出卖人解除合同，预查封制度将土崩瓦解，而出卖人却能基于合同解除的法律后果再次出卖房屋渔利。事实上，通过约定合同解除权规避预查封，已经成为房地产行业众所周知的法律技巧。因此，出卖人妨碍执行的行为并非于执行程序启动之后才产生，而是前移至商品房买卖合同签订之时，预查封期间行使合同解

---

① 参见江苏省南通市中级人民法院民事判决书，(2018) 苏 06 民终 4228 号；江西省庐山人民法院民事判决书，(2018) 赣 0491 民初 279 号。

② 参见陆青：《合同联立问题研究》，载《政治与法律》2014 年第 5 期。

除权只是出卖人预先规避执行的当然结果。而且，如果允许按揭商品房出卖人解除合同，使执行标的由大幅增值的房屋换成被执行人支付的购房款，将严重损害申请执行人以及其他债权人的利益。民事执行法作为公法，对于民事实体法并不是亦步亦趋，如影随形。[①] 在按揭商品房执行案件中，需要作为公权力的执行权对当事人不正当的意思自治加以限制。

因按揭商品房出卖人于预查封期间不得以其承担了阶段性保证责任而享有约定或者法定解除权为由解除商品房买卖合同，故出卖人不能基于合同解除时复归其所有的商品房所有权排除预查封措施。《江苏省高级人民法院执行异议及执行异议之诉案件审理指南（二）》（已失效）第三部分第 13 条第（2）项即规定："被执行人购买房地产开发企业的不动产，已通过银行按揭贷款支付购房款，房地产开发企业作为案外人以其为被执行人的按揭贷款提供反担保或阶段性担保为由，提出执行异议以及执行异议之诉，请求解除查封或停止执行的，不予支持。"不过，较之出卖人提起案外人执行异议之诉后驳回其诉讼请求，笔者更倾向于存在前述情形时，直接规定不允许出卖人提起案外人执行异议之诉。理由在于，如果按揭商品房出卖人不能解除买卖合同，明知其提起案外人执行异议之诉必将败诉，还允许其提起案外人执行异议之诉，既浪费国家司法资源、徒增当事人诉累，又为出卖人和被执行人通过诉讼拖延时间等提供了可乘之机。

不过，值得特别说明的是，虽然预查封期间，按揭商品房出卖人不得以其承担了阶段性保证责任而享有约定或者法定解除权为由解除合同，但这并不等于预查封具有禁止按揭商品房出卖人解除合同的效力。

土地使用权、房屋买受人作为被执行人时，预查封的标的是被执行人尚未办理物权登记手续的土地使用权、房屋。因被执行人尚未办理物

---

① 参见陈桂明、范向阳：《不动产执行程序中执行力的扩张——兼谈执行法作为程序法对实体法的回应和干预》，载《人民司法》2007 年第 21 期。

权登记手续，故只享有基于买卖合同产生的债权。由于该债权尚处于债之关系中，被执行人不能免受土地使用权、房屋出卖人提出基于债之关系而产生的各种拒绝履行合同的事由，如合同不成立、合同无效、合同解除、诉讼时效经过等权利妨碍、权利消灭、权利排除事由，[①] 因此存在预查封是否具有禁止出卖人提出拒绝履行合同事由的效力的问题。根据现行法，正式查封主要针对的是不动产和难以移动的动产，被执行人对正式查封财产享有排他性的物权，故不存在债之关系的各种抗辩，也不存在是否具有禁止出卖人提出拒绝履行合同事由的效力的问题。事实上，只要执行标的处于债之关系当中，控制性执行措施即存在上述问题。例如，《最高人民法院关于适用〈中华人民共和国民事诉讼法〉的解释》第499条关于对被执行人到期债权执行的规定，不过，因到期债权是无形财产，故第499条采用的是冻结之表述。

虽然出卖人提出各种拒绝履行合同的事由，将使被执行人不能取得土地使用权、房屋所有权，进而导致预查封不能转为正式查封，最终影响申请执行人债权的实现。即便如此，预查封也不应具有禁止土地使用权、房屋出卖人提出拒绝履行合同事由的效力。理由在于，因预查封的标的是土地使用权、房屋，而非被执行人享有的债权，更非产生债权的债之关系，故被执行人享有的债权以及产生债权的债之关系不受预查封效力的拘束。因此，如果被执行人与出卖人之间的债之关系存在合同不成立、合同可撤销等事由时，则基于债之关系而产生的债权以及基于债权而产生物之交付或移转请求权亦将自始不产生、消减或被排除，土地使用权、房屋的权属不能登记在被执行人名下，预查封不能转为正式查封，执行法院应当解除预查封。且不具有可归责性的案外第三人不应当

---

① 权利妨碍事由，是指自始妨碍权利产生的事由；权利消灭事由，是指使已经产生的权利嗣后消灭的事由；权利排除事由，是指暂时或者永久阻却对方行使权利的事由。参见［德］莱奥·罗森贝克：《证明责任论》（第五版），庄敬华译，中国法制出版社2018年版，第123－125页。

被强行卷入民事执行程序，民事执行的目的、效率价值取向、债权人中心主义的执行程序观等民事强制执行基础理论，均不能轻易作为限制案外第三人的人身自由或者财产自由的正当理由。

预查封期间按揭商品房出卖人之所以不得以其承担了阶段性保证责任而享有约定或者法定解除权为由解除合同，是因为按揭商品房出卖人不享有实体法上的约定或者法定解除权。换言之，这是一个纯粹的民事实体法问题。事实上，如果出卖人基于其他合同解除事由享有约定或者法定解除权，完全可以解除合同而不受预查封的拘束。

因此，如果土地使用权、房屋出卖人具备基于债之关系而产生的各种拒绝履行合同的事由，且这些事由可以使基于债之关系而产生的债权以及基于债权而产生物之交付或移转请求权自始不产生、消减或被排除，进而使土地使用权、房屋的权属不能登记在被执行人名下，预查封不能转为正式查封，则出卖人自然可以基于土地使用权、房屋所有权提起案外人执行异议之诉，请求法院排除预查封措施。且如果出卖人享有的民事权益，足以对抗申请执行人享有的民事权益，法院应当判决排除预查封措施。当然，如果出卖人基于拒绝履行合同的事由先提起私法关系诉讼，进而基于确定法律文书提起案外人执行异议之诉请求排除预查封时，则私法关系诉讼的确定法律文书对案外人执行异议之诉的影响，和前述案外人于查扣冻前提起私法关系诉讼对执行异议之诉的影响相同；如果出卖人直接提起案外人执行异议之诉，一并请求法院处理基于拒绝履行合同事由提出的诉讼请求，则应当作为私法关系诉讼和案外人执行异议之诉的合并处理。《安徽省高级人民法院关于审理执行异议之诉案件若干问题的会议纪要》第 6 条关于“人民法院对被执行人购买但尚未办理产权转移登记手续的房屋采取预查封措施的情形下，案外人请求依据合同约定或法律规定解除合同返还房屋的，一般不能直接提起执行异议之诉，可以先行提出解除合同之诉；合同依法解除后，案外人可依据生效法律文书提起执行异议和执行异议之诉”的规定，虽然旨在强调案外人执行异议之诉的独立性，但也抹杀了案外人基于诉的合并同时提起私法关系诉讼和执行异议之诉的可能性。

第三节　案外人基于特殊动产所有权提起的执行异议之诉

关于特殊动产（船舶、航空器和机动车）的物权的设立、变更、转让和消灭，《民法典》第225条采取了登记对抗主义的物权变动模式，即未经登记，不得对抗善意第三人。因此，司法实践中，存在很多案外人（买受人）已经通过交付取得特殊动产的所有权，但特殊动产尚登记在被执行人（出卖人）名下且被被执行人的债权人申请强制执行，案外人基于其对特殊动产享有的所有权提起执行异议之诉请求排除强制执行的案件。此时，案外人能否基于所有权排除强制执行，成为司法实践中颇有争议的问题。

《吉林省高级人民法院关于审理执行异议之诉案件若干疑难问题的解答（二）》[①]《江苏省高级人民法院执行异议及执行异议之诉案件办理工作指引（三）》[②] 均规定，同时满足案外人与被执行人在人民法院查封之

① 《吉林省高级人民法院关于审理执行异议之诉案件若干疑难问题的解答（二）》问题一规定："金钱债权执行中，人民法院对登记在被执行人名下的特殊动产实施执行，案外人以其向被执行人购买了案涉特殊动产为由提起执行异议之诉请求排除执行，同时满足以下条件的，人民法院应当支持：（一）在人民法院实施执行之前，案外人与被执行人就案涉特殊动产已经形成了合法有效的买卖合同关系；（二）在人民法院实施执行之前，案外人已经实际占有并使用案涉特殊动产；（三）案外人已经支付了全部价款，或者按照合同约定已经支付了部分价款且将剩余价款按照人民法院的要求交付执行。"

② 《江苏省高级人民法院执行异议及执行异议之诉案件办理工作指引（三）》第三部分第14条规定："案外人以其系登记在被执行人名下的机动车、船舶等特殊动产买受人为由对执行法院的查封、扣押等执行行为提出执行异议的，应裁定驳回其异议。案外人提起执行异议之诉，请求排除执行，同时具备下列条件的，应予以支持：(1) 案外人与被执行人在案涉特殊动产被采取查封等执行措施之前已签订合法有效的买卖合同；(2) 案外人在执行法院采取查封等执行措施之前已经实际占有并使用该特殊动产；(3) 案外人已向被执行人支付了全部价款，或者在指定时间内将剩余价款全部交付执行。"

前已签订合法有效的买卖合同、案外人在人民法院查封之前已向被执行人支付了全部价款、案外人在人民法院查封之前已合法占有并使用该船舶、航空器或机动车三个条件时，案外人可以基于其对特殊动产享有的所有权排除强制执行。也有不少案例持此种观点。[①] 且有案例基于《最高人民法院关于适用〈中华人民共和国民法典〉物权编的解释（一）》第6条的规定，指出申请执行人不属于《民法典》第225条规定的善意第三人。[②]《广东省高级人民法院关于审查处理执行裁决类纠纷案件若干重点问题的解答》[③]《山东省高级人民法院民一庭执行异议之诉案件审判观点综述》[④]《江西省高级人民法院关于执行异议之诉案件的审理指南》[⑤]《安

① 参见四川省攀枝花市中级人民法院民事判决书，(2019) 川04民终439号；陕西省渭南市中级人民法院民事判决书，(2019) 陕05民终861号；山西省临汾市中级人民法院民事判决书，(2019) 晋10民终107号；新疆生产建设兵团第八师中级人民法院民事判决书，(2018) 兵08民终83号。

② 参见浙江省高级人民法院民事判决书，(2019) 浙民终1336号；广东省佛山市中级人民法院民事判决书，(2019) 粤06民初8号；浙江省绍兴市中级人民法院民事判决书，(2018) 浙06民终3439号；江苏省盐城市中级人民法院民事判决书，(2018) 苏09民终2525号；吉林省白城市中级人民法院民事判决书，(2018) 吉08民终243号。

③ 《广东省高级人民法院关于审查处理执行裁决类纠纷案件若干重点问题的解答》第25条规定："机动车、船舶等特殊动产作为执行标的物，案外人以其在人民法院查封之前已购买为由，同时符合下列条件的，可以排除执行。1. 案外人在人民法院查封前已支付了全部价款；2. 案外人在人民法院查封前已实际占有涉案执行标的物；3. 案外人对于未办理过户登记手续不存在过错。"

④ 《山东省高级人民法院民一庭执行异议之诉案件审判观点综述》第17条规定："金钱债权执行中，人民法院对登记在被执行人名下的船舶、机动车等特殊动产强制执行，案外人以特殊动产买受人身份提起执行异议之诉，请求排除执行，经审查同时符合下列条件的，可予支持：(一) 在人民法院查封前已签订合法有效的书面买卖合同；(二) 在人民法院查封前已实际占有；(三) 已支付全部价款，或者已按照合同约定支付部分价款且将剩余价款按照人民法院的要求交付执行；(四) 非因买受人自身原因未办理过户登记。"

⑤ 《江西省高级人民法院关于执行异议之诉案件的审理指南》第31条规定："金钱债权执行中，执行法院针对登记在被执行人名下的机动车、船舶、航空器等特殊动产采取执行措施，案外人以其在查封前已经购买了该特殊动产为由提起执行异议之诉，请求排除执行的，不予支持。但符合下列条件的，应予支持：(1) 案外人与被执行人在人民法院查封之前已签订合法有效的买卖合同；(2) 案外人在人民法院查封之前已向被执行人支付了全部价款；(3) 案外人在人民法院查封之前已合法占有并使用该机动车或船舶；(4) 案外人对未办理所有权过户登记手续没有过错。"

徽省高级人民法院关于审理执行异议之诉案件若干问题的会议纪要》[①] 在以上三个条件之外，还附加了“案外人对未办理过户登记手续不存在过错”或者“非因案外人自身原因未办理过户登记”的条件。也有不少案例持此种观点，且附加的“没有过错”的条件其实来源于《最高人民法院关于人民法院民事执行中查封、扣押、冻结财产的规定》第15条。[②]事实上，在《最高人民法院关于审理执行异议之诉案件适用法律问题的解释（一）（草案）》的起草过程中，对于是否需要附加“没有过错”的条件也是颇有争议的问题，最高人民法院在起草过程中，数易其稿，变动不居。

以上争议的焦点在于，申请执行人是否属于《民法典》第225条规定的“未经登记，不得对抗善意第三人”中的善意第三人。如果申请执行人不属于善意第三人，只要特殊动产已经交付给案外人，即便特殊动产尚未办理过户登记，案外人对特殊动产享有的所有权也足以对抗申请执行人享有的债权（这里的债权是指执行债权发生的基础权利）。值得特别注意的是，被执行人将特殊动产转让给案外人，特殊动产已经交付给案外人且尚未办理过户登记，被执行人又将该特殊动产向其债权人设定抵押权时，案外人对特殊动产享有的所有权是否足以对抗申请执行人享有的抵押权（这里的抵押权是指执行债权发生的基础权利），需要根据物权对抗力理论所确定的规则加以判断。即如果该特殊动产抵押权未经登

---

① 根据《安徽省高级人民法院关于审理执行异议之诉案件若干问题的会议纪要》第15条的规定，人民法院对登记在被执行人名下的机动车、船舶航空器等特殊动产实施强制执行，案外人以其在查封前已经购买了该特殊动产为由提起执行异议之诉，一般不予支持，但同时符合下列条件的除外：(1) 案外人与被执行人在人民法院查封之前已签订合法有效的买卖合同；(2) 案外人在人民法院查封之前已向被执行人支付了全部价款或者已按照合同约定支付部分价款且将剩余价款按照人民法院的要求交付执行；(3) 案外人在人民法院查封之前已合法占有该机动车、船舶航空器；(4) 非因买受人自身原因未办理过户登记。

② 参见辽宁省高级人民法院民事判决书，(2018) 辽民终628号；内蒙古自治区高级人民法院民事判决书，(2015) 内民一终字第00146号；新疆维吾尔自治区高级人民法院伊犁哈萨克自治州分院民事判决书，(2019) 新40民终1539号；山东省淄博市周村区人民法院民事判决书，(2019) 鲁0306民初1766号。

记，案外人对特殊动产享有的所有权足以对抗申请执行人享有的抵押权；反之，如果该特殊动产抵押权已经登记，案外人对特殊动产享有的所有权不足以对抗申请执行人享有的抵押权。[①] 如果申请执行人属于善意第三人，只要特殊动产尚未办理过户登记，即便特殊动产已经交付给案外人，案外人对特殊动产享有的所有权也不足以对抗申请执行人享有的债权（这里的债权是指执行债权发生的基础权利）。案外人对特殊动产享有的所有权是否足以对抗申请执行人享有的抵押权（这里的抵押权是指执行债权发生的基础权利）的规则，同上。至于司法实践中所附加的“案外人对未办理过户登记手续不存在过错”或者“非因案外人自身原因未办理过户登记”的条件，实际上是在申请执行人属于或者不属于善意第三人之间，采取了折中方案。

最高人民法院认为，《民法典》第225条中的善意第三人不应包括申请执行人。根据《民法典》第225条的规定，案外人因交付而取得特殊动产的所有权时，由于申请执行人只享有一般金钱债权，故案外人的特殊动产物权变动虽未经登记，但仍可以对抗申请执行人。[②] 且任何一个普通债权人都有可能成为申请执行人，而对于被执行人来讲，其全部财产都须作为责任财产，即使查封登记在被执行人名下的特殊动产，申请执行人的债权所指向的被执行人的财产也不必然是该查封的特殊动产，即申请执行人对该特殊动产没有特定的利益，因此，申请执行人与一般的债权人并无本质区别。[③] 事实上，《最高人民法院关于适用〈中华人民共

---

① 参见尹田：《物权登记的效力及其法律适用——对〈物权法司法解释一〉相关规定的解析》，载《法律适用》2016年第5期。

② 参见杜万华主编：《最高人民法院物权法司法解释（一）理解与适用》，人民法院出版社2016年版，第198页。

③ 参见杜万华主编：《最高人民法院物权法司法解释（一）理解与适用》，人民法院出版社2016年版，第189－190页。

和国民法典〉物权编的解释（一）》第 6 条，旨在贯彻物权的优先效力。[①] 查封固然能使申请执行人取得对特殊动产的一定程度的支配权，但即便特殊动产物权变动未办理登记，查封也绝不能使申请执行人所享有的债权具备优先于案外人所享有的特殊动产所有权的效力；况且前述支配权仅仅意味着申请执行人的债权可以从被法院变卖的特殊动产所得价款中获得清偿，而并不意味着申请执行人能够直接支配处于法院控制下的特殊动产，可见这种支配权并不是实体法意义上的具有物权性质的支配权，从而不宜认为它在特殊动产物权变动并未办理登记的情形下便具备优先于案外人所享有的特殊动产所有权的效力。[②] 有学者还指出，《最高人民法院关于适用〈中华人民共和国民法典〉物权编的解释（一）》第 6 条所规定的转让人的债权人，只是申请并已由法院对财产采取强制执行措施的普通债权人。[③]

不过，也有学者认为，申请执行人属于《民法典》第 225 条中的善意第三人，甚至属于绝对不可对抗的第三人。理由如下：第一，申请执行人属于《民法典》第 225 条中的善意第三人时，可以防止被执行人与案外人恶意串通，通过倒签合同、转移交付的方式规避执行。[④] 第二，《最高人民法院关于人民法院民事执行中查封、扣押、冻结财产的规定》第 15 条，旨在解决不动产登记制度不完善的现实问题，与特殊动产的执

---

① 参见郑永宽：《论机动车等特殊动产物权的登记对抗效力》，载《法学家》2019 年第 4 期；方帅：《特殊动产的物权变动与对抗规则——兼析物权法解释（一）第六条》，载《时代法学》2017 年第 1 期；汪志刚：《准不动产物权变动与对抗》，载《中外法学》2011 年第 5 期。

② 参见张淳：《我国〈物权法〉第 24 条适用二题》，载《法学论坛》2013 年第 1 期。

③ 参见尹田：《物权登记的效力及其法律适用——对〈物权法司法解释一〉相关规定的解析》，载《法律适用》2016 年第 5 期。

④ 参见景光强：《特殊动产物权变动解释论——重新审视〈物权法〉第 24 条》，载《法律适用》2016 年第 6 期；王宝道：《案外人异议之诉权益冲突规则研究——以多重买卖与案外人异议规则的比较为切入点》，载《中南大学学报（社会科学版）》2019 年第 3 期。

行问题无关。[①] 第三，在土地承包经营权的交易中将不登记不得对抗的第三人的主观上限定为善意，是因为土地承包经营权交易的范围受到限制，而且是熟人社会，故实质调查难度不大。但是当第三人的交易对象并不指向土地承包经营权，而是指向土地承包经营权人的一般责任财产时（如第三人只是单纯的金钱债权人），如果此时仍然只保护善意的债权人，就是一种不效率的选择。同理，当申请执行人并非以系争特定物为债权标的，而是抽象地对被执行人的一般责任财产享有债权（主要表现为金钱债权），则无论这种申请执行人是善意还是恶意，未登记的物权人都不能对抗之。[②] 第四，申请执行人因信赖登记而选择查封了被执行人的财产后，如案外人（取得未经公示的物权的权利人）提出的异议能够成立，则申请执行人有可能会因丧失对被执行人的其他财产的执行机会而受损。[③] 第五，怠于进行物权变动公示的权利人不值得特别保护，即物权变动时，物权受让人既不申请预告登记，也不及时办理物权变动登记，即使其物权变动登记受阻，亦应及时寻求法律救济，故其应当承担由此导致的法律风险。[④]

持申请执行人不属于《民法典》第 225 条中的善意第三人的观点的学者显然是基于实体法的立场，而持相反观点的学者显然是考虑了程序法因素（申请执行人程序法上的信赖利益、避免被执行人恶意转移责任财产等）。由实体法立场出发，申请执行人对特定执行标的享有债权（这里的债权是指执行债权发生的基础权利）时，由于债权具有相对性，申请执行人只能对被执行人提出请求，因此申请执行人与案外人之间似乎

---

① 参见王宝道：《案外人异议之诉权益冲突规则研究——以多重买卖与案外人异议规则的比较为切入点》，载《中南大学学报（社会科学版）》2019 年第 3 期。

② 参见龙俊：《中国物权法上的登记对抗主义》，载《法学研究》2012 年第 5 期。

③ 参见尹田：《物权登记的效力及其法律适用——对〈物权法司法解释一〉相关规定的解析》，载《法律适用》2016 年第 5 期。

④ 参见尹田、尹伊：《论对未经登记及登记不实财产的强制执行》，载《法律适用》2014 年第 10 期。

不会发生直接的利益冲突，即不存在案外人对特殊动产享有的所有权能否对抗申请执行人享有的债权的问题。问题是，查封措施不仅限制了被执行人对财产的处分权，且将申请执行人的债权实现与被执行人的特定财产相联系，若财产被强制执行，则该执行标的真正的物权人（案外人）的利益就会受损，于是，案外人与申请执行人之间发生直接的利益冲突就不可避免。[①] 基于民事权益的实体法性质和效力的因素考量，申请执行人享有的是债权，案外人享有的是物权，根据物权优先于债权的原则，应当保护案外人的权利。但基于申请执行人程序法上的信赖利益、避免被执行人恶意转移责任财产等程序法因素的考量，则应当优先保护申请执行人的权利。且要求申请执行人实质调查登记在被执行人名下的特殊动产是否属于被执行人的责任财产，有过分增加申请执行人负担之嫌，也不符合形式主义的审查原则和执行效率的要求。基于实体法和程序法的不同侧重，采取折中方案，要求“案外人对未办理过户登记手续不存在过错”或“非因案外人自身原因未办理过户登记”，可以实现申请执行人与案外人之间的利益平衡。

日本关于基于法律行为的物权变动模式采债权意思主义，[②] 这与我国基于法律行为的特殊动产的物权变动模式基本相同。而关于债权人是否属于善意第三人，日本学界普遍认为扣押债权人属于善意第三人，这样的观点值得关注。例如，和田吉宏教授认为：“不动产受让人不具备取得所有权登记这一对抗条件时，不能对抗已经取得所有权的善意第三人。扣押由法院书记官进行登记委托时，申请执行人具备了扣押登记这一对抗要件，可以根据扣押一事对抗第三人。申请执行人和第三人是和被执行人的双重受让人相同的关系。因此，第三人不能向申请执行人主张其

① 参见尹田：《物权登记的效力及其法律适用——对〈物权法司法解释一〉相关规定的解析》，载《法律适用》2016 年第 5 期。

② 参见陈华彬：《物权法论》，中国政法大学出版社 2018 年版，第 114－118 页；田山輝明『物権法』（弘文堂，2004 年）54 頁；舟橋淳一『物権法』（有斐閣，1994 年）74 頁。

所有权，第三人所主张的没有对抗力的所有权不属于第三人异议之诉的异议事由，即使第三人提出异议之诉也将被驳回。”① 不过，千叶惠美子等民法学者也提出了相反的观点，即认为：“债权人，包括一般债权人和扣押债权人。一般债权人是指没有抵押权等物的担保，也就是没有来自物权的优先受偿权的债权人。换言之，一般债权人不是依靠被执行人的不动产这一特定物，而是依靠被执行人的一般财产来向被执行人融资。因此，一般债权人不属于第 177 条的第三人，一般债权人不能以对被执行人的债务名义扣押不动产，未登记的第三人停止强制执行的程序是第三人异议之诉。如果扣押债权人是第 177 条的第三人，则未登记的第三人不能提起第三人异议之诉。关于这一点，看法不同。但是，判例和通说认为扣押债权人是没有登记就无法对抗的第三人。其理由是，即使是一般债权人，也以债务人的财产为抵押品进行融资，潜在地对债务人的财产具有支配力。且通过扣押，其控制力具体化为特定的不动产。换言之，在此范围内，扣押债权人可以被评价为具有与物权取得人类似的法律地位。反对的立场虽然是少数，但主张扣押债权人可以从债务人的其他财产中收取债权，不具有争夺特定的物权的归属的立场。且与双重转让的对方不同，扣押债权人并不是为了取得特定的物权而支付对价，因此与交易的安全无关。由此看来，扣押债权人不属于第 177 条的第三人，第三人无须登记就可以排除债权人的扣押。”②

此外，在北京市，还存在一个特别现象。具体来说，根据《北京市小客车数量调控暂行规定》，小客车办理车辆登记手续，需要通过摇号方式获得小客车配置指标。实践中，由于小客车配置指标有限，很多人通过借用、租用获得小客车配置指标的人的名义办理车辆号牌。而在获得小客车配置指标的人成为被执行人，申请执行人申请强制执行登记在被

① 和田吉弘『民事執行法・民事保全法』(弘文堂，2007 年) 66 頁。

② 千葉恵美子等『民法 2　物権』(有斐閣，2002 年) 238 – 240 頁。

执行人名下的小客车时，借用被执行人名义办理车辆号牌的人往往提起案外人执行异议之诉，请求法院判决排除强制执行。对于案外人能否基于所有权排除强制执行，实践中存在三种观点。第一种观点认为，小客车配置指标是取得购车资格并办理车辆登记的必要条件，案外人不享有小客车配置指标，无法取得小客车所有权，因此，不能排除强制执行。[①] 第二种观点认为，车辆虽然登记在被执行人名下，但案外人是车辆的所有权人，其对车辆享有足以排除强制执行的民事权益。[②] 第三种观点认为，案外人虽是车辆的所有权人，但主观上存在明显过错，客观上构成对机动车登记管理公共利益的损害，且诉争车辆登记在被执行人名下，申请执行人有理由相信车辆属于被执行人所有，故案外人的诉讼请求不应得到法律的肯定评价。[③] 笔者赞同第三种观点。虽然案外人不享有小客车配置指标，但这并不影响其在支付对价的基础上，基于交付取得车辆所有权。不过，若案外人对未办理过户登记手续存在过错，且借用、租用被执行人的车辆号牌属于规避政策的行为，有损社会公共利益，故案外人借用、租用被执行人的车辆号牌的行为不应得到肯定，其享有的民事权益不足以排除强制执行。

---

① 参见北京市第二中级人民法院民事判决书，（2018）京02民初305号；北京市昌平区人民法院民事判决书，（2019）京0114民初3398号；北京市昌平区人民法院民事判决书，（2018）京0114民初19075号；北京市海淀区人民法院民事判决书，（2017）京0108民初32154号。

② 参见北京市东城区人民法院民事判决书，（2018）京0101民初12521号；北京市丰台区人民法院民事判决书，（2019）京0106民初36759号；北京市顺义区人民法院民事判决书，（2019）京0113民初28536号；北京市房山区人民法院民事判决书，（2019）京0111民初7495号；北京市东城区人民法院民事判决书，（2019）京0101民初1101号。

③ 参见北京市通州区人民法院民事判决书，（2019）京0112民初14013号；北京市第三中级人民法院民事判决书，（2019）京03民终11289号。

第四节　案外人基于存款货币所有权提起的执行异议之诉

实践中，因对价关系存在瑕疵或者指示发生瑕疵等原因，经常发生案外人错误地通过银行将款项转给无权受领款项的被执行人的情形。[①] 此外，很多案外人基于委托收款、保管资金、合作经营、挂靠经营等原因而借用被执行人的账户，或者将自己的资金直接存入被执行人的账户。[②] 执行机关根据申请执行人的申请冻结错汇款项或者借用账户的款项时，案外人通常会以其系资金的实际所有权人为由提起执行异议之诉，请求排除强制执行。而司法实践对于是否应当支持案外人的诉讼请求，存在较大分歧。

对于错汇款项的情形，《广东省高级人民法院关于审查处理执行裁决类纠纷案件若干重点问题的解答》[③]《山东省高级人民法院民一庭执行异议之诉案件审判观点综述》[④] 均规定，案外人以错汇款项为由提起执行异议之诉，请求排除强制执行时，除案外人有证据证明错汇款项的事实以及款项已被特定化外，原则上不予支持。《江西省高级人民法院关于执行异议之诉案件的审理指南》，在“案外人有证据证明错汇款项的事实以及

---

① 参见朱晓喆：《存款货币的权利归属与返还请求权——反思民法上货币“占有即所有”法则的司法运用》，载《法学研究》2018 年第 2 期。

② 参见朱晓喆：《存款货币的权利归属与返还请求权——反思民法上货币“占有即所有”法则的司法运用》，载《法学研究》2018 年第 2 期。

③ 《广东省高级人民法院关于审查处理执行裁决类纠纷案件若干重点问题的解答》第 18 条规定：“1. 案外人仅主张其为资金实际权属人，请求排除执行的，一般不予支持。2. 有证据证明的、能够特定化的资金，可以排除执行。如保证金专用账户资金质押权人就账户内资金主张实体权利的、有证据证明的错误汇款等。”

④ 《山东省高级人民法院民一庭执行异议之诉案件审判观点综述》第 18 条规定：“……案外人以错汇款项为由提起执行异议之诉，请求排除执行的，除案外人有证据证明款项已被特定化的外，原则上不予支持。”

款项已被特定化”的条件之外，还附加了“案外人和被执行人均无支付和接受的意思表示”的条件。[①] 司法实践中，也有不少案例持这种观点。典型的论证如下：“货币作为具有高度替代性的种类物和消费物，其典型特性为占有即所有，基于此种法律特性及作为媒介的流通功能，通常不发生所有物返还请求权与占有恢复之诉。但在错误汇款至法院冻结账户的特殊情况下，因汇款人自始欠缺权属变动的意思表示，且存款人无实现占有支配权益的客观可能，该款项因冻结行为已属特定化款项，故认定汇款人对汇款款项享有阻却执行的民事权益，符合民法公平原则和不得以他人财产偿还被执行人债务的朴素正义观。”[②] 不过，对于案外人错汇款项的行为的法律性质，有的判决认为属于事实行为，[③] 有的判决认为不属于民事法律行为，仅属于可变更或撤销的民事行为[④]。

不过，在《最高人民法院关于审理执行异议之诉案件适用法律问题的解释（一）（草案）》的起草过程中，征求意见稿多次规定，案外人以被执行人账户中的资金系其误汇，其系资金的实际所有权人等为由提起执行异议之诉，请求排除强制执行的，人民法院不予支持，案外人可依据误汇款项等事实依法另行主张权利。例如，最高人民法院2019年11月发布的《关于审理执行异议之诉案件适用法律问题的解释（一）（向社会公开征求意见稿）》第15条即作出了类似规定。起草者认为，虽然案

---

① 《江西省高级人民法院关于执行异议之诉案件的审理指南》第16条规定：“金钱债权执行中，案外人主张被执行人账户资金系案外人错误汇入被执行人账户，就此提起执行异议之诉，请求排除执行，符合下列条件的，应予支持：(1) 案外人确系误转的事实；(2) 案外人和被执行人均无支付和接受的意思表示；(3) 被误转后被执行人账户的资金特定化，未与被执行人的其他资金混同。”

② 参见福建省福州市长乐区人民法院（原福建省长乐市人民法院）民事判决书，(2019) 闽0182民初5793号；河南省漯河市郾城区人民法院民事判决书，(2019) 豫1103民初5303号；河南省洛阳市中级人民法院民事判决书，(2019) 豫03民终5427号；湖南省邵阳市大祥区人民法院民事判决书，(2019) 湘0503民初611号；江苏省无锡市梁溪区人民法院民事判决书，(2018) 苏0213民初9466号。

③ 参见浙江省嵊州市人民法院民事判决书，(2019) 浙0683民初1720号。

④ 参见浙江省台州市中级人民法院民事判决书，(2019) 浙10民终156号。

外人将其所有的款项误划至被执行人账户的行为缺乏当事人的真实意思表示，但除非法律、司法解释有明确规定的以外，对于货币这一种类物，一般应当适用占有即所有的规则认定其所有权的归属，故该行为并非因此而不能产生转移款项实体权益的法律效果。因此，案外人将其所有的款项误划至被执行人账户的行为，在案外人与被执行人之间构成了典型的不当得利之债。由此，案外人享有的是不当得利债权，其可以基于不当得利而请求被执行人返还相应款项，法律已经赋予了案外人此种救济途径。从该债权的性质上看，其属于普通债权，并不具有优先受偿性。而如果支持了案外人针对该错汇款项提出的执行异议请求，则在实质上是赋予了此种债权优先于其他普通债权获得清偿的权利，无疑严重违背了对于普通债权而言债权平等的基本原则。因此，对于此种情形下案外人提出的排除执行请求，原则上不应支持。司法实践中，也有不少案例持这种观点。①

对于借用账户的情形，《广东省高级人民法院关于审查处理执行裁决类纠纷案件若干重点问题的解答》②《江西省高级人民法院关于执行异议之诉案件的审理指南》均规定，可以排除强制执行。不过，后者的第15条要求具备“真实的借用账户事实；案外人对被执行人账户有排他的控制权；被执行人账户资金特定化，与被执行人的其他财产相区分；未损害申请执行人的信赖利益，即在申请执行人债权形成之时，被执行人的责任财产中不包括案涉被执行人账户资金”四个条件。司法实践中，有

① 参见最高人民法院民事裁定书，(2018) 最高法民申1742号；吉林省吉林市中级人民法院民事判决书，(2019) 吉02民终2814号；江苏省无锡市滨湖区人民法院民事判决书，(2019) 苏0211民初446号；河南省新乡县人民法院民事判决书，(2019) 豫0721民初1963号；浙江省温岭市人民法院民事判决书，(2017) 浙1081民初954号；山东省青岛市市北区人民法院民事判决书，(2017) 鲁0203民初7171号。

② 《广东省高级人民法院关于审查处理执行裁决类纠纷案件若干重点问题的解答》第19条规定：“有证据证明账户开立手续、业务办理、账户管理、资金流转等均由案外人完成，案外人是涉案账户实际使用人，被执行人仅为涉案账户名义所有人的，双方形成账户借用关系，可以排除执行。”

判决认为，一般来讲，货币是特殊的种类物，流通性是其属性，“占有即所有”是其基本原则；但是，在特定情况下，如果账户中的资金已经特定化，则不能简单地适用“占有即所有”原则，而应当区分不同情况，针对案外人对于账户资金享有的权利的性质，妥善平衡申请执行人、被执行人与案外人三者之间的关系，从而作出判断。在案外人提出的对于账户资金是否享有阻却执行的权益判断上，关键在于认定账户内的资金是否特定化，是否与被执行人的其他资金相混同；如果该账户资金能够特定化，能够与被执行人的其他资金相区分，则可以阻却执行。虽然借用账户违反了中国人民银行《人民币银行结算账户管理办法》第65条的规定，但《人民币银行结算账户管理办法》作为部门规章，为管理性规范，而非效力性规范。且即便借用账户行为违法，亦不能决定案涉账户内资金的归属。①

不过，《山东省高级人民法院民一庭执行异议之诉案件审判观点综述》②《吉林省高级人民法院关于审理执行异议之诉案件若干疑难问题的解答（二）》③ 均规定，不能排除强制执行。在《最高人民法院关于审理执行异议之诉案件适用法律问题的解释（一）（草案）》的起草过程中，也存在这种观点。起草者认为，货币作为一种特殊动产，其本身存在无法辨别的困难，同时又是一种价值符号，流通性系其生命。被执行人银行账户是行使货币流通手段的一种方式，在银行账户发挥其流通功能的情形下，账户内货币的占有与所有高度一致，只要货币合法转入即属于

① 参见内蒙古自治区巴彦淖尔市（盟）中级人民法院民事判决书，（2018）内08民终1373号。

② 《山东省高级人民法院民一庭执行异议之诉案件审判观点综述》第18条规定：“……账户借用人以其系款项实际所有权人为由主张排除执行的，原则上不予支持。”

③ 《吉林省高级人民法院关于审理执行异议之诉案件若干疑难问题的解答（二）》问题十规定：“金钱债权执行中，人民法院对被执行人开立的银行账户或银行账户内的资金实施执行，案外人仅以其借用被执行人的银行账户或以借用被执行人名义开立账户流转资金为由提起执行异议之诉请求排除执行的，除法律另有规定外，人民法院不予支持。”

法律规定的合法交付行为，所有权自交付时发生转移。中国人民银行《支付结算办法》第16条也规定，谁的钱进谁的账，由谁支配。而且，《最高人民法院关于出借银行账户的当事人是否承担民事责任问题的批复》指出，出借银行账户是违反金融管理法规的违法行为。若法院支持账户借用人排除强制执行之请求，将产生保护甚至激励账户借用的行为，导致对金融管理制度的冲击，造成不良的社会影响。因此，对此予以否定性评价，也与维护金融稳定及秩序的国家政策方向相吻合。司法实践中，也有不少案例持这种观点。① 还有判决认为，案外人应预见到自身行为（借用账户）可能产生的法律后果，并应自行承担由此造成法律后果；② 案外人与被执行人关于借用账户的约定属于内部约定，不得对抗申请执行人。③

案外人错汇款项时，能否提起执行异议之诉并排除强制执行，笔者认为很大程度上取决于案外人享有的民事权益。理论上，关于案外人于错误汇款时享有的民事权益，存在原物返还请求权说、④ 价值返还请求权说、⑤ 代偿取回权说、⑥ 错误意思表示之不当得利请求权说、⑦ 原因关系

---

① 参见吉林省辽源市中级人民法院民事判决书，（2019）吉04民终678号；江苏省南通市中级人民法院民事判决书，（2019）苏06民终1765号；河南省南阳市中级人民法院民事判决书，（2018）豫13民终7404号。

② 参见四川省筠连县人民法院民事判决书，（2019）川1527民初976号。

③ 参见天津市河西区人民法院民事判决书，（2018）津0103民初11121号；黑龙江省牡丹江市爱民区人民法院民事判决书，（2018）黑1004民初1489号。

④ 参见王毓莹：《执行异议之诉中账户资金的排除执行问题》，载《人民法院报》2017年11月1日，第7版；王琳：《付款人对错误付款至查封账户的资金可提起阻却执行异议——山东滨州中院判决惠丰小额公司诉三丰小额公司案外人执行异议之诉纠纷案》，载《人民法院报》2018年1月11日，第6版。

⑤ 参见朱晓喆：《存款货币的权利归属与返还请求权——反思民法上货币"占有即所有"法则的司法适用》，载《法学研究》2018年第2期。

⑥ 参见朱晓喆：《存款货币的权利归属与返还请求权——反思民法上货币"占有即所有"法则的司法适用》，载《法学研究》2018年第2期。

⑦ 参见其木提：《错误转账付款返还请求权的救济路径——兼评最高人民法院（2017）最高法民申322号民事裁定书》，载《法学》2020年第2期；孙鹏：《金钱"占有即所有"原理批判及权利流转规则之重塑》，载《法学研究》2019年第5期。

必要之不当得利请求权说、[①] 原因关系不必要之不当得利请求权说、[②] 存款债权说[③]。如果采前三种学说，因案外人对款项享有的是物权，申请执行人享有的是债权（这里的债权是指执行债权发生的基础权利），基于物权优先于债权的民事实体法规则，且兼顾案外人执行异议之诉异议事由确定的公法因素，如果案外人不知被执行人的账户已被人民法院冻结，则案外人享有的民事权益足以排除强制执行。如果采后四种学说，因案外人对款项享有的是债权，申请执行人享有的也是债权（这里的债权是指执行债权发生的基础权利），基于债权平等的民事实体法规则，且考虑到不存在优先保护案外人民事权益的案外人执行异议之诉异议事由确定的公法和社会因素，故案外人享有的民事权益不足以排除强制执行。

不过，原因关系不必要之不当得利请求权说认为，若系争错误汇款具有特定性，鉴于系争款项与错误汇款资金的同一性，该系争存款即归错误汇款人“所有”，但此谓“所有”并非所有权，而是指存款债权之归属，亦即错误汇款人虽非系争汇款债权名义上的债权人，但在归属意义上系该债权实质上的债权人，故错误汇款人就系争错误汇款享有足以

① 参见山田誠一「誤った資金移動取引と不当利得」金融法務事情 1325 号（1992 年）23 頁；塩崎勤「誤振込による預金に対する差押えと振込依頼人からの第三者異議の訴えの許否」金融法務事情 1299 号（1991 年）11 頁；滝沢昌彦「誤振込による預金債権の成否と預金債権の差押に対する第三者異議の訴えの可否」ジュリスト1018 号（1993 年）118 頁；菅原胞治「振込取引と原因関係」金融法務事情 1358 号（1993 年）42 頁。转引自其木提：《错误转账付款返还请求权的救济路径——兼评最高人民法院（2017）最高法民申 322 号民事裁定书》，载《法学》2020 年第 2 期。

② 参见其木提：《错误转账付款返还请求权的救济路径——兼评最高人民法院（2017）最高法民申 322 号民事裁定书》，载《法学》2020 年第 2 期；黄海涛、杨俊逸：《汇款错误产生之债权不能对抗强制执行》，载《人民司法》2020 年第 2 期；後藤紀一「振込取引と不当利得」金融法務事情 1300 号（1991 年）4 頁；森田宏樹「振込取引の法的構造——誤振込事例の再検討」中田裕康＝道垣内弘人編『金融取引と民法原理』（有斐閣，2000 年）161 頁；徐同远：《〈民事诉讼法〉第 227 条在存款执行程序中的适用》，载《法律适用》2015 年第 7 期。

③ 参见三谷忠之『民事訴訟法講義』（成文堂，2005 年）210 頁。

对抗受款人之债权人的实体权益。[①] 笔者认为，如果人民法院适用十三届全国人大常委会 2022 年 6 月发布的《民事强制执行法（草案）（征求意见稿）》第 151、153 条新增设的对被执行人享有的物之交付或移转请求权执行的方法，冻结被执行人享有的物之交付或移转请求权，因存款债权是执行标的，若存款债权确由案外人享有，则存款债权非属被执行人的责任财产，案外人可以提起执行异议之诉并排除强制执行。但人民法院冻结的是款项，在原因关系不必要之不当得利请求权说之下，该款项的所有权由银行享有，冻结的性质类似于预查封。此时，即便案外人享有存款债权，也不影响由银行享有所有权的款项作为执行标的，案外人享有的债权与申请执行人享有的债权处于平等保护地位。

事实上，在日本的判例中，第三人错汇款项到被执行人的银行账户时，能否提起异议之诉也曾成为问题。有学者列举，“X 打算把钱汇入 D 银行的 C 账户，却误把钱汇入了 B 银行的 A 账户。A 的债权人 Y 查封了 A 对 B 银行的债权，因此，X 对 Y 提出了第三人异议之诉。案例的判旨是，即使 X 和 A 之间不存在成为汇款原因的法律关系，A 也会对 B 银行取得相当于汇款金额的存款债权，X 对 A 有不当得利返还请求权。根据第三人异议之诉，X 不能要求对 A 的债权人 Y 所做的对 A 的存款债权的强制执行的不允许。但是，在该案件的原审中，由于存在明显且形式上的错误而导致的错误汇款，存款债权的成立明显违反公平观念，因此否定了 A 的存款债权的成立，且由于对外观上存在的存款债权有扣押。X 可以基于作为金钱价值的实质归属者的地位，向 Y 提出第三人异议之诉。”[②] 判例的争论其实与笔者前述分析相同。

案外人借用账户时，能否提起执行异议之诉并排除强制执行，笔者认为同样很大程度上取决于案外人享有的民事权益。如果认为案外人对

---

① 参见其木提：《错误转账付款返还请求权的救济路径——兼评最高人民法院（2017）最高法民申 322 号民事裁定书》，载《法学》2020 年第 2 期。

② 和田吉弘『民事執行法・民事保全法』（弘文堂，2007 年）76 – 77 頁。

款项享有的是债权，则不足以排除强制执行，理由同上；如果认为案外人对款项享有的是物权，申请执行人享有的是债权（这里的债权是指执行债权发生的基础权利），基于案外人执行异议之诉异议事由确定的私法因素考虑，案外人的民事权益应当得到优先保护。不过，基于申请执行人程序法上的信赖利益、避免被执行人恶意转移责任财产、案外人应当预见借用账户的风险、避免鼓励和支持案外人规避政策的行为等公法、社会因素的考量，则应当优先保护申请执行人的权益。基于实体法和程序法的不同侧重，笔者认为，采取折中方案，要求具备《江西省高级人民法院关于执行异议之诉案件的审理指南》规定的“真实的借用账户事实；案外人对被执行人账户有排他的控制权；被执行人账户资金特定化，与被执行人的其他财产相区分；未损害申请执行人的信赖利益，即在申请执行人债权形成之时，被执行人的责任财产中不包括案涉被执行人账户资金”四个条件，可以实现申请执行人与案外人之间的利益平衡。

不过，有学者认为，《人民币银行结算账户管理办法》规定不得出租、出借账户，旨在消除避税、洗钱等重大隐患。然而，借用他人账户未必出于该不法目的，即便基于此等目的，让借用方失去本属于自己的金钱，同时使出借方取得该金钱之所有权并惠及其债权人，无异于对违法双方厚此薄彼。在错误汇款之情形，即便汇款人有过失，在违法借用账户尚不至于失去所有权的情况下，仅因汇款人过失就将其物权降格为债权，显然不合比例。债务人与第三人恶意串通、逃避债务的情形并不普遍，相关图谋也很难得逞。债务人与第三人合谋谎称其账户内资金为第三人借户存款，则必须举证证明该第三人此前向债务人支付该笔款项以及当时形成了借户存款之合意，而事后炮制这些证据绝非易事。[①] 笔者认为，案外人对款项享有物权时，要求具备特定条件才能排除强制执行，

① 参见孙鹏：《金钱“占有即所有”原理批判及权利流转规则之重塑》，载《法学研究》2019年第5期。

是综合考虑案外人执行异议之诉异议事由确定的私法、公法、社会因素作出的利益权衡，是平衡申请执行人、案外人之间利益的最佳方案，且并未将物权降格为债权。至于是否存在恶意串通的现象以及恶意串通能否得逞，是一个事实问题，学者的主观臆测并不具有说服力。

第五节　案外人基于违法建筑提起的执行异议之诉

执行法院执行违法建筑时，案外人能否针对该违法建筑提起执行异议之诉，各省高级人民法院发布的文件略有差别。《江西省高级人民法院关于执行异议之诉案件的审理指南》第 29 条规定：“金钱债权执行中，案外人以其对执行标的享有足以排除执行的民事权益为由，提起执行异议之诉，经审查发现该执行标的系未取得建设工程规划许可证或者未按照建设工程规划许可证的规定进行建设的，人民法院不予受理；已经受理的，裁定驳回起诉。但案外人系以其为合法占有人为由对执行法院针对不具备首次登记条件的建筑物进行的‘现状处置’提起执行异议之诉的，应依法受理，并对是否许可执行或不予执行该执行标的作出裁判，但不得就违法建筑予以确权或判决案外人对此享有所有权。”《最高人民法院关于审理执行异议之诉案件适用法律问题的解释（一）（草案)》起草过程中，也是参照该规定作出了类似规定。《江苏省高级人民法院执行异议及执行异议之诉案件办理工作指引（二)》第七部分第 19 条则规定：“执行法院对无证房产予以现状处置，案外人以其对该无证房产享有排除执行的实体权益为由提起执行异议及执行异议之诉的，应依法受理，并对是否许可执行或不予执行该执行标的作出裁判，但不得就无证房产予以确权或判决案外人对此享有所有权。”

实践中，执行法院执行违法建筑时，存在两种不同类型的案外人。一是违法建筑建造人的债权人申请强制执行违法建筑时，违法建筑的买受人或者以物抵债的权利人提起案外人执行异议之诉。对此，有判决认为，由于违法建筑建造人自始未取得违法建筑的物权，且违法建筑建造人与违法建筑的买受人或者以物抵债的权利人签订的买卖合同或者以物抵债合同无效［违反《最高人民法院关于审理商品房买卖合同纠纷案件适用法律若干问题的解释》第2条、《城市房地产管理法》第38条第（6）项的规定］，因此，案外人无从取得对违法建筑的民事权益，不能排除强制执行。① 且有判决认为，即便案外人已经支付了全部对价或者实际占有了违法建筑，也不能排除强制执行。② 也有判决认为，应当适用《最高人民法院关于人民法院民事执行中查封、扣押、冻结财产的规定》第15条的规定作出判断。③ 二是违法建筑的挂靠企业、合伙建造违法建筑的主体、在他人建筑上建造违法建筑情形中的他人等主体的债权人申请强制执行违法建筑时，违法建筑建造人提起案外人执行异议之诉。对此，有判决认为，建造人实际占有违法建筑时，可以排除强制执行。④ 还有判决认为，不能排除强制执行或者视添附情况而定。⑤

笔者认为，讨论案外人能否提起执行异议之诉请求排除对违法建筑

① 参见浙江省温州市中级人民法院民事判决书，（2013）浙温执异终字第40号；山东省淄博市中级人民法院民事判决书，（2016）鲁03民终904号；山东省淄博市周村区人民法院民事判决书，（2015）周民初字第1595号；山东省青州市人民法院民事判决书，（2016）鲁0781民初6473号；广东省江门市蓬江区人民法院民事判决书，（2018）粤0703民初756号。

② 参见山东省诸城市人民法院民事判决书，（2015）诸民初字第1013号；安徽省灵璧县人民法院民事判决书，（2018）皖1323民初1423号；内蒙古自治区翁牛特旗人民法院民事判决书，（2017）内0426民初6669号。

③ 参见江苏省盐城市中级人民法院民事判决书，（2018）苏09民终1769号；江苏省无锡市中级人民法院民事判决书，（2018）苏02民再40号；浙江省温州市中级人民法院民事判决书，（2013）浙温执异终字第40号。

④ 参见湖南省郴州市中级人民法院民事判决书，（2019）湘10民终3260号；湖南省耒阳市人民法院民事判决书，（2017）湘0481民初15号。

⑤ 参见上海市松江区人民法院民事判决书，（2018）沪0117民初8429号；浙江省宁海县人民法院民事判决书，（2014）甬宁执异初字第2号；浙江省东阳市人民法院民事判决书，（2017）浙0783民初15745号。

的强制执行，需要厘清两个前提性的问题。一是建造人对违法建筑是否享有民事权益，以及享有何种民事权益。理论上，关于违法建筑的物权法定位，存在无权利说、占有权说、动产所有权说、不动产所有权说的争议。① 不过，《物权法》施行之后，因该法第30条关于因事实行为而设立或者消灭物权的规定，明确要求"合法建造"，故无权利说成为学界通说。②《民法典》第231条承继了《物权法》第30条的规定，因合法建造、拆除房屋等事实行为设立或者消灭物权的，自事实行为成就时发生效力。据此，笔者也赞同学界通说，从文义解释出发，建造人对违法建筑不享有物权。二是法院能否对诉争建筑是否属于违法建筑作出判断。对此，《最高人民法院第八次全国法院民事商事审判工作会议（民事部分）纪要》第21条规定，对于违法建筑的认定和处理，属于国家有关行政机关的职权范围，应避免通过民事审判变相为违法建筑确权。不过，是否属于违法建筑通常构成案外人对诉争建筑是否享有民事权益的前提。笔者认为，在申请执行人已经提出证据证明建造人未取得建设工程规划许可证或者未按照建设工程规划许可证规定内容建设时，案外人如不能证明诉争建筑属于合法建筑，则法院不能对诉争建筑的权属进行确认。

基于以上前提，笔者认为，违法建筑建造人的债权人申请强制执行违法建筑时，违法建筑的买受人或者以物抵债的权利人可以提起案外人执行异议之诉，但不能排除强制执行。建筑是否属于违法建筑，在起诉之时，基于立案登记制，法院并不能作出判断。因此，应当允许违法建筑的买受人或者以物抵债的权利人提起案外人执行异议之诉。但在申请执行人已经提出证据证明建造人未取得建设工程规划许可证或者未按照

① 参见黄忠：《违法建筑的私法地位之辨识——〈物权法〉第30条的解释论》，载《当代法学》2017年第5期。

② 参见王利明：《物权法研究》（第三版）（上下卷），中国人民大学出版社2013年版，第293页；尹田：《物权法》，北京大学出版社2013年版，第99页；高富平：《物权法讲义》，法律出版社2011年版，第132页；孙宪忠主编：《中国物权法：原理释义和立法解读》，经济管理出版社2008年版，第116页。

建设工程规划许可证规定内容建设，案外人却不能证明诉争建筑属于合法建筑时，由于建造人对违法建筑不享有物权，且违法建筑建造人与违法建筑的买受人或者以物抵债的权利人签订的买卖合同或者以物抵债合同无效。因此，案外人也不可能取得违法建筑的物权，故不能排除强制执行。违法建筑的挂靠企业、合伙建造违法建筑的主体、在他人建筑上建造违法建筑情形中的他人等主体的债权人申请强制执行违法建筑时，违法建筑建造人可以提起案外人执行异议之诉，理由也在于立案登记制。同样，申请执行人已经提出证据证明建造人未取得建设工程规划许可证或者未按照建设工程规划许可证规定内容建设，案外人却不能证明诉争建筑属于合法建筑时，由于建造人对违法建筑不享有物权，故不能排除强制执行。

第六节　案外人基于共有权提起的执行异议之诉

共有，是指两个或者两个以上的法律主体就同一财产共同享有所有权的法律状态。由于共有财产可能登记在某一共有权人名下或者由某一共有权人占有，因此在该共有权人成为被执行人时，该共有权人的债权人会申请强制执行共有财产，而其他共有权人会提起案外人执行异议之诉请求排除强制执行。不过，关于其他共有权人得否提起或者得否直接提起案外人执行异议之诉，以及如果可以提起案外人执行异议之诉能否排除强制执行，实践和理论存在较大争议，并未形成统一的规则，至少存在以下几种不同的模式。

第一种是“共有财产分割程序前置、案外人执行异议之诉后置”的模式。例如，《广东省高级人民法院关于审查处理执行裁决类纠纷案件若干重点问题的解答》第 16 条第 1 款规定：“共有权人作为案外人提起执行异议之诉的，人民法院应释明，要求其先分割共有财产，审查其主张的共有份额并确权，对执行标的中案外人所有的份额，可以排除执行。”[1]该模式是将共有关系的消解和共有份额的确定先交由共有财产分割程序处理，待共有关系消解、共有份额确定后，执行异议之诉只需审查案外人享有的共有份额，进而判决排除执行案外人享有的共有份额。至于共有财产分割的程序，可以是共有权人协议分割共有财产、共有权人提起析产诉讼或者申请执行人代位提起析产诉讼，[2] 也可以是执行机关强制消解共有关系并确定案外人与被执行人各自的共有份额。

第二种是“共有财产分割程序前置、执行法院裁定程序后置”的模式。该模式也就是《最高人民法院关于人民法院民事执行中查封、扣押、冻结财产的规定》第12条的内容。也即执行法院可以对共有财产采取查封、扣押、冻结等控制性强制措施，但应当及时通知其他共有权人。在共有权人达成分割共有财产的协议并经债权人认可或者共有权人提起析产诉讼、申请执行人代位提起析产诉讼并胜诉时，执行法院应当裁定解除查封、扣押、冻结等控制性执行措施。不过，执行法院拒绝作出解除查封、扣押、冻结等控制性执行措施的裁定时，案外人应该通过执行行为异议还是执行异议之诉抑或其他方式获得救济，尚不明确。有学者认为，既可由执行机构作出裁定，也可通过诉讼途径解决。[3] 但如果是通过诉讼途径解决，则与前一模式基本相同。

第三种是“案外人执行异议之诉一体处理”的模式。该模式是指由案外人执行异议之诉一体处理共有关系的消解、共有份额的确定以及案

---

① 参见广东省广州市中级人民法院民事判决书，(2019) 粤01民终22275号；福建省厦门市中级人民法院民事判决书，(2019) 闽02民终3115号；湖南省永州市中级人民法院民事判决书，(2019) 湘11民终1231号；陕西省榆林市中级人民法院民事判决书，(2018) 陕08民初139号；广东省江门市中级人民法院民事判决书，(2015) 江中法民一终字第152号。

② 参见四川省成都市双流区人民法院民事判决书，(2018) 川0116民初13605号。

③ 参见胡婷、王亚新：《共有不动产执行中的争议处理——兼论执行立法草案相关条文的内容构成》，载《西南政法大学学报》2020年第2期。

外人享有的共有权是否足以排除强制执行等问题。例如，《江苏省高级人民法院执行异议及执行异议之诉案件办理工作指引（二）》第八部分第22条第3项规定："执行标的是否为共有财产或者共有份额存在争议的，应依照《民事诉讼法》第二百三十四条规定审查处理，并在执行异议之诉中对案外人享有的份额进行认定，判决不得执行案外人享有的变现份额。"这种模式在司法实践中适用最多，如在共有权人提起案外人执行异议之诉请求排除对夫妻共同共有财产执行的案件中，法官通常会在案外人执行异议之诉中一并认定涉案财产是否属于夫妻共同财产以及夫妻双方各自的份额，甚至会认定被执行人所负债务是否为共同债务。[①]

模式一是坚守私法关系诉讼与执行关系诉讼功能不同的结果，即案外人执行异议之诉只处理不当执行的问题。不过，共有权人提起析产诉讼消解共有关系、确定共有份额时，因申请执行人并非析产诉讼的当事人，可能会产生共有权人恶意串通、规避执行的结果，而且也与《最高人民法院关于人民法院办理执行异议和复议案件若干问题的规定》第26条的规定相矛盾[②]。执行机关强制消解共有关系、确定共有份额时，因共有关系的消解、共有份额的确定属于实体问题，故会面临违背审执分离原则的诘问。当然，共有权人达成分割共有财产的协议并经债权人认可或者申请执行人代位提起析产诉讼，都是可行方案，不过，由于涉及不同程序之间的衔接和转换，可能会影响执行的效率。模式二在前置阶段会面临与模式一相同的问题，而在后置阶段如果采取"执行法院裁定+执行异议之诉"的处理方式，则与模式一并无不同。但是，如果采取"执行法院裁定+执行行为异议"的模式，则会极大地提高审查效率，尤其是在共有份额已经通过诉讼程序得到确定的前提下。不过，共有份额的确定只解决了案外人是否享有民事权益的问题，并未解决是否足以排

---

① 参见新疆维吾尔自治区高级人民法院民事判决书，(2019) 新民终175号；重庆市高级人民法院民事判决书，(2019) 渝民终335号。

② 参见广西壮族自治区高级人民法院民事裁定书，(2019) 桂民申4332号。

除强制执行的问题，后一问题显然不能通过执行行为异议加以解决。模式三则混淆了私法关系诉讼与执行关系诉讼的功能。当然，如果解释成是案外人执行异议之诉与析产之诉的强制合并，则属于三种模式中最佳的模式。换言之，这种模式既能界分私法关系诉讼与执行关系诉讼的功能、契合审执分离原则，又能保障各方当事人的程序参与权、提高审理效率、避免案外人与被执行人恶意串通。

以案外人执行异议之诉与析产之诉的强制合并模式为前提，共有关系消解、共有份额确定之后，因共有权属于物权，故足以对抗申请执行人享有的债权（这里的债权是指执行债权发生的基础权利）。有不少实践案例①、学者②以及高级人民法院发布的文件③认为，案外人不得基于按份共有权提起执行异议之诉并排除强制执行。理由或是基于按份共有本身，或是基于前述第二种模式。笔者认为，这些案例、学者、文件忽略了共有权作为物权的本质，也没有考虑到案外人执行异议之诉需要审查案外人享有的民事权益是否足以排除强制执行这一层面的问题。事实上，被采取执行措施的共有财产并非独占地属于被执行人的责任财产，既然

---

① 参见福建省武平县人民法院民事判决书，(2019) 闽0824民初1349号；吉林省长春市双阳区人民法院民事判决书，(2018) 吉0112民初1332号；四川省宜宾市翠屏区人民法院民事判决书，(2017) 川1502民初8945号；湖北省宜昌市三峡坝区人民法院民事判决书，(2016) 鄂0591民初829号；重庆市垫江县人民法院民事判决书，(2017) 渝0231民初1346号；湖南省岳阳市云溪区人民法院民事判决书，(2015) 云民初字第567号。

② 参见汤维建、陈爱飞：《“足以排除强制执行民事权益”的类型化分析》，载《苏州大学学报（哲学社会科学版）》2018年第2期；申光伟：《案外人涉房执行异议之诉及其主要权利类型》，载《人民司法》2019年第22期；王聪：《案外人执行异议之诉中异议事由的类型化研究——以“足以排除强制执行的民事权益”为中心》，载《法治研究》2018年第4期；高仁宝等编著：《执行异议之诉法律适用指引》，法律出版社2018年版，第43页。

③ 参见《吉林省高级人民法院关于审理执行异议之诉案件若干疑难问题的解答》问题二十七规定：“金钱债权执行中，如果共有人一方对作为执行标的物的不动产提出分割，执行法院可以对该不动产进行分割，其他共有人不得拒绝分割。该不动产被分割后，执行法院为执行生效裁判而对作为执行标的物的不动产强制执行的，不负有给付义务的共有人对作为执行标的物的权利份额可以主张优先购买，但其直接对作为执行标的物的不动产请求排除执行的，人民法院不予支持。”

共有财产认可了其他共有人的独自利益，那么在执行法上反映该利益是理所当然的，其他共有人可以基于其地位提出案外人执行异议之诉。[①] 不过，案外人享有共有权时，是直接排除对共有财产的执行还是排除对共有财产的变价款的执行，应当根据共有财产是否存在难以分割或者分割会减损共有财产价值的情形而定。[②] 比如，《广东省高级人民法院关于审查处理执行裁决类纠纷案件若干重点问题的解答》第16条规定："……按份共有情形下，可以排除对案外人共有份额的执行，执行法院仅执行标的物中被执行人共有部分。若标的物不可分割，案外人可通过执行标的物变现后分割价款或行使优先购买权实现权利。共同共有情形下，由案外人主张并举证证明其所有的份额（比例），人民法院审查并确权后，可以排除对该部分执行。若标的物不可分割，案外人可通过执行标的物变现后分割价款或行使优先购买权实现权利……"《江西省高级人民法院关于执行异议之诉案件的审理指南》[③] 以及实践中不少案外人基于按份共有权[④]或者共同共有权[⑤]提起执行异议之诉的案例亦持这种观点。事实上，这种处理方式也与《民法典》第304条的规定相契合。

---

① 三ケ月章『民事執行法』（弘文堂，1981年）141頁；中野貞一郎『民事執行・保全法概説』（有斐閣，2006年）136頁；鈴木禄彌『物権法講義』（創文社，1994年）57頁。

② 有日本学者认为，对全部共有物进行强制执行的情况下，其他共有人可以主张自己的共有权，作为其保存行为（民法252条但书），提出要求排除对全部共有物执行的第三人异议之诉。[三谷忠之『民事訴訟法講義』（成文堂，2005年）] 209頁。笔者认为并不妥当。

③ 《江西省高级人民法院关于执行异议之诉案件的审理指南》第30条规定："金钱债权执行中，案外人基于执行标的共有权人身份提出执行异议之诉，请求排除执行的，区分下列情形予以处理：（1）执行标的可分割的，对案外人享有的份额部分应予支持；（2）执行标的不可分割的，应判决驳回其诉讼请求，但对案外人享有的变现份额不得执行。"

④ 参见四川省乐山市中级人民法院民事判决书，（2018）川11民终1472号；云南省红河县人民法院民事判决书，（2019）云2529民初486号；四川省遂宁市船山区人民法院民事判决书，（2018）川0903民初5580号；四川省江油市人民法院民事判决书，（2019）川0781民初267号；湖南省怀化市鹤城区人民法院民事判决书，（2018）湘1202民初1000号；浙江省苍南县人民法院民事判决书，（2015）温苍执异初字第48号。

⑤ 参见重庆市第一中级人民法院民事判决书，（2019）渝01民终9820号；陕西省宝鸡市中级人民法院民事判决书，（2019）陕03民初9号；河北省石家庄市中级人民法院民事判决书，（2019）冀01民终3569号。

需要特别说明的是，案外人基于夫妻共同共有权提起执行异议之诉请求排除强制执行的问题。首先，执行依据确认债务为夫妻共同债务时，配偶一方不得以该债务不属于夫妻共同债务为由提起案外人执行异议之诉。执行依据确认债务系夫妻共同债务时，配偶一方以该债务不属于夫妻共同债务为由主张对作为执行标的物的共有不动产排除执行，本质上属于对原执行依据的异议，应当通过审判监督程序主张权利。① 其次，执行依据确认债务为夫妻共同债务且执行法院执行夫妻共同财产时，配偶一方不得基于夫妻共同共有权提起案外人执行异议之诉。此时，配偶一方属于执行当事人，为执行力所及。再次，执行依据确认债务为被执行人的个人债务，执行法院追加配偶一方为被执行人时，配偶一方不得基于夫妻共同共有权提起案外人执行异议之诉。此时，配偶一方属于执行当事人，为执行力所及；如有异议，应当通过被执行人不适格执行异议之诉寻求救济。② 最后，执行依据确认债务为被执行人的个人债务，执行法院未追加配偶一方为被执行人时，配偶一方可以基于夫妻共同共有权提起案外人执行异议之诉，且足以排除强制执行。③ 实践中，有案例以夫

---

① 参见《江苏省高级人民法院执行异议及执行异议之诉案件办理工作指引（二）》第八部分第26条规定："执行依据或其他相关生效法律文书确认案涉债务系夫妻共同债务，未参加诉讼的配偶一方以该债务非夫妻共同债务为由提出执行异议的，裁定不予受理；已经受理的，驳回其异议申请，告知其依法通过审判监督程序救济。"《吉林省高级人民法院关于审理执行异议之诉案件若干疑难问题的解答》问题二十九规定："作为执行依据的生效裁判确认债务系夫妻共同债务的，配偶一方以该债务非夫妻共同债务为由主张对作为执行标的物的共有不动产排除执行的，其本质上属于对原生效裁判的异议，应当通过审判监督程序主张权利，配偶一方提起执行异议之诉的，人民法院应当不予受理；已经受理的，裁定驳回起诉。"

② 朱腾飞博士亦持相同观点。参见朱腾飞：《案外人异议之诉研究》，中国政法大学出版社2016年版，第205页。

③ 参见《江苏省高级人民法院执行异议及执行异议之诉案件办理工作指引（二）》第八部分第24条规定："执行依据确定的债务人为夫妻一方，夫妻另一方对被执行人个人名下的财产主张权利，或者对登记在其名下的财产是否系共同财产或其份额提出案外人异议的，依照《民事诉讼法》第二百三十四条规定审查处理，并在执行异议之诉中对案外人享有的份额进行认定，判决不得执行被执行人配偶享有的变现份额。"

妻共同共有权是不分份额的所有权、[①] 夫妻共同共有权不能对抗外部债权人的权利、[②] 执行效率、[③] 避免规避执行[④]等理由，驳回了案外人的诉讼请求。笔者认为，执行效率并非案外人执行异议之诉异议事由的确定因素；是否存在规避执行行为是案外人享有的民事权益是否足以排除强制执行的考量因素，但并非是完全否定性的因素；共同共有权虽不分份额，但可以分割；在执行依据只确认债务为被执行人的个人债务时，并不存在不可对抗外部债权人的问题。

第七节　案外人基于用益物权提起的执行异议之诉

一、案外人基于土地承包经营权提起的执行异议之诉

《民法典》第335条规定，土地承包经营权互换、转让的，当事人可以向登记机构申请登记；未经登记，不得对抗善意第三人。即土地承包经营权具有可流转性，且采用登记对抗主义。基于此，在司法实践中，存在申请执行人申请强制执行土地承包经营权时，土地承包经营权的受让人提起案外人执行异议之诉请求排除强制执行的案例。[⑤] 有争议的是，申请执行人是否属于善意第三人。有判决认为，善意第三人是指交易行为中的善意第三人，而法院的司法查封措施是一种公权力行使，并非同交易，故申请执行人不属于善意第三人。[⑥] 此外，《农村土地承包法》第

① 参见北京市高级人民法院民事判决书，(2013) 高民终字第3749号；河北省石家庄市中级人民法院民事判决书，(2019) 冀01民终9798号；河北省邯郸市中级人民法院民事判决书，(2019) 冀04民终1469号。

② 参见浙江省温州市中级人民法院民事判决书，(2019) 浙03民终5238号。

③ 参见河北省张家口市中级人民法院民事判决书，(2019) 冀07民终581号。

④ 参见湖南省湘潭市中级人民法院民事判决书，(2018) 湘03民终1534号。

⑤ 参见吉林省扶余市人民法院民事判决书，(2019) 吉0781民初2715号；河北省高碑店市人民法院民事判决书，(2019) 冀0684民初4520号。

⑥ 参见江西省赣州市中级人民法院民事判决书，(2016) 赣07民终717号。

34 条规定，承包方将全部或者部分土地承包经营权转让给本集体经济组织的其他农户时，需经发包方同意。据此，有判决认为，案外人未能提交证据证明被执行人转让土地承包经营权时取得了发包人同意，因此，案外人与被执行人之间关于转让土地承包经营权的合同无效，案外人不能取得土地的承包经营权，不能排除强制执行。[①]

申请执行人是否属于《民法典》第 335 条中的善意第三人的问题，其实与前述申请执行人是否属于《民法典》第 225 条中的善意第三人（案外人基于特殊动产所有权提起的执行异议之诉部分）的问题相同。笔者认为，案外人与被执行人签订合法有效的土地承包经营权转让合同时，案外人即取得土地承包经营权，根据物权优先于债权的原则，该权利应当优先于申请执行人享有的债权（这里的债权是指执行债权发生的基础权利）获得保护。不过，基于申请执行人程序法上的信赖利益、避免被执行人恶意转移责任财产等程序法因素的考量，申请执行人的权利又应当优先于案外人的权利获得保护。因此，基于实体法和程序法的不同侧重，采取折中方案，要求“案外人对未办理转让登记手续不存在过错”或者“非因案外人自身原因未办理转让登记”，可以实现申请执行人与案外人之间的利益平衡。此外，为了避免案外人与被执行人恶意串通转移责任财产以及避免案外人未支付或未完全支付对价时损害申请执行人的利益，案外人若想基于土地承包经营权排除强制执行，还应当满足“在人民法院查封之前签订了合法有效的土地承包经营权转让合同”以及“案外人已经支付了全部价款或者在合理期限内向人民法院交付了全部剩余价款”的要件，至于案外人是否已经占有、使用了承包经营的土地，则无关紧要。

值得特别讨论的是，被执行人将土地承包经营权转让给案外人时，若未经发包方同意，案外人能否取得土地承包经营权？《农村土地承包

---

① 参见河北省滦县人民法院民事判决书，（2018）冀 0223 民初 47 号。

法》第 34 条之所以要求发包方同意，是因为土地承包经营权的转让改变了土地的承包规划，也可能影响到集体经济组织的集体利益。尤其是考虑到，土地承包经营权的转让是权利、义务的概况转移，受让人能否履行相关义务难以确定，是否符合法律规定的主体资格也需要进行认定。[①]因土地承包经营权的转让事关集体利益，需要谨慎对待，所以，《最高人民法院关于审理涉及农村土地承包纠纷案件适用法律问题的解释》第 13 条规定，承包方未经发包方同意，转让其土地承包经营权的，转让合同无效，但发包方无法定理由不同意或者拖延表态的除外。基于此，被执行人将土地承包经营权转让给案外人时，若未经发包方同意，因土地承包经营权转让合同无效，案外人不能取得土地承包经营权，故案外人也不可能基于土地承包经营权排除强制执行。

二、案外人基于建设用地使用权提起的执行异议之诉

《民法典》第 353 条规定，建设用地使用权人有权将建设用地使用权转让、互换、出资、赠与或者抵押，但是法律另有规定的除外。《民法典》第 355 条规定，建设用地使用权转让、互换、出资或者赠与的，应当向登记机构申请变更登记。即建设用地使用权具有可流转性，且采用登记生效主义。基于此，申请执行人申请强制执行建设用地使用权时，建设用地使用权的受让人提起案外人执行异议之诉请求排除强制执行的，应当区分情况加以说明。若建设用地使用权的受让人已经向登记机构申请变更登记，则建设用地使用权的受让人取得建设用地使用权，可以排除强制执行；若建设用地使用权的受让人未向登记机构申请变更登记，则需要审查建设用地使用权的受让人是否符合《最高人民法院关于人民法院办理执行异议和复议案件若干问题的规定》第 28 条的规定，符合时

① 参见王利明：《物权法研究》（第三版）（上下卷），中国人民大学出版社 2013 年版，第 843 页。

可以排除强制执行，不符合时不能排除强制执行。

三、案外人基于宅基地使用权提起的执行异议之诉

关于宅基地使用权是否具有可流转性，从《物权法》到《民法典》，从2004年实施的《土地管理法》到2020年实施的《土地管理法》，均未作出明确规定。立法和修法过程中，肯定说（自由流转说）、否定说（禁止流转说）和折中说（有条件转让说）三种不同观点争执不下。[①] 笔者认为：《土地管理法》第62条系对农村村民宅基地分配申请资格的限制，并非对宅基地使用权转让的禁止，且该条明确规定农村村民可以出卖、出租、赠与住宅，基于房地一体原则，也意味着农村村民可以出卖、出租、赠与宅基地使用权。基于此，司法实践中，存在申请执行人申请强制执行宅基地使用权（包括两种情形：一是直接执行宅基地使用权；二是执行宅基地上的房屋时，基于房地一体原则执行宅基地使用权）时，宅基地使用权的受让人或者以物抵债的权利人提起案外人执行异议之诉请求排除强制执行的案例。且判决普遍认为，如果受让人或者以物抵债的权利人并非本集体经济组织的成员，则买卖合同或者以物抵债合同无效，案外人不能取得宅基地使用权，不能排除强制执行。[②]

确实，根据《土地管理法》第62条的规定，因转让宅基地上的房屋所有权而导致的宅基地使用权的转移，应受到以下限制：一是受让人只

---

① 参见最高人民法院物权法研究小组编著：《〈中华人民共和国物权法〉条文理解与适用》，人民法院出版社2007年版，第460－461页；最高人民法院民法典贯彻实施工作领导小组主编：《中华人民共和国民法典物权编理解与适用》（下），人民法院出版社2020年版，第846－847页。

② 参见山西省晋中市中级人民法院民事判决书，（2019）晋07民终1503号；福建省泉州市中级人民法院民事判决书，（2019）闽05民终1933号；山西省吕梁市中级人民法院民事判决书，（2018）晋11民终1090号；辽宁省铁岭市中级人民法院民事判决书，（2017）辽12民终1903号；辽宁省大连市中级人民法院民事判决书，（2018）辽02民终1005号；山东省威海市中级人民法院民事判决书，（2016）鲁10民终881号；广东省东莞市第二人民法院民事判决书，（2018）粤1972民初1456号；宁夏回族自治区银川市兴庆区人民法院民事判决书，（2017）宁0104民初12693号。

能是本集体经济组织的成员；二是一户一宅；三是受让方的宅基地面积不得超过省、自治区、直辖市规定的标准。《国务院办公厅关于加强土地转让管理严禁炒卖土地的通知》《国务院关于深化改革严格土地管理的决定》《国土资源部印发〈关于加强农村宅基地管理的意见〉的通知》等也规定，禁止城镇居民在农村购置宅基地。《土地管理法》等法律、行政法规之所以作出上述限制，是因为宅基地使用权建立在农村集体所有的土地之上，获得宅基地使用权必须具有集体经济组织成员的身份，而且我国农村社会保障体系目前尚未全面建立，宅基地使用权是农民基本生活保障和安身立命之本，加上我国人多地少，对土地必须采取严格的管理制度，在全国范围内放开宅基地使用权转让的条件仍不具备。此外，如果不加限制地允许宅基地流转，作为农民社保的宅基地使用权的福利将被受让人不当获得，将引起土地流失等不良后果。①

关于当事人违反《土地管理法》等法律、行政法规作出的上述限制而签订的买卖房屋的合同的效力，《最高人民法院第八次全国法院民事商事审判工作会议（民事部分）纪要》第 19 条第 2 款第 1 句规定："在非试点地区，农民将其宅基地上的房屋出售给本集体经济组织以外的个人，该房屋买卖合同认定为无效。"基于房地一体原则，转让宅基地使用权的合同也应当认定为无效。至于违反一户一宅或者受让方的宅基地面积不得超过省、自治区、直辖市规定的标准的限制时，房屋买卖合同或者宅基地使用权转让合同的效力问题，现行法等未作出明确规定。因此，如果受让人或者以物抵债的权利人并非本集体经济组织的成员，则买卖合同或者以物抵债合同无效，案外人不能取得宅基地使用权，不能排除强制执行。如果受让人是本集体经济组织的成员，则买卖合同有效，案外人可以取得宅基地使用权。

---

① 参见朱岩、高圣平、陈鑫：《中国物权法评注》，北京大学出版社 2007 年版，第 482－486、495 页。

四、案外人基于准用益物权提起的执行异议之诉

海域使用权、探矿权、采矿权、取水权和使用水域、滩涂从事养殖的权利的取得和流转与其他用益物权有所不同，即取得和流转需要行政审批、行政许可或者特许。以探矿权、采矿权为例，《矿产资源法》第3条第3款规定："勘查、开采矿产资源，必须依法分别申请、经批准取得探矿权、采矿权，并办理登记；但是，已经依法申请取得采矿权的矿山企业在划定的矿区范围内为本企业的生产而进行的勘查除外。"《矿产资源法实施细则》第5条第1款规定："国家对矿产资源的勘查、开采实行许可证制度。勘查矿产资源，必须依法申请登记，领取勘查许可证，取得探矿权；开采矿产资源，必须依法申请登记，领取采矿许可证，取得采矿权。"《探矿权采矿权转让管理办法》第10条第1、2款规定："申请转让探矿权、采矿权的，审批管理机关应当自收到转让申请之日起40日内，作出准予转让或者不准转让的决定，并通知转让人和受让人。准予转让的，转让人和受让人应当自收到批准转让通知之日起60日内，到原发证机关办理变更登记手续；受让人按照国家规定缴纳有关费用后，领取勘查许可证或者采矿许可证，成为探矿权人或者采矿权人。"

司法实践中，申请执行人申请强制执行准用益物权时，准用益物权的受让人可能提起案外人执行异议之诉请求排除强制执行。问题是，如果申请执行人与案外人流转准用益物权时，未经行政审批、行政许可或者特许，案外人能否取得准用益物权，并基于该权利对抗申请执行人的债权？理论上认为，以上行政许可属于准予实施某项合同行为的情形，行政许可属于该项合同行为的法定特别生效条件。当事人实施某项合同行为，没有取得行政许可的，依据《民法典》第502条第2款，该合同属于尚未完全生效的合同。[1] 诸如《探矿权采矿权转让管理办法》第10

---

① 参见王轶：《行政许可与合同效力》，载《中国司法》2020年第8期。

条第 3 款也规定，批准转让的，转让合同自批准之日起生效。根据《全国法院民商事审判工作会议纪要》第 30 条的规定，也应当认定没有取得行政许可的属于尚未完全生效的合同。据此，申请执行人与案外人流转准用益物权时，未经行政审批、行政许可或者特许，案外人不能取得准用益物权。不过，从平衡申请执行人与案外人之间的利益的角度，在“案外人对未申请行政审批、行政许可或者特许手续不存在过错”或者“非因案外人自身原因未申请行政审批、行政许可或者特许”时，如果案外人事后可以办理行政审批、行政许可或者特许手续，可以排除强制执行。

第八节　案外人基于保证金质权提起的执行异议之诉

《最高人民法院关于适用〈中华人民共和国担保法〉若干问题的解释》（已失效）第 85 条规定：“债务人或者第三人将其金钱以特户、封金、保证金等形式特定化后，移交债权人占有作为债权的担保，债务人不履行债务时，债权人可以以该金钱优先受偿。”《最高人民法院关于适用〈中华人民共和国民法典〉有关担保制度的解释》第 70 条第 1 款前半句基本上承继了上述规定，但在措辞上作了一些修改，即规定“债务人或者第三人为担保债务的履行，设立专门的保证金账户并由债权人实际控制，或者将其资金存入债权人设立的保证金账户，债权人主张就账户内的款项优先受偿的，人民法院应予支持。”上述规定所涉及的制度，即所谓的保证金担保制度。

虽然理论上关于保证金担保的性质颇有争议,[①] 但因《最高人民法院关于适用〈中华人民共和国担保法〉若干问题的解释》（已失效）第 85 条被置于“动产质押”部分，故起草者显然是将保证金担保作为动产质押处理。不过，《最高人民法院关于适用〈中华人民共和国民法典〉有关担保制度的解释》第 70 条被置于“非典型担保”部分，关于其性质并不明确。以第 85 条为依据，保证金成为证券、保险、期货、信用证、建设工程合同招投标等领域广泛适用的一种担保方式,[②] 也成为出质人或者质权人作为被执行人时经常被冻结的一种财产。保证金作为被执行人的责任财产而被冻结时，出质人或者质权人通常会作为案外人提起执行异议之诉，请求排除强制执行。因保证金由质权人占有，故质权人成为被执行人时，执行法院基于形式化原则极易冻结由质权人占有的保证金。不过，因第 70 条、第 85 条破除了货币的“占有即所有”的法则,[③] 保证金的所有权仍归出质人所有,[④] 故出质人作为案外人提起执行异议之诉请求排除强制执行时，其诉讼请求通常能够得到支持。对此，没有太大争议。因保证金的所有权仍归出质人所有，故出质人成为被执行人时，执行法院基于《最高人民法院关于人民法院执行工作若干问题的规定（试行）》第 31 条的规定，也会冻结保证金。且实践案例中，质权人作为案外人提

---

① 参见徐化耿：《保证金账户担保的法律性质再认识——以〈担保法司法解释〉第 85 条为切入点》，载《北京社会科学》2015 年第 11 期。

② 参见崔建远：《“担保”辨——基于担保泛化弊端严重的思考》，载《政治与法律》2015 年第 12 期。

③ 参见朱晓喆：《存款货币的权利归属与返还请求权——反思民法上货币“占有即所有”法则的司法运用》，载《法学研究》2018 年第 2 期。

④ 参见孙鹏：《金钱“占有即所有”原理批判及权利流转规则之重塑》，载《法学研究》2019 年第 5 期；吴锦江：《不应强制执行建设工程履约保证金》，载《检察日报》2011 年 12 月 26 日，第 3 版；毋爱斌、陈渭强、刘晓宇：《保证金账户可以特定化并构成货币质押》，载《人民司法（案例）》2014 年第 4 期；霍楠、夏敏：《保证金账户质押生效则不能成为另案执行标的》，载《人民司法（案例）》2014 年第 4 期；徐化耿：《保证金账户担保的法律性质再认识——以〈担保法司法解释〉第 85 条为切入点》，载《北京社会科学》2015 年第 11 期。

起执行异议之诉请求排除强制执行时，其诉讼请求通常能够得到支持。[①] 最高人民法院的司法解释以及吉林省、江苏省、江西省高级人民法院发布的文件，也持与案例相同的观点。不过，背后的理论基础却并不明确。

笔者认为，保证金的质权人得提起案外人执行异议之诉的基础在于，强制执行会使质权人丧失或者不能实现质权。具体来说，保证金所担保的债权已经到期且未获清偿之前，根据《最高人民法院关于人民法院民事执行中查封、扣押、冻结财产的规定》第24条第2款的规定，质权人不能处分保证金，且在冻结的状态下也不可能处分，因此，执行法院冻结保证金的行为会影响质权人实现质权。由于保证金不同于动产、不动产等有体财产，不需要经过拍卖、变卖等处分环节，[②] 行法院一经扣划即会使质权人丧失对保证金的占有，因此，执行法院扣划保证金的行为会使质权人丧失质权。而保证金所担保的债权尚未到期且未获清偿之前，执行法院冻结保证金的行为虽然不会影响质权人质权的实现，但扣划保证金的行为会使质权人丧失质权。因此，存在以上情形时，自然应当允许保证金的质权人提起案外人执行异议之诉寻求救济。保证金所担保的债权已到期且未获清偿之前，满足特定条件时，足以排除强制执行，包括排除控制性执行措施和处分性执行措施；保证金所担保的债权未到期且未获清偿之前，满足特定条件时，虽然不能排除控制性执行措施，但

---

① 参见内蒙古自治区高级人民法院民事判决书，（2019）内民再571号；云南省高级人民法院民事判决书，（2019）云民终1126号；天津市高级人民法院民事判决书，（2019）津民终35号；四川省高级人民法院民事判决书，（2018）川民终981号；河北省石家庄市中级人民法院民事判决书，（2017）冀01民初880号；天津市武清区人民法院民事判决书，（2019）津0114民初7214号；吉林省吉林市船营区人民法院民事判决书，（2019）吉0204民初2914号；湖南省邵东县人民法院民事判决书，（2019）湘0521民初2647号；重庆市涪陵区人民法院民事判决书，（2018）渝0102民初9419号。

② 参见乔宇：《执行异议之诉中对质押保证金的认定》，载《人民司法（案例）》2017年第14期。

可以排除处分性执行措施。[①] 事实上，诸如《最高人民法院关于人民法院能否对信用证开证保证金采取冻结和扣划措施问题的规定》《最高人民法院关于冻结、划拨证券或期货交易所证券登记结算机构、证券经营或期货经纪机构清算账户资金等问题的通知》等司法解释的相关规定，[②] 早已对该问题作出了明确规定。不过，这些规定未区分不同情形，存在一定的不足。

接下来的问题是，质权人需要满足哪些条件才能排除强制执行。笔者认为，既然保证金质押是动产质押，自然应当满足动产质押成立的一般要件，即符合《民法典》第427条的规定。另外，还需满足《最高人民法院关于适用〈中华人民共和国民法典〉有关担保制度的解释》第70条规定的要件，即设立专门的保证金账户并由债权人实际控制的要件或者将其资金存入债权人设立的保证金账户的要件。事实上，《江苏省高级人民法院执行异议及执行异议之诉案件办理工作指引（三）》《江西省高级人民法院关于执行异议之诉案件的审理指南》《吉林省高级人民法院关于审理执行异议之诉案件若干疑难问题的解答（二）》《最高人民法院关于审理执行异议之诉案件适用法律问题的解释（一）（草案）》以及实践案例，均是围绕着动产质押成立的一般要件、特定化要件和移交债权人占有要件设计相关条款。例如，《江西省高级人民法院关于执行异议之诉案件的审理指南》第17条规定："金钱债权执行中，案外人主张其就被执行人账户资金享有质权，就此提起执行异议之诉，请求排除执行，符合下列条件的，应予支持：（1）案外人与被执行人之间存在质押合同关

---

① 参见最高人民法院民事判决书，（2019）最高法民再198号；黑龙江省高级人民法院民事判决书，（2019）黑民终591号；贵州省高级人民法院民事判决书，（2019）黔民终39号；陕西省高级人民法院民事判决书，（2019）陕民终45号；河南省高级人民法院民事判决书，（2018）豫民终1885号；四川省西充县人民法院民事判决书，（2019）川1325民初2380号。

② 另外参见《最高人民法院、中国人民银行关于依法规范人民法院执行和金融机构协助执行的通知》第9条、《最高人民法院关于审理期货纠纷案件若干问题的规定》第59条。

系；（2）用于出质的账户资金已经特定化，账户内资金独立于被执行人和案外人的其他资金；（3）用于出质的账户已经移交案外人控制，被执行人对账户资金的支取无控制权。”其中，特别需要注意的是特定化要件，实践案例中发生的争议多集中于该要件。[①] 特定化要件，要求对保证金担保的债权种类、数额、范围、担保期间等作出明确约定，且账户内保证金金额应该相对固定，不能随意进出。[②] 特定化的关键是保证金账户由案外人实际控制。[③]

---

① 参见湖北省高级人民法院民事判决书，(2019) 鄂民终415号；辽宁省高级人民法院民事判决书，(2018) 辽民终301号；吉林省扶余市人民法院民事判决书，(2019) 吉0781民初4270号；安徽省太和县人民法院民事判决书，(2019) 皖1222民初4015号。

② 参见倪亚蓓：《保证金账户的认定标准》，载《人民司法（案例）》2016年第8期。

③ 参见毋爱斌、陈渭强、刘晓宇：《保证金账户可以特定化并构成货币质押》，载《人民司法（案例）》2012年第10期；霍楠、夏敏：《保证金账户质押生效则不能成为另案执行标的》，载《人民司法（案例）》2014年第4期。

第三章　案外人基于债权提起的执行异议之诉

第一节　案外人基于债权提起执行异议之诉概述

物权是对任何人都可以主张的权利，这称为物权的绝对效力；相反，债权是只能对债务人主张的权利，这称为债权的相对效力。[①] 换言之，债具有相对性，即债之关系仅在特定的当事人之间发生法律效力，而不对第三人产生效力。[②] 因此，案外人只能对抗被执行人，而不能对抗申请执行人，债权原则上不足以排除强制执行。恰如三ケ月章教授所言，第三人异议之诉的理由和可以行使的权利中，大多数是使用权和价值权，都是物权性质的权利。与此相对，债权是否可以作为以及在什么情况下可以作为第三人异议之诉的理由，是一个难以解决的问题。[③] 不过，于“债权物权化”的场合，某些相对性的债权具有了一定程度的物权绝对性，即具有对抗第三人的效力。[④] 此时，案外人能否基于债权排除强制执行，

---

① 参见加藤雅信『新民法大系Ⅱ 物権法』（有斐閣，2003 年）6 頁；野村豊弘等『民法Ⅲ 債権総論』（有斐閣，2003 年）3 頁。

② 参见王利明：《债法总则研究》，中国人民大学出版社 2015 年版，第 42 页；篠塚昭次『民法口話 3 債権総論』（有斐閣，1993 年）25 頁。

③ 参见三ケ月章『民事執行法』（弘文堂，1981 年）147 頁。

④ 参见王利明：《债法总则研究》，中国人民大学出版社 2015 年版，第 94 页。

值得讨论。此外，根据案外人对执行标的享有的民事权益的实体法性质和效力，通常能够判断该民事权益是否足以排除强制执行。但基于特殊的利益衡量，考虑到案外人执行异议之诉异议事由确定的公法因素、社会因素，有时需赋予案外人的债权（尤其是不动产买受人的债权）以优先性，即法律予以特别保护的债权足以排除强制执行。

需要注意的是，案外人执行异议之诉中的权益对抗，是案外人对执行标的享有的民事权益能否对抗申请执行人执行债权发生的基础权利，而非能否对抗申请执行人的执行债权（私法上的请求权）。故案外人基于承揽、租赁、保管、仓储、借用等不转移财产权属的合同提起案外人执行异议之诉请求排除强制执行时，应以执行债权发生的基础权利，即所有权或其他物权作为异议事由。三ケ月章教授也指出："仅仅依靠债权还是物权这一概念性的分类是不够的，有必要考虑债权请求权是为了什么样的目的而服务的这一功能方面。例如，在迄今为止一概作为债权请求权的权利中，从功能上来看，可以区分出两种，这一点最近在新诉讼标的理论的立场上也得到了强调。其中，对于拥有与物权请求权有可能发生竞合关系的债权请求权（可以命名为取回请求权）的人来说，仅仅拥有债权请求权，没有必要被强制执行，反而可以主张自己的取回请求权，提出第三人异议之诉。与此相对，持有仅止于请求交付的债权请求权（可以命名为交付请求权）的人，既然第三人已经着手强制执行，那么仅凭该债权请求权将其强制执行是过分的，只能作为债务不履行的问题，允许事后处理。只要认识到债权请求权的上述两种，就能非常清晰地建立起基础。"[①] 此外，中野贞一郎、伊东乾等教授也持类似的观点。[②]

---

① 三ケ月章『民事執行法』(弘文堂，1981 年) 147 頁。

② 参见中野貞一郎『民事執行・保全法概説』(有斐閣，2006 年) 141 頁；中田淳一二三ケ月章『民事訴訟法演習』(有斐閣，1964 年) 146 頁。

第二节　案外人基于虚假登记取得的债权提起的执行异议之诉

虚假登记，即权利人为掩饰其权利人身份，故意将财产登记在他人名下。[①] 在强制执行程序中，主要表现为借名买房的借名人、房地产挂靠人、隐名股东提起的案外人执行异议之诉。其中，在申请执行人基于基础权利为债权的金钱债权申请强制执行，而虚假登记权利人提起案外人执行异议之诉请求排除对虚假登记财产强制执行的案件中，司法实践呈现出不同的权益对抗形态且判决结果迥异。[②] 因房地产挂靠与借名买房同属不动产虚假登记的情形，故笔者对房地产挂靠人提起的案外人执行异议之诉不作重复探讨。

首先是借名买房案件中的权益对抗形态。[③] 在借名人提起的案外人执行异议之诉中，关于借名人对执行标的物（诉争房屋）享有的民事权益，司法实践中存在“物权说”与“债权说”之争。基于此，案外人与申请执行人之间的权益对抗，呈现“物权对抗债权”和“债权对抗债权”两

① 参见尹田、尹伊：《论对未经登记及登记不实财产的强制执行》，载《法律适用》2014 年第 10 期。

② 申请执行人的执行债权系由基础权利而发生，如债权、物权、知识产权、人格权、身份权等。此处仅以司法实践中最为常见的情形为例，即虚假登记权利人享有的民事权益能否对抗申请执行人的债权。其中，申请执行人的债权非指执行债权，而是指作为发生金钱债权的基础权利的债权。

③ 此处关于“借名人提起案外人执行异议之诉的实践分歧”的探讨，皆系在假定借名买房合同成立、生效的基础上展开。且本书赞同学理、司法实践关于“借名买房合同效力认定”的通说，即只要当事人意思表示真实，内容不具有《民法典》第 146、153、154 条规定的民事法律行为无效的情形，即应认可其效力。参见马一德：《借名买房之法律适用》，载《法学家》2014 年第 6 期；叶锋：《借名购房合同的效力认定》，载《人民法院报》2015 年 8 月 12 日，第 7 版；翟业虎、程婉秋：《借名买房行为法律问题初探》，载《江淮论坛》2015 年第 4 期；赵秀梅：《借名登记合同中的法律问题》，载《国家检察官学院学报》2014 年第 5 期。

种形态。至于借名人对执行标的物享有的民事权益是否足以排除强制执行，司法实践存在分歧。持“物权说”的判决认为，借名人对执行标的物享有所有权且足以排除强制执行。一方面，不动产物权登记是权利人享有不动产物权的证明，但不动产物权登记仅具有权利推定效力，实践中存在登记权利人与实际权利人不一致的情形，应在审查具体法律关系的基础上明确实际权利人。基于借名人与出名人签订的借名买房合同，借名买房合同未违反法律、行政法规的效力性强制规定，借名人实际支付购房款、持有权属证书、占有使用房屋等行为，应当认定借名人是诉争房屋的实际权利人，且借名人对执行标的物享有的所有权足以排除强制执行。[①] 另一方面，尚有判决在坚持“物权说”的基础上，综合考量借名买房事实发生的时间先于申请执行人取得执行债权的时间、借名买房的原因、借名买房不侵害国家利益和社会公共利益等因素，认为借名人对执行标的物享有的所有权足以排除强制执行。[②]

持“债权说”的判决则认为，不动产的物权变动以登记为准，不登记不产生物权效力，故借名人对执行标的物仅享有债权，且借名人仅能依据借名买房合同请求出名人交付房屋并转移所有权登记。但该债权是否足以排除强制执行，存在以下观点：第一，不足以排除强制执行。部分判决认为，借名人旨在规避国家或地方政策，怠于办理过户手续存在过错，且应当预见借名买房的风险，而申请执行人申请执行为善意，故

---

① 参见江苏省扬州市中级人民法院民事判决书，(2015) 扬民终字第01349号；吉林省延边朝鲜族自治州中级人民法院民事判决书，(2017) 吉24民终653号；河北省沧州市中级人民法院民事判决书，(2015) 沧民初字第99号；广东省珠海市香洲区人民法院民事判决书，(2016) 粤0402民初2022号；福建省厦门市湖里区人民法院民事判决书，(2015) 湖民初字第2606号；江苏省东海县人民法院民事判决书，(2015) 连东民初字第01963号；四川省合江县人民法院民事判决书，(2016) 0522民初2532号；天津市静海区人民法院民事判决书，(2017) 津0118民初767号；广东省佛山市顺德区人民法院民事判决书，(2016) 粤0606民初2584号；江苏省泗洪县人民法院民事判决书，(2015) 洪民初字第04292号。

② 参见江苏省徐州市中级人民法院民事判决书，(2015) 徐民终字第2680号；江苏省泰州市中级人民法院民事判决书，(2015) 泰中民终字第00913号。

借名人对执行标的物享有的债权不足以对抗申请执行人的债权。[①] 第二，足以排除强制执行。部分判决认为，借名人在法院查封诉争房屋之前已与被执行人达成借名买房合意，存在实际支付购房款、占有使用房屋等行为，且非因借名人自身原因未办理过户登记，故借名人对执行标的物享有的债权足以排除强制执行。[②] 第三，是否足以排除强制执行，应根据《最高人民法院关于人民法院办理执行异议和复议案件若干问题的规定》第 28 条进行判断。部分判决认为，借名人针对登记在被执行人名下的房屋提起执行异议之诉，只有同时满足《最高人民法院关于人民法院办理执行异议和复议案件若干问题的规定》第 28 条规定的四项要件才能排除强制执行，且争议集中于“非因借名人自身原因未办理过户登记”之要件。[③]

各省高级人民法院发布的文件，对于是否支持借名人提出的排除强制执行的诉讼请求，也呈现两种不同的观点。《广东省高级人民法院关于审查处理执行裁决类纠纷案件若干重点问题的解答》[④]《安徽省高级人民

① 参见山东省淄博市中级人民法院民事判决书，(2015) 淄民一终字第 787 号；河南省郑州市中级人民法院民事判决书，(2017) 豫 01 民终 11751 号；河南省浚县人民法院民事判决书，(2017) 豫 0621 民初 1327 号；福建省石狮市人民法院民事判决书，(2016) 闽 0581 民初 3075 号；福建省尤溪县人民法院民事判决书，(2017) 闽 0426 民初 1861 号。

② 参见天津市第一中级人民法院民事判决书，(2017) 津 01 民终 449 号。

③ 参见广东省广州市中级人民法院民事判决书，(2015) 穗中法民五终字第 3535 号；辽宁省锦州市中级人民法院民事判决书，(2018) 辽 07 民终 205 号；福建省尤溪县人民法院民事判决书，(2016) 闽 0426 民初 1996 号；河南省洛阳市涧西区人民法院民事判决书，(2016) 豫 0305 民初 4709 号。

④ 《广东省高级人民法院关于审查处理执行裁决类纠纷案件若干重点问题的解答》第 11 条规定：“金钱债权执行中，人民法院针对登记在被执行人名下的房屋实施强制执行，案外人主张其与被执行人存在借名买房关系，且能够提供证据证明被执行人只是名义产权人、案外人才是实际产权人的，如无损害国家利益、社会公共利益的情形，可以排除执行。”

法院关于审理执行异议之诉案件若干问题的会议纪要》[①]《吉林省高级人民法院关于审理执行异议之诉案件若干疑难问题的解答》[②] 均规定，金钱债权执行中，人民法院针对登记在被执行人名下的房屋实施强制执行，案外人主张其与被执行人存在借名买房关系，且能够提供证据证明被执行人只是名义产权人、案外人才是实际产权人的，可以排除执行。不过，前三个文件还附加了"无损害国家利益、社会公共利益的情形"的条件。《山东省高级人民法院民一庭执行异议之诉案件审判观点综述》[③]《北京市高级人民法院关于审理执行异议之诉案件适用法律若干问题的指导意见（试行）》[④]《江苏省高级人民法院执行异议及执行异议之诉案件办理工作指引（二）》[⑤] 则规定，金钱债权执行过程中，借名买房人以其系房产实际所有权人为由，提起执行异议之诉，请求排除执行的，原则上不予支持。《最高人民法院关于审理执行异议之诉案件适用法律问题的解释（一）（草案）》起草过程中，也存在以上两种不同的观点，争议颇大。

① 《安徽省高级人民法院关于审理执行异议之诉案件若干问题的会议纪要》第13条规定："人民法院对登记在被执行人名下的房屋实施强制执行，案外人在执行异议之诉中，以其与被执行人存在借名登记关系，其系房屋实际所有权人为由，请求对该标的物停止执行并确认所有权的，一般不予支持。但是，案外人有充分证据证明被执行人只是名义产权人、案外人才是实际产权人，且不违反国家利益、社会公共利益的除外。"

② 《吉林省高级人民法院关于审理执行异议之诉案件若干疑难问题的解答》问题三十规定："金钱债权执行中，案外人以其借用被执行人名义购买了作为执行标的物的不动产为由请求排除执行，除其被确认为该不动产物权的真实权利人的，不予支持。"

③ 《山东省高级人民法院民一庭执行异议之诉案件审判观点综述》第13条规定："金钱债权执行过程中，借名买房人以其系房产实际所有权人为由，提起执行异议之诉，请求排除执行的，原则上不予支持。"

④ 《北京市高级人民法院关于审理执行异议之诉案件适用法律若干问题的指导意见（试行）》第19条规定："法院在执行生效法律文书确定的金钱债权过程中，对登记在被执行人名下的特定房屋实施强制执行，案外人以其与被执行人之间存在借名买房关系，其是房屋实际所有权人为由，要求对该房屋停止执行的，一般不予支持；申请执行人要求对该房屋许可执行的，一般应予支持。"

⑤ 《江苏省高级人民法院执行异议及执行异议之诉案件办理工作指引（二）》第四部分第14条规定："金钱债权执行中，执行法院对案涉房屋采取查封措施后，案外人以其与被执行人存在借名买房关系，且系房屋实际所有权人为由提出异议的，应裁定驳回异议。由此引发的执行异议之诉案件，应驳回其诉讼请求。"

其次是隐名投资案件中的权益对抗形态。[①] 在隐名股东提起的案外人执行异议之诉中，关于隐名股东对执行标的物（诉争股权）享有的民事权益，司法实践均以学理上的“内外关系说”作为判断标准。所谓“内外关系说”，是指“对股东资格的认定应当贯彻内外有别的判断标准。涉及公司外部法律关系，即债权人与股东、债权人与公司之间的关系时，应当遵从保护善意第三人和交易安全的原则。以商法公示主义与外观主义确认股东身份，应坚持形式要件优于实质要件，尊重公司登记机关登记材料等表面证据的公信力。涉及公司内部关系，即股东与股东或股东与公司之间就股东身份发生争议时，不涉及善意第三人的利益，不存在商法公示主义与外观主义的适用问题。公司股东资格认定，应坚持实质要件优先于形式要件，遵循意思主义原则。”[②] 《最高人民法院关于适用〈中华人民共和国公司法〉若干问题的规定（三）》第 24、25 条即分别采内部标准与外部标准。基于此，涉及公司内部关系时，隐名股东是实际权利人，案外人与申请执行人之间的权益对抗呈现“股权对抗债权”的形态；涉及公司外部关系时，无论隐名股东是否为实际权利人，均应适用商法公示主义与外观主义优先保护善意第三人的权利，案外人与申请执行人之间的权益对抗呈现“回避权益对抗”的形态。

至于隐名股东对执行标的物享有的民事权益是否足以排除强制执行，因司法实践对于“申请执行人是否属于善意第三人”存在分歧。具体而言：第一，部分判决认为，申请执行人与被执行人并未就讼争股权建立

---

① 此处关于“隐名股东提起案外人执行异议之诉的实践分歧”的探讨，皆系在假定隐名投资合同成立、生效的基础上展开。且根据《最高人民法院关于适用〈中华人民共和国公司法〉若干问题的规定（三）》第 24 条第 1 款，有限责任公司的实际出资人与名义出资人订立合同，约定由实际出资人出资并享有投资权益，以名义出资人为名义股东，实际出资人与名义股东对该合同效力发生争议的，如无法律规定的无效情形，人民法院应当认定该合同有效。此外，股份有限公司是资合性公司，股权流动性较强，股东资格以持有或者被记载于公司发行的股票为认定标准，一般不存在隐名股东问题，故笔者所谓“隐名股东”是指“有限责任公司的隐名股东”。

② 郑云瑞：《公司法学》，北京大学出版社 2016 年版，第 108－109 页。

处分性法律关系，故申请执行人不属于因信赖权利外观而需要保护的民事法律行为之善意第三人。基于隐名股东与显名股东签订的隐名投资合同，隐名投资合同不违反法律、行政法规的效力性强制规定，隐名股东实际出资、享有投资利益、参与公司经营等行为，应当认定隐名股东是实际权利人，且隐名股东对执行标的物享有的民事权益足以排除强制执行。① 第二，部分判决认为，根据商事外观主义原则，股东名册与工商登记具有对外的公示公信效力，申请执行人基于该权利外观产生信赖利益。即使真实状况与权利外观不符，未经合法登记或变更之前，隐名股东不得以自己是实际权利人为由，对抗善意的申请执行人，即不足以排除强制执行。② 基于此，部分判决直接以《最高人民法院关于人民法院办理执行异议和复议案件若干问题的规定》第25条作为判断标准。③ 第三，部分判决在坚持"申请执行人是善意第三人"的基础上，综合考量隐名股东应当预见隐名投资的风险、隐名股东未及时办理股权变更登记存在过错等因素，认为隐名股东对执行标的物享有的民事权益不足以排除强制执行。④

各省高级人民法院发布的文件，对于是否支持隐名股东提出的排除强制执行的诉讼请求，也呈现两种不同的观点。《吉林省高级人民法院关

---

① 参见内蒙古自治区呼和浩特市赛罕区人民法院民事判决书，（2016）内0105民初9276号；山东省高级人民法院民事判决书，（2015）鲁商终字第307号；吉林省长春市中级人民法院民事判决书，（2014）长民二初字第16号；福建省高级人民法院民事判决书，（2016）闽民终644号。

② 参见江苏省南京市六合区人民法院民事判决书，（2017）苏0116民初第2763号；湖北省荆门市东宝区人民法院民事判决书，（2017）鄂0802民初2251号；江西省南昌市西湖区人民法院民事判决书，（2017）赣0103民初2315号；河南省郑州市中级人民法院民事判决书，（2016）豫01民初1953号；天津市河西区人民法院民事判决书，（2017）津0103民初6617号。

③ 参见北京市第四中级人民法院民事判决书，（2015）四中民（商）初字第348号。

④ 参见福建省龙岩市永定区人民法院民事判决书，（2015）永民初字第394号；浙江省苍南县人民法院民事判决书，（2017）浙0327民初3236号。

于审理执行异议之诉案件若干疑难问题的解答（二）》[①]《山东省高级人民法院民一庭执行异议之诉案件审判观点综述》[②]《江西省高级人民法院关于执行异议之诉案件的审理指南》[③]《安徽省高级人民法院关于审理执行异议之诉案件若干问题的会议纪要》[④] 均规定，金钱债权执行中，人民法院对登记在被执行人名下的股权实施执行，案外人仅以其系案涉股权的实际出资人或隐名股东为由提起执行异议之诉请求排除执行的，除法律另有规定外，人民法院不予支持。《江苏省高级人民法院执行异议及执行异议之诉案件办理工作指引（三）》第四部分第 17 条则规定："执行法院对登记在被执行人名下的股权实施强制执行，案外人以其系真实股东或实际出资人为由提出执行异议，请求排除执行或一并提出确认其股东资格的，不予支持。案外人因此提起的执行异议之诉，如其提供的证据能够充分证明申请执行人明知或应知其是隐名股东或实际出资人的，应予以支持；否则，不予支持。"在《最高人民法院关于审理执行异议之诉案件适用法律问题的解释（一）（草案）》的起草过程中，还有观点认为，同时符合下列条件的，人民法院应予支持：（1）人民法院查封前，案外人已与被执行人签订书面股权代持协议，且无损害国家利益、社会公共利益等合同无效事由；（2）案外人已按约定实际履行了股权出资义

---

① 《吉林省高级人民法院关于审理执行异议之诉案件若干疑难问题的解答（二）》问题十四规定："金钱债权执行中，人民法院对登记在被执行人名下的股权实施执行，案外人仅以其系案涉股权的实际出资人或隐名股东为由提起执行异议之诉请求排除执行的，除法律另有规定外，人民法院不予支持。"

② 《山东省高级人民法院民一庭执行异议之诉案件审判观点综述》第 19 条规定："人民法院对登记在被执行人名下的股权强制执行，案外人以其系实际出资人为由提起执行异议之诉，请求排除执行的，不予支持。"

③ 《江西省高级人民法院关于执行异议之诉案件的审理指南》第 37 条规定："人民法院对登记在被执行人名下的股权强制执行，案外人以其系实际出资人为由提起执行异议之诉，请求排除执行的，不予支持。"

④ 《安徽省高级人民法院关于审理执行异议之诉案件若干问题的会议纪要》第 18 条规定："执行标的为股权或合伙份额，案外人以其系执行标的的实际权利人，提起执行异议之诉的，不予支持。"

务；（3）案外人提供的股东名册、公司章程、股东会决议或其他公司文件等证据能够证明其已经实际行使股东权利；（4）公司其他股东半数以上同意其行使股东权利，或者过半数的其他股东知道案外人实际出资的事实，且对其实际行使股东权利未提出异议。

不难发现，对于虚假登记的权利人提起的案外人执行异议之诉，司法实践的争议聚焦于案外人对执行标的享有的民事权益的性质。

关于借名人对执行标的物（诉争房屋）享有的民事权益，司法实践中存在“物权说”与“债权说”之争，且持“物权说”和“债权说”的法院的数量相当。此外，学理上还存在“内外关系说”，该说认为，完全采用外观标准，能够保护第三人的利益，却可能损害客观真实的物权；完全采用事实标准，就不能保护第三人的利益，不能保护交易安全，故应当区分法律物权与事实物权。借名买房属于法律物权与事实物权分离之情形，即本应取得法律物权的借名人以保留物权的意思表示，委托或指令出名人就房屋享有法律物权，而借名人享有事实物权。在不涉及第三人利益的场合，优先保护事实物权；在存在第三人利益的场合，法律物权处于优先保护的地位，法律物权能排斥事实物权。[①] 关于隐名股东对执行标的物（诉争股权）享有的民事权益，司法实践均以“内外关系说”为判断标准。此外，学理上还存在“实质说”“形式说”。其中，“实质说”认为：“应当将实际出资人视为股东。其理论依据是法律应当尊重隐名股东与显名股东签订的契约，因为它是当事人意思自治的体现。”[②]“形式说”认为：“应当将名义上的股东视为股东。其理论依据是公司行为是团体行为，如果否认名义股东的股东身份，则可能导致公司的行为无效，从而影响交易安全。此外，如果确认实际出资人或者股份

---

① 参见孙宪忠、常鹏翔：《论法律物权和事实物权的区分》，载《法学研究》2001 年第 5 期；马一德：《借名买房之法律适用》，载《法学家》2016 年第 6 期；魏海：《不动产事实物权的判定依据及冲突解决规则》，载《法律适用》2010 年第 4 期。

② 施天涛：《公司法论》，法律出版社 2014 年版，第 244 页。

认购人为股东，将会极大地增加公司的负担，使公司卷入这种烦人的纠纷之中。”[①] 其中，“物权说”与“实质说”旨在推翻登记所具有的权利推定效力，尊重当事人真实的意思表示；“债权说”与“形式说”坚持不动产物权变动登记生效要件主义及有限责任公司股东地位取得之形式要件加实质要件要求，仅以登记的外观作为权利判断标准；“内外关系说”实系以是否涉及第三人利益为边界的“折中说”。

“物权说”“实质说”“内外关系说”与“债权说”“形式说”的本质区别在于，是否承认借名买房、隐名投资分属法律物权与事实物权、权利表象与真实权利分离之情形。笔者认为，应当承认法律物权与事实物权、权利表象与真实权利分离的情形现实存在。理由在于：根据《民法典》第216条、《最高人民法院关于适用〈中华人民共和国民法典〉物权编的解释（一）》第2条、《公司法》第32条、《最高人民法院关于适用〈中华人民共和国公司法〉若干问题的规定（三）》第21条，不动产登记簿、股东名册、工商登记仅具有权利推定效力，相对人有权运用相反证据予以推翻。事实上，非基于法律行为的物权变动、错误登记等，皆系典型情形。但借名买房、隐名投资非属上述情形，借名人、隐名股东对执行标的物仅享有债权，[②] 且基于有限责任公司人合兼资合的属性，隐名股东的债权实现需以公司其他股东半数以上同意为前提。[③] 理由如

① 施天涛：《公司法论》，法律出版社2014年版，第245页。

② 司法实践中，北京市高级人民法院、广东省高级人民法院亦持相同观点。《北京市高级人民法院关于审理房屋买卖合同纠纷案件若干疑难问题的会议纪要》第10条规定：“借名人以出名人（登记人）为被告提起诉讼，要求确认房屋归其所有的，法院应当向其释明，告知其可以提起合同之诉，要求出名人为其办理房屋过户登记手续。”《广东省高级人民法院关于审理房屋买卖合同纠纷案件的指引》第22条第1款规定：“借他人名义购买房屋，借名人请求确认房屋归其所有的，不予支持。借名人请求出名人（登记权利人）按照约定协助办理不动产转移登记的，可予支持，但借名人不具有购房资格的除外。”

③ 《最高人民法院关于适用〈中华人民共和国公司法〉若干问题的规定（三）》第24条第3款明确规定：“实际出资人未经公司其他股东半数以上同意，请求公司变更股东、签发出资证明书、记载于股东名册、记载于公司章程并办理公司登记机关登记的，人民法院不予支持。”

下：第一，我国基于法律行为的物权变动原则上采债权形式主义，有限责任公司股东身份的确定需同时符合形式要件和实质要件，借名买房、隐名股东均不满足登记的法定形式。如承认借名买房、隐名股东属于法律物权与事实物权、权利表象与真实权利分离之情形，则债权形式主义与意思主义无异，登记外观保护交易安全的功能荡然无存。① 第二，借名人、隐名股东基于转移登记请求权，在符合购房政策、半数同意的前提下，亦可成为房屋所有权人、有限责任公司股东，其最终效果与提起确认之诉无异。但将借名买房、隐名股东视为法律物权与事实物权、真实权利与权利表象分离之情形，并通过《最高人民法院关于适用〈中华人民共和国民法典〉物权编的解释（一）》第2条、《最高人民法院关于适用〈中华人民共和国公司法〉若干问题的规定（三）》第21条予以确认，有支持借名人规避政策、隐名股东恶意隐名的倾向，且难以解释不满足购房政策、半数同意的情形下何以认定为实际权利人的问题。②

---

① 孙宪忠教授认为，《最高人民法院关于适用〈中华人民共和国物权法〉若干问题的解释（一）》（已失效）第2条（该条为《最高人民法院关于适用〈中华人民共和国民法典〉物权编的解释（一）》第2条所承继）所谓"有证据证明"，该证明首先要认可当事人按照意思自治的交付，而且交付应从当事人物权变动的意思表示的角度理解和确定，如开发商将房屋权属证书交给买受人保管。基于此，应认为二者已经达成转移房屋所有权的意思、房屋所有权已经转移至买受人，法院不能予以查封。参见孙宪忠：《〈物权法司法解释（一）〉与交易中的物权确认规则》，载《法律适用》2016年第11期。笔者认为，现行法关于债权形式主义之规定，无须独立的物权行为。且孙宪忠教授所举例子中的买受人的权益，既可通过事前的预告登记制度予以保护，亦可通过强制执行中的特殊规定予以救济，比如《最高人民法院关于人民法院办理执行异议和复议案件若干问题的规定》第28、29条之规定，无须动摇债权形式主义之基础。

② 最高人民法院认为，借名买房属于《最高人民法院关于适用〈中华人民共和国物权法〉若干问题的解释（一）》（已失效）第2条（该条为《最高人民法院关于适用〈中华人民共和国民法典〉物权编的解释（一）》第2条所承继）规定的"请求确认其享有物权，应予支持"的情形，隐名股东属于《最高人民法院关于适用〈中华人民共和国公司法〉若干问题的规定（三）》第21条股东资格确认纠纷的类型。参见杜万华主编：《最高人民法院〈物权法司法解释（一）〉理解与适用》，人民法院出版社2016年版，第77页；最高人民法院民事审判第二庭编著：《最高人民法院关于〈公司法解释（三）、清算纪要〉理解与适用》，人民法院出版社2016年版，第350页。

因借名人、房地产挂靠人、隐名股东对执行标的物仅享有债权，基于债的相对性，原则上不足以排除强制执行。[①] 且综合斟酌以下因素，虚假登记权利人对执行标的享有的债权亦不足以对抗申请执行人的债权。具体而言：第一，案外人与被执行人签订的合同本身具有违法性或不正当性。部分借名买房合同旨在规避各级政府部门发布的房地产市场管理政策或规章，而房地产挂靠协议本身具有违法性。此外，我国的公司法和其他相关法规对投资领域、投资主体、投资比例等方面有一定的限制，有些投资者采取隐名的方式规避这些限制。[②] 第二，案外人本身存在过错。一方面，虚假登记权利人签订借名买房、房地产挂靠、隐名投资合同系故意为之，其应自行承担标的物被强制执行之风险；另一方面，在符合购房政策、股东资格之际，借名人、隐名股东怠于办理登记存在过错。第三，申请执行人信赖利益的保护。虚假登记由权利人一手操控，登记在程序上和内容上无懈可击，对申请执行人产生的信赖程度极高，故应侧重对申请执行人信赖利益的保护。[③] 第四，若法院支持虚假登记权利人排除强制执行之请求，将产生保护甚至激励虚假登记权利人规避法律法规、政策规章的不良社会影响。综上，虚假登记的权利人提起案外人执行异议之诉，请求排除强制执行的，法院原则上应当驳回其诉讼请求。事实上，日本有学者也指出，第三人无意将所有权转移给被执行人，但与被执行人合谋，将登记名义改为被执行人时，如果申请执行人对此是善意的，第三人不能就所有权未从第三人转移到被执行人一事与申请

---

① 其中，隐名投资实际上分为两种情形：第一，隐名股东与显名股东约定由其享有股权之全部权能，包括股权之自益权和共益权。第二，隐名股东与显名股东约定其只享有收益权。但无论何种约定，隐名股东对执行标的仅享有债权。且隐名股东享有股权全部权能时，尚不足以排除强制执行，仅享有收益权更不能对抗申请执行人的债权。

② 参见最高人民法院民事审判第二庭编著：《最高人民法院关于〈公司法解释（三）、清算纪要〉理解与适用》，人民法院出版社 2016 年版，第 390 页。

③ 参见尹田、尹伊：《论对未经登记及登记不实财产的强制执行》，载《法律适用》2014 年第 10 期。

执行人对抗，第三人提起的异议之诉将被驳回。即使第三人与被执行人之间没有通谋，但在故意对被执行人的名义登记放任不管的情况下，第三人的所有权也不能成为第三人异议之诉的事由，第三人提起的异议之诉也将被驳回。[①] 第三人享有所有权时，尚不足以对抗善意的申请执行人，更何况在我国，虚假登记的权利人享有的仅仅是债权。

但实践中也存在例外情形。第一，基于借名人生存权之保障，赋予借名人的债权以排除强制执行效力。但须同时符合以下条件：（1）案外人在法院查封之前已与被执行人签订借名买房合同，且不违反法律、行政法规的效力性强制规定；或者虽未签订书面合同，但通过间接证据能够证明借名买房事实成立，如实际出资、占有使用房屋、持有权属证书等；（2）在法院查封之前已合法占有该房屋；（3）已支付全部价款，或者已按照合同约定支付部分价款且将剩余价款按照人民法院的要求交付执行；（4）强制执行之际已符合购房政策，或者仅因户籍、贷款等原因不符合购房政策，但其本身属于中低收入住房困难户；（5）非因买受人自身原因未办理过户登记；（6）所购房屋系用于居住且买受人名下无其他用于居住的房屋。这里的“用于居住”应做宽泛理解，不管是单纯的居住房还是商住两用住房，只要有居住功能，即应视为用于居住的房屋；这里的“无其他用于居住的房屋”，是指买受人在被执行房屋所在地长期居住，而在同一地点其名下无其他能够用于居住的房屋。[②] 第二，如果有证据证明申请执行人明知或应知工商登记、股东名册对股东的记载不真实而恶意申请强制执行显名股东的股权，且隐名股东隐名之原因非为规避法律法规、政策规章等，则应当赋予隐名股东之债权以排除强制执行效力。只有如此，申请执行人对于股权公示信息的

---

① 参见和田吉弘『民事執行法・民事保全法』（弘文堂，2007 年）67 頁。

② 参见江必新、刘贵祥主编：《最高人民法院关于人民法院办理执行异议和复议案件若干问题规定理解与适用》，人民法院出版社 2015 年版，第 433 页。

信赖才是合理的。[1]

总之，对于虚假登记权利人提起的案外人执行异议之诉，应以驳回其诉讼请求为原则，否则将为被执行人规避执行提供可乘之机，严重损害申请执行人的利益。即出名人、显名股东、被挂靠人作为被执行人时，借名人、隐名股东、挂靠人可以作为案外人提起执行异议之诉排除虚假登记财产的强制执行；而借名人、隐名股东、挂靠人作为被执行人时，虚假登记财产因登记在出名人、显名股东、被挂靠人名下，导致执行机关无法基于形式化原则识别虚假登记财产，从而使得虚假登记财产成为不可被强制执行之财产。

第三节　案外人基于以物抵债取得的债权提起的执行异议之诉

以物抵债，在法律行为的层面，是指当事人双方达成以他种给付替代原定给付的协议。[2] 虽然《合同法》以及《民法典》均未对以物抵债合同作出明确规定，但作为一种无名合同（非典型合同），以物抵债合同在实践中得到广泛运用。由此也导致，以物（“物”包括动产、不动产等）抵债的当事人提起案外人执行异议之诉请求法院排除强制执行的案件数量激增。尤其是诉争房屋尚登记在被执行人名下时，以物抵债的受让人能否提起案外人执行异议之诉请求法院排除强制执行，实践和理论争议颇大。

在涉及以不动产抵债尤其是以房抵债的案件中，诉争不动产尤其是房屋尚登记在被执行人名下时，以物抵债的受让人能否提起案外人执行

---

① 参见湖北省荆门市东宝区人民法院民事判决书，(2017) 鄂0802民初2251号。

② 参见崔建远：《以物抵债的理论与实践》，载《河北法学》2012年第3期。

异议之诉请求法院排除强制执行，各省高级人民法院发布的文件以及实践案例存在两种不同的观点。

第一种观点，可以排除强制执行。《广东省高级人民法院关于审查处理执行裁决类纠纷案件若干重点问题的解答》[①]《吉林省高级人民法院关于审理执行异议之诉案件若干疑难问题的解答》[②]《江西省高级人民法院关于执行异议之诉案件的审理指南》[③]《江苏省高级人民法院执行异议及执行异议之诉案件办理工作指引（二）》[④] 均规定，满足特定条件时，以

---

① 《广东省高级人民法院关于审查处理执行裁决类纠纷案件若干重点问题的解答》第13条规定："案外人有充分证据证明，能够同时满足以房抵债协议真实有效、协议签订于房屋被人民法院查封之前、案外人在查封前已经实际占有涉案房屋，案外人对涉案房屋未能过户不存在过错的，可以排除执行。"

② 《吉林省高级人民法院关于审理执行异议之诉案件若干疑难问题的解答》问题十九规定："金钱债权执行中，以物抵债受让人对登记在被执行人名下的不动产提出异议，其异议被驳回的，可以提起执行异议之诉。满足下列条件，以物抵债受让人主张排除执行的，人民法院可以支持：（一）以物抵债受让人提供的证据足以证明该以物抵债行为客观存在，且达成以物抵债协议时原债务履行期限已经届满；（二）在人民法院查封之前签订合法有效的以物抵债协议并合法占有该不动产；（三）以物抵债受让人提供的证据足以证明用以抵债的不动产价值与原债务数额合理对应，且经清算债务数额已确定；但存在高额利息的，视为其未支付全部价款；（四）非因受让人自身原因未能办理过户登记。"

③ 《江西省高级人民法院关于执行异议之诉案件的审理指南》第26条规定："金钱债权执行中，案外人主张其与被执行人签订了以房抵债协议，以其为房屋的实际权利人为由提起执行异议之诉，请求排除执行，符合下列情形的，应予支持：(1) 案外人与被执行人在涉案房屋被查封前存在合法有效的到期债权债务关系；(2) 案外人对被执行人享有的债权清偿期已经届满且与执行标的的实际价值大致相当；(3) 案外人与被执行人在涉案房屋被查封前已经签订书面以房抵债协议；(4) 以房抵债协议不存在规避执行或逃避债务情形；(5) 以房抵债协议不违反《第八次全国法院民商事审判工作会议（民事部分）纪要》精神。"

④ 《江苏省高级人民法院执行异议及执行异议之诉案件办理工作指引（二）》第二部分第8条规定："金钱债权执行中，执行法院对登记在被执行人名下的不动产采取强制执行措施，案外人以其享有物权期待权为由提出执行异议及执行异议之诉的，应参照适用《查扣冻规定》第十五条或者《异议复议规定》第二十八条规定的条件进行审查，具有下列情形的，应予支持：(1) 案外人与被执行人在案涉不动产查封之前已经签订了合法有效的书面房屋买卖合同。案外人虽然未与被执行人签订书面的买卖合同，但双方已经办理网签的，应认定其签订了书面合同。合同是否成立以及合法有效，应根据《民法典》合同编及其司法解释、《最高人民法院关于审理商品房买卖合同纠纷案件适用法律若干问题的解释》等相关规定予以认定。(2) 案外人在案涉不动产查封之前已经实际占有该不动产。案外人提供了案涉不动产被查封之前实际形成的物业服务合同、交房证明、水电费及物业费缴纳凭证，或者案外人

物抵债受让人请求排除执行的，人民法院可以支持。不过，各省高级人民法院设定的条件有所不同。除满足案外人与被执行人在人民法院查封之前签订合法有效的以物抵债协议的共同条件外，广东省、吉林省高级人民法院要求，案外人在查封前已经实际占有涉案房屋，非因案外人自身原因未能办理过户登记；吉林省、江西省高级人民法院要求，案外人与被执行人达成以物抵债协议时原债务履行期限已经届满；江苏省高级人民法院要求，以房抵债协议不损害申请执行人或其他债权人的利益；江西省、江苏省高级人民法院要求，以房抵债协议不存在规避执行或逃避债务情形，以房抵债协议不违反《最高人民法院第八次全国法院民事商事审判工作会议（民事部分）纪要》精神；吉林省、江西省、江苏省高级人民法院要求，案外人与被执行人在涉案房屋被查封前存在合法有效的到期债权债务关系，案外人对被执行人享有的到期债权与执行标的

与他人签订的有效租赁合同、租金收取凭证，以及其他足以证明其已经过交接实际接收或占有该房屋的证据的，可认定其在查封之前已经合法占有该不动产。(3) 案外人已经支付全部价款。案外人主张其已支付全部价款的，应提供其通过银行转账形成的付款凭证。仅提供开发商或出卖方出具的收据，或者主张购房款系现金交付，且无其他证据证明其存在支付事实的，对其主张不予支持。案外人主张其与被执行人通过以房抵债，已支付全部价款，同时符合下列情形的，应予支持：①案外人与被执行人在案涉房屋被查封前存在合法有效的到期债权债务关系；②案外人对被执行人享有的到期债权与执行标的的实际价值大致相当；③案外人与被执行人在案涉房屋被查封前已经签订书面以房抵债协议；④以房抵债协议不存在规避执行或逃避债务情形；⑤以房抵债协议不损害申请执行人或其他债权人的利益；⑥以房抵债协议不违反《第八次全国法院民事商事审判工作会议（民事部分）纪要》精神。案外人基于建设工程价款，与被执行人订立以物抵债协议，主张其已支付全部价款，同时具备下列情形的，应予支持：①案外人系建设工程承包人或实际施工人；②案外人与被执行人之间存在真实的书面建设工程承包合同；③案外人与被执行人的工程款清偿期已经届满；④案外人享有的工程价款与抵债标的的价值相当；⑤以房抵债协议合法有效。(4) 案外人非因其自身原因未办理过户登记手续。具有下列情形之一的，应认定非因案外人自身原因未办理过户登记手续：①案外人因办理过户登记与出卖人发生纠纷并已提起诉讼或申请仲裁；②案外人作为被征收人，其所购房屋因政府征收安置调换经济适用房等原因未能办理过户登记手续；③案外人已向房屋登记机构提交了过户登记材料，或者已向出卖人提出了办理过户登记请求；④新建商品房虽不符合首次登记条件，但已办理买卖合同网签备案；⑤案外人通过其他方式积极主张过物权登记请求权，或有其他合理客观理由未办理过户登记。”

的实际价值大致相当。而实践中的案例，则多是直接适用[①]或者参照适用[②]《最高人民法院关于人民法院办理执行异议和复议案件若干问题的规定》第 28 条的规定，少数案例附加了若干条件。例如，有判决认为，案外人基于建设工程价款，与被执行人订立以物抵债协议，主张其已支付全部价款，同时具备下列情形的，应予支持：（1）案外人系建设工程承包人或实际施工人；（2）案外人与被执行人之间存在真实的书面建设工程承包合同；（3）案外人与被执行人的工程款清偿期已经届满；（4）案外人享有的工程价款与抵债标的价值相当；（5）以房抵债协议合法有效；（6）以房抵债协议符合相关法律规定：（案外人在案涉不动产查封之前已经实际占有该不动产）；（7）案外人非因其自身原因未办理过户登记手续。[③] 另外，在涉及以房抵工程价款的案件中，有判决认为，因施工单位对未支付的工程价款具有法定的优先受偿权，故参照《最高人民法院关于建设工程价款优先受偿权问题的批复》（已失效）的规定，也足以排除强制执行。[④]

第二种观点，不可以排除强制执行。《安徽省高级人民法院关于审理执行异议之诉案件若干问题的会议纪要》[⑤]《山东省高级人民法院民一庭执行异议之诉案件审判观点综述》[⑥] 则规定，以物抵债受让人请求排除执

① 参见青海省高级人民法院民事判决书，（2020）青民终 42 号；宁夏回族自治区高级人民法院民事判决书，（2019）宁民终 118 号；山西省高级人民法院民事判决书，（2018）晋民终 681 号；陕西省神木市人民法院民事判决书，（2019）陕 0881 民初 6917 号。

② 参见广东省高级人民法院民事判决书，（2018）粤民终 599 号；吉林省长春市朝阳区人民法院民事判决书，（2019）吉 0104 民初 5821 号；黑龙江省逊克县人民法院民事判决书，（2019）黑 1123 民初 1708 号；最高人民法院民事判决书，（2018）最高法民终 1260 号。

③ 参见江苏省无锡市滨湖区人民法院民事判决书，（2018）苏 0211 民初 5788 号。

④ 参见黑龙江省高级人民法院民事判决书，（2019）黑民终 377 号。

⑤ 《安徽省高级人民法院关于审理执行异议之诉案件若干问题的会议纪要》第 11 条规定："对案外人以执行标的已经以房抵债归其所有，尚未办理产权转移业记为由，提起的执行异议之诉，一般不予支持，但符合《执行异议和复议规定》第 26 条第（三）项的除外。"

⑥ 《山东省高级人民法院民一庭执行异议之诉案件审判观点综述》第 11 条规定："当事人签订以房抵债协议，但未办理产权变更登记，案外人以其系该房产的实际权利人为由提起执行异议之诉，请求排除执行的，原则上不予支持。"

行的，原则上不予支持。实践中也有不少案例持这种观点，且认为不能直接、参照适用《最高人民法院关于人民法院办理执行异议和复议案件若干问题的规定》第28条的规定，或者认为以物抵债的受让人不可能符合第28条规定的排除强制执行的要件。[①] 理由在于：第28条解决的问题是，在强制执行程序中，买受人对所买受的不动产权利保护与金钱执行债权人权利保护发生冲突时，基于对正当买受人合法权利的特别保护之目的而设置的特别规则，其所要保护的权益是买受人基于购买不动产之目的而成立的合法有效的买卖关系，以及所形成的针对该不动产交付及权属变动的债权。因此，人民法院在审理案外人执行异议之诉案件参照适用该规定审查认定案外人是否享有足以排除强制执行的民事权益时，应当严格把握该条规定适用的前提条件。以物抵债协议系以消灭协议当事人之间存在的金钱债务为目的，不动产交付仅系以物抵债的履行方式，并不能改变所谓的“买受人”在本质上系出卖人的普通金钱债权人的地位。这与第28条所要保护的买受人基于买卖合同的履行而期待取得不动产的非金钱债权迥然不同。基于以物抵债而拟受让不动产的“买受人”，在完成不动产权属转移登记之前，仅凭以物抵债协议并不足以形成优先于一般债权的权益。而如果认为此种情况下的所谓“买受人”可以排除出卖人的其他金钱债权人对抵债物的强制执行，则无异于该“买受人”通过以物抵债协议即获得了优先于出卖人的其他普通金钱债权的法律地位，使得本应处于平等受偿地位的普通债权仅因此产生了优先与劣后之别，有违债的平等性原则。因此，除非案外人确有证据证明当事人之间已经另行达成了真实的以不动产买卖合意为基础的不动产买卖关系，而

① 参见北京市高级人民法院民事判决书，(2019) 京民终210号；陕西省高级人民法院民事判决书，(2019) 陕民终833号；山东省高级人民法院民事判决书，(2019) 鲁民终1347号；浙江省宁波市鄞州区人民法院民事判决书，(2019) 浙0212民初8794号；辽宁省高级人民法院民事判决书，(2019) 辽民终1156号；山东省高级人民法院民事判决书，(2019) 鲁民终1509号。

购房款的支付方式是以出卖人欠付的债权抵顶，否则，一般而言，以物抵债关系中的债权人对于抵债物的权利，并不能够排除债务人的其他债权人对抵债物的强制执行。[①] 此外，由于实践中以物抵债协议问题较为复杂，案外人与被执行人恶意串通倒签抵债协议时间以对抗其他债权人、使受让人偏颇受偿的问题突出，尚无鉴定合同确切签订时间的有效技术手段，抵债又不需支付具体价款，无法通过其他证据来判断抵债合意的真伪，因此，《最高人民法院关于人民法院办理执行异议和复议案件若干问题的规定》并未将抵债受让人列入物权期待权保护范围。[②]

在涉及以特殊动产抵债的案件中，诉争特殊动产尚登记在被执行人名下时，以物抵债的受让人能否提起案外人执行异议之诉请求法院排除强制执行，司法实践普遍认为，满足特定条件时，以物抵债的受让人请求排除执行的，人民法院可以支持。不过，对于需要满足的条件，存在不同的观点。有判决认为，案外人实际占有诉争特殊动产时，即为诉争特殊动产的实际所有权人，享有足以排除强制执行的民事权益。[③] 还有判决认为，应当适用《最高人民法院关于人民法院民事执行中查封、扣押、冻结财产的规定》第 15 条的规定进行判断，即案外人已经支付了全部价款并实际占有诉争特殊动产，案外人对未办理过户登记手续没有过错。[④]《吉林省高级人民法院关于审理执行异议之诉案件若干疑难问题的解答

---

① 参见最高人民法院民事判决书，(2019) 最高法民终 842 号；最高人民法院民事判决书，(2018) 最高法民终 275 号；甘肃省高级人民法院民事判决书，(2019) 甘民终 601 号；河北省高级人民法院民事判决书，(2018) 冀民终 399 号；四川省仁寿县人民法院民事判决书，(2019) 川 1421 民初 4725 号；黑龙江省绥北人民法院民事判决书，(2019) 黑 8111 民初 2313 号。

② 参见福建省高级人民法院民事判决书，(2017) 闽民终 654 号。

③ 参见河北省保定市徐水区人民法院民事判决书，(2019) 冀 0609 民初 1624 号；山东省德州市陵城区人民法院民事判决书，(2018) 鲁 1403 民初 63 号；广东省湛江市麻章区人民法院民事判决书，(2018) 粤 0811 民初 8 号。

④ 参见内蒙古自治区高级人民法院民事判决书，(2018) 内民终 363 号；辽宁省清原满族自治县人民法院民事判决书，(2019) 辽 0423 民初 118 号；甘肃省天祝藏族自治县人民法院民事判决书，(2018) 甘 0623 民初 2448 号。

(二)》问题三规定:“金钱债权执行中,人民法院对登记在被执行人名下的特殊动产实施执行,案外人以其与被执行人之间通过以物抵债的方式取得案涉特殊动产的所有权为由提起执行异议之诉请求排除执行,同时满足以下条件的,人民法院应当支持:(一)在人民法院实施执行之前,被执行人与案外人之间存在真实、合法的债权债务关系且该债务履行期限已经届满,双方基于清偿债务的目的就案涉特殊动产已经签订了合法有效的书面以物抵债协议;(二)在人民法院实施执行之前,案外人已经实际占有并使用案涉特殊动产;(三)被执行人与案外人之间的债务数额经清算已经确定,且与案涉特殊动产的价值合理对应。”不过,也有案例认为,申请执行人属于《民法典》第225条规定的“未经登记,不得对抗善意第三人”中的善意第三人,因此,诉争特殊动产尚登记在被执行人名下时,案外人不得对抗善意的申请执行人。[①]

以物抵债,其实存在两种类型:一是仅仅具有以他种给付替代原定给付的合意,尚无债权人受领债务人的他种给付的事实,该种类型的以物抵债,为诺成合同;二是双方当事人不但达成了以他种给付替代原定给付的合意,而且债权人受领了债务人的他种给付,该种类型的以物抵债,属于传统民法上的代物清偿,系要物合同。[②] 在涉及以物抵债的案件中,诉争不动产尚登记在被执行人名下或者诉争动产尚未交付给案外人时,以物抵债的受让人能否提起案外人执行异议之诉请求法院排除强制执行,与以物抵债的类型密切相关。如果以物抵债合同是诺成合同,尚存在讨论以物抵债的受让人能否提起案外人执行异议之诉请求法院排除强制执行的空间;如果以物抵债合同是要物合同,诉争不动产尚登记在被执行人名下或者诉争动产尚未交付给案外人时,以物抵债合同根本不成立、不生效,此时,案外人不可能基于以物抵债合同提起案外人执行

---

① 参见河北省景县人民法院民事判决书,(2018)冀1127民初2369号。

② 参见崔建远:《以物抵债效力的司法裁判规则》,载《人民法治》2015年第9期。

异议之诉。在理论和实践中也确有观点和案例以以物抵债合同是要物合同为由，认为以物抵债的受让人不能提起案外人执行异议之诉请求法院排除强制执行。[①] 关于以物抵债合同的性质是诺成合同还是要物合同，理论上素有争议。[②] 不过，《全国法院民商事审判工作会议纪要》第44条明确采纳了诺成合同说。[③] 基于此，如果以物抵债的物是一般动产，只要该一般动产尚未交付给案外人，则案外人只享有债权，不足以排除强制执行；如果以物抵债的物是特殊动产，且该特殊动产登记在被执行人名下，则涉及申请执行人是否属于善意第三人的问题，该问题与前述案外人基于特殊动产所有权提起的执行异议之诉中的问题相同，笔者不再重复；如果以物抵债的物是不动产，且该不动产尚登记在被执行人名下，以物抵债的受让人提起案外人执行异议之诉请求排除强制执行时，能否获得支持以及要满足哪些条件，需要重点讨论。

以不动产抵债的受让人提起案外人执行异议之诉时，其排除强制执行的诉讼请求能否得到支持，若得到支持需要满足哪些条件，又涉及以物抵债合同的效力问题。关于以物抵债合同的效力，理论上存在债之更改和新债清偿两种不同的观点。[④]《全国法院民商事审判工作会议纪要》第44条明确采纳了新债清偿的观点。[⑤] 不过，基于意思自治原则，当事人也可以作出债之更改的意思表示。新债清偿，只是债权人和债务人之间就增加一种可选的清偿方式达成的合意，在新债清偿中，债务人负担

---

① 参见王聪：《案外人执行异议之诉中异议事由的类型化研究——以“足以排除强制执行的民事权益”为中心》，载《法治研究》2018年第4期；甘肃省临泽县人民法院民事判决书，（2019）甘0723民初2246号；四川省仪陇县人民法院民事判决书，（2019）川1324民初3861号。

② 参见陈永强：《以物抵债之处分行为论》，载《法学》2014年第11期。

③ 参见最高人民法院民事审判第二庭编著：《〈全国法院民商事审判工作会议纪要〉理解与适用》，人民法院出版社2019年版，第300页。

④ 参见司伟：《债务清偿期届满后的以物抵债纠纷裁判若干疑难问题思考》，载《法律适用》2017年第17期。

⑤ 参见最高人民法院民事审判第二庭编著：《〈全国法院民商事审判工作会议纪要〉理解与适用》，人民法院出版社2019年版，第300页。

的新债务系履行旧债务的一种方法，而非以新债务代替旧债务，故新债清偿成立后，新债务与旧债务处于并存状态。[①] 基于此，如果以物抵债合同的效力是新债清偿，由于以物抵债的目的在于消灭旧的金钱之债，以物抵债作为履行原来金钱之债的方法，其债权人享有的本质上仍然是金钱之债，不应优先于另一个金钱之债，因此，涉及以物抵债的案外人执行异议之诉案件不适用《最高人民法院关于人民法院办理执行异议和复议案件若干问题的规定》第28、29条的规定，以不动产抵债的受让人提起案外人执行异议之诉时，不能排除强制执行。[②] 债之更改，则要求新债务不同于旧债务，且新债务成立时旧债务消灭。基于此，如果以物抵债协议的效力是债之更改，且债的客体更改为不动产买卖法律关系，则以不动产抵债的受让人提起案外人执行异议之诉时，具有参照适用《最高人民法院关于人民法院办理执行异议和复议案件若干问题的规定》第28、29条的空间，至于是否需要附加其他条件，尚待进一步讨论。事实上，一些学者所谓的“以房抵债与房屋买卖一样，其目的也是取得房屋的所有权”[③]“如果以房抵债的受让人已经签订房屋买卖合同，则转为房屋买卖合同关系，可以适用无过错不动产买受人的物权期待权的规定”[④]，隐含着认为以物抵债合同的效力是债之更改的大前提。

基于意思自治原则，当事人作出债之更改的意思表示且将债的客体更改为不动产买卖法律关系时，自然应当满足《最高人民法院关于人民法院办理执行异议和复议案件若干问题的规定》第28条或者第29条规

---

① 参见司伟：《债务清偿期届满后的以物抵债纠纷裁判若干疑难问题思考》，载《法律适用》2017年第17期。

② 参见最高人民法院民事审判第二庭编著：《〈全国法院民商事审判工作会议纪要〉理解与适用》，人民法院出版社2019年版，第304页；司伟、王小青：《执行异议之诉中不动产买受人排除强制执行的要件审查》，载《人民司法》2019年第23期。

③ 张守国、明晨燕：《民事执行程序中权利冲突特殊规则的构建——以未过户登记房屋继受人利益保护规则之完善为视角》，载《法律适用》2018年第18期。

④ 烟台市中级人民法院课题组：《执行异议之诉的实证分析与立法完善——以程序与实体问题切入》，载《山东审判》2017年第3期。

定的要件。不过，由于以物抵债的特殊性，确实容易导致当事人通过倒签以物抵债协议等行为逃避债务或者规避执行。[①] 因此，笔者认为需要附加以下要件：一是案外人与被执行人在人民法院查封之前签订合法有效的以物抵债协议。如果以物抵债协议不成立、不生效，当事人作出债之更改的意思表示也不成立、不生效，案外人不可能基于以物抵债协议提起执行异议之诉。二是案外人与被执行人在涉案不动产被查封前存在合法有效的到期债权债务关系。一方面，《全国法院民商事审判工作会议纪要》第45条，虽然允许当事人在履行期限届满前签订以物抵债协议，但以物抵债协议应当认定为让与担保。[②] 基于此，案外人与被执行人在履行期限届满前签订以物抵债协议时，案外人若基于以物抵债协议提起执行异议之诉，应当适用基于让与担保提起执行异议之诉的规则。另一方面，如果不对案外人与被执行人之间的债权债务关系进行审查，会给案外人与被执行人通过以物抵债协议规避执行或者逃避债务提供机会。因此，案外人执行异议之诉受诉法院不仅要审查案外人与被执行人之间的不动产买卖法律关系和以物抵债法律关系的真实性，还要审查案外人与被执行人之间的债权债务关系的真实性。三是案外人对被执行人享有的到期债权与执行标的物的实际价值大致相当。如果案外人对被执行人享有的到期债权低于执行标的物的实际价值，势必会侵害申请执行人或者其他债权人的合法利益；反之，如果到期债权高于执行标的物的实际价值，会侵害案外人的合法利益。

---

① 参见王毓莹、翟如意：《执行异议之诉中排除执行的民事权利类型化研究》，载《人民司法》2019年第28期。

② 参见最高人民法院民事审判第二庭编著：《〈全国法院民商事审判工作会议纪要〉理解与适用》，人民法院出版社2019年版，第307页。

第四节　案外人基于债权转让取得的债权提起的执行异议之诉

《民法典》第545条基本上承继了《合同法》第79条的规定，原则上允许债权人将其债权转让给第三人。由此带来的问题是，申请执行人申请强制执行被执行人享有的到期债权时，债权受让人通常会提起案外人执行异议之诉请求法院排除强制执行。司法实践对于是否应当支持债权受让人的诉讼请求，以及如果支持需要满足何种要件，存在一定的分歧。

《山东省高级人民法院民一庭执行异议之诉案件审判观点综述》[①]《江苏省高级人民法院执行异议及执行异议之诉案件办理工作指引（三）》[②] 均规定，当满足特定条件时，原则上应予以支持，不过条件有

① 《山东省高级人民法院民一庭执行异议之诉案件审判观点综述》第20条规定："人民法院执行被执行人对他人的到期债权，案外人以债权受让人身份提起执行异议之诉，请求排除执行，经审查当事人在人民法院查封前已签订合法有效的书面债权转让协议并通知了债务人的，可予支持。但被执行人无偿或以明显不合理的低价转让债权的，申请执行人可以依据合同法第七十四条规定，另案起诉请求人民法院撤销转让行为，执行异议之诉案件可以中止审理。被执行人向案外人转让对他人的未到期债权，案外人以债权受让人身份提起执行异议之诉，请求排除执行的，原则上不予支持。"

② 《江苏省高级人民法院执行异议及执行异议之诉案件办理工作指引（三）》第五部分第24条规定："《民诉法解释》第四百九十九条第二款规定的'利害关系人'对到期债权的执行行为提出的异议，应适用《民事诉讼法》第二百三十四条规定进行审查。案外人以其系案涉债权受让人为由提起执行异议之诉，请求排除执行，同时具有下列情形的，原则上应予以支持：(1) 案外人与被执行人于案涉债权被查封、冻结或被采取强制执行措施之前订立了合法有效的书面债权转让合同；(2) 被执行人在第三人处有多笔债权的，案外人主张其受让的债权应明显区别于被执行人未转让的其他债权；案外人以其系案涉债权受让人为由提起执行异议之诉，请求排除执行，具有下列情形之一的，不予支持：(1) 案外人所主张的债权与被查封或执行的被执行人的案涉到期债权并非同一债权；(2) 该债权转让行为损害申请执行人或被执行人其他债权人的利益；(3) 案外人与被执行人存在利益关联或者实际控制关系的。《民诉法解释》第四百九十九条第二款规定的'利害关系人'包括但不限于：(1) 案涉债权受让人；(2) 无追索权的保理合同债权人；(3) 有追索权的保理合同债务人；(4) 应收账款质权人；(5) 实际施工人。"

所不同。但是，山东省高级人民法院、江苏省高级人民法院，均要求案外人与被执行人在人民法院查封前已签订合法有效的书面债权转让协议。实践中的案例，也大多持满足特定条件时，原则上应予以支持的观点。且除了要求案外人与被执行人在人民法院查封前已签订合法有效的书面债权转让协议，主要以被执行人转让债权通知了债务人、[①] 被执行人对债务人的债权明确且数额确定、[②] 债权转让行为未损害申请执行人或被执行人其他债权人的利益、[③] 案外人与被执行人不存在利益关联或者实际控制关系、[④] 债权转让行为不会导致案外人实质上处于优先受偿地位[⑤]或者案外人已支付了合理价款[⑥]作为要件。不过，也有少数案例认为，不应支持案外人的诉讼请求。理由如下：一是案外人通过债权转让方式取得的权利，也是普通债权，并不具有优先性，不足以排除强制执行。[⑦] 事实上，在《最高人民法院关于审理执行异议之诉案件适用法律问题的解释（一）（草案）》的起草过程中即存在这种观点，且进一步认为，由于目前缺乏有效的技术手段确定债权转让合同的确切签订时间，当事人倒签合同的风险较大，故对案外人提出的此类异议，原则上不予支持。当然，也有案例认为，案外人是否享有排除强制执行的权利与讼争债权的归属直接

---

① 参见江苏省高级人民法院民事判决书，（2018）苏民终639号；上海市高级人民法院民事裁定书，（2017）沪民申2380号；四川省攀枝花市中级人民法院民事判决书，（2019）川04民终121号；福建省龙岩市中级人民法院民事判决书，（2018）闽08民初329号；江苏省宿迁市中级人民法院民事判决书，（2018）苏13民终3433号；江苏省无锡市中级人民法院民事判决书，（2018）苏02民终1875号；山东省聊城市中级人民法院民事判决书，（2017）鲁15民终629号；河北省沧州市中级人民法院民事判决书，（2017）冀09民终2474号；湖北省荆州市中级人民法院民事判决书，（2016）鄂10民终655号。

② 参见上海市高级人民法院民事判决书，（2019）沪民终256号；重庆市第五中级人民法院民事判决书，（2017）渝05民终2902号。

③ 参见福建省高级人民法院民事判决书，（2019）闽民终722号；四川省绵阳市中级人民法院民事判决书，（2018）川07民终2372号。

④ 参见山东省青岛市中级人民法院民事判决书，（2017）鲁02民初1648号。

⑤ 参见山东省青岛市中级人民法院民事判决书，（2017）鲁02民初1648号。

⑥ 参见上海市第一中级人民法院民事判决书，（2017）沪01民终9184号。

⑦ 参见安徽省高级人民法院民事判决书，（2016）皖民终27号。

相关，而与该债权是否具有优先性无关。[①] 二是申请执行人对被执行人的到期债权、被执行人对第三人（次债务人）的到期债权均为已经法院确定的债权时，案外人与被执行人之间的债权转让协议，仅是二者之间的内部约定，不足以对抗法院所作出的已生效的判决书。[②]

关于债权让与的法律性质，即债权让与是事实行为还是处分行为，民法学界素有争议。[③] 不过，关于债权让与的法律效力，并无争议，一致认为，债权转让合同一旦成立生效，债权即随之转移。[④] 债权全部转让时，让与人完全脱离债权人的地位，受让人取得同一债权继承让与人的地位；债权部分转让时，让与人和受让人共同享有债权。因此，被执行人（转让人）与案外人（受让人）签订债权转让合同时，基于全部转让或者部分转让之不同，案外人将取得全部债权或者部分债权，被执行人将丧失全部债权或者部分债权。诚然，案外人取得的债权也是普通债权，较之申请执行人享有的债权并不具有优先性。但是，由于被执行人转让债权后已经完全或者部分丧失了债权，进而导致该债权完全或者部分丧失了作为被执行人责任财产的属性，因此，申请执行人申请强制执行该债权不具有正当性，案外人得基于债权转让而取得的全部或者部分债权排除全部或者部分强制执行，这与诉争财产属于被执行人的责任财产，案外人基于其享有债权排除强制执行的情形完全不同。事实上，债权的转让与动产、不动产等财产的转让一样，转让之后，其权属要么属于受让人，要么是让与人与受让人共同享有。而债权本身要么属于案外人的

---

① 参见重庆市高级人民法院民事裁定书，(2017) 渝民再 251 号。

② 参见河南省郑州市中级人民法院民事判决书，(2018) 豫 01 民初 1412 号。

③ 比如王利明教授持事实行为说，参见王利明：《合同法总论》（中卷），中国人民大学出版社 2016 年版，第 428 页。韩世远教授则持处分行为说，参见韩世远：《合同法总论》，法律出版社 2015 年版，第 460 页。王洪亮教授则指出，事实行为说是建立在现行法不承认物权行为理论的观点的基础上。实际上，与所有权让与一样，债权让与也是一种处分。参见王洪亮：《债法总论》，北京大学出版社 2016 年版，第 449 页。

④ 参见半田正夫『債権総論』（法学書院，1995 年）131 頁；遠藤浩等編『民法 債権総論』（有斐閣，1981 年）109 頁；田山輝明『債権総論』（有斐閣，1986 年）172 頁。

财产，要么属于案外人与被执行人的共有财产，被执行人的财产将因债权转让而减少。此外，日本的三月章教授指出，被扣押的债权属于其他债权人时，该债权的地位实际上与所有权等同，在与所有权等同的意义上，也有可能成为请求排除执行的原因。[①] 中野贞一郎教授也指出，典型的第三人是执行标的物的所有权人的情况，但对于债权及其他财产权，其归属主体的地位与所有权人相同，因此，在债权及其他财产权被扣押的情况下，主张债权及其他财产权归属于自己或者准共有的第三人，可以按照所有权人的标准提出第三人异议之诉。[②]

需要讨论的是，债权转让的受让人提起案外人执行异议之诉时，需要满足哪些条件才能排除强制执行。笔者认为，至少应当满足以下要件：

第一，案外人与被执行人在人民法院查封前已签订合法有效的书面债权转让合同。其中，债权转让合同合法有效，要求满足“须存在有效的债权、被让与的债权须具有让与性、让与人和受让人须就债权转让的意思表示达成一致”三个要件。[③] 值得说明的是，申请执行人申请强制执行被执行人享有的到期债权时，第三人（次债务人）享有提出异议的权利，而第三人（次债务人）一经提出异议，则执行机关不得继续执行。此时，案外人自然不享有提起执行异议之诉的诉的利益。第三人（次债务人）提出异议后，申请执行人若想继续执行被执行人享有的到期债权，应当以第三人（次债务人）为被告提起代位权诉讼或者收取诉讼。申请执行人胜诉后，可以继续申请强制执行被执行人享有的到期债权。此时，案外人自然享有提起执行异议之诉的诉的利益。且代位权诉讼或者收取诉讼会对被执行人与第三人（次债务人）之间的债权债务关系作出判断，如果申请执行人胜诉，则将使案外人在执行异议之诉中满足被执行人与

---

① 参见三ケ月章『民事執行法』（弘文堂，1981 年）141 頁。

② 参见中野貞一郎『民事執行・保全法概説』（有斐閣，2006 年）136 頁。

③ 参见王利明：《合同法总论》（中卷），中国人民大学出版社 2016 年版，第 466－483 页。

第三人（次债务人）之间存在有效的债权债务关系的要件，即因属于预决事实而被采用。事实上，案外人执行异议之诉的当事人，并不包括第三人（次债务人），即第三人（次债务人）也不可能在执行异议之诉中就其与被执行人之间是否存在债权债务关系或者存在抗辩事由展开攻击防御。

第二，案外人与被执行人之间的债权转让行为未损害申请执行人或者被执行人其他债权人的合法利益。因当事人倒签债权转让合同的成本小、审查难，故存在案外人与被执行人恶意串通规避执行、损害申请执行人或者被执行人其他债权人的合法利益的较大风险。所以，案外人执行异议之诉的受诉法院应当着重审查，案外人与被执行人之间是否存在以下情形：一是被执行人在一定期间内将到期债权无偿转让给案外人；二是被执行人在一定期间内将到期债权以明显不合理的低价转让给案外人；三是财产不能清偿所有债权的被执行人在一定期间内将到期债权以合理的价格转让给兼具债权人身份的案外人（因我国现行破产法采有限破产主义，为弥补个人破产程序缺失的不足，参与分配程序发挥着为各债权人提供平等受偿路径的功能，参与分配与破产程序的分配原则相同、适用要件相似。[①] 基于此，本种情形会导致案外人实质上享有优先受偿地位，将损害申请执行人或者被执行人其他债权人的合法利益）。其中，一定期间可以与2019年9月最高人民法院发布的《民事强制执行法（草案）（征求意见稿）》第115条规定的申请执行人提起撤销被执行人行为的时间保持一致。司法实践中，与被执行人恶意串通的案外人通常是与被执行人存在密切关系的人，如被执行人的近亲属、董事、监事、高级管理人员、控股股东或者因其他社会关系与被执行人存在利害关系的主体。

---

① 参见肖建国、庄诗岳：《参与分配程序：功能调整与制度重构——以一般破产主义为基点》，载《山东社会科学》2020年第3期。

至于被执行人转让债权通知了债务人之要件，笔者认为无须具备。债权转让的法律效力，包括对内效力和对外效力。前者是指发生在让与人与受让人之间的效力，后者是指发生在当事人（让与人与受让人）与第三人（次债务人或者其他第三人）之间的效力。其中，对内效力之一，即债权转让合同一旦成立生效，债权即由让与人转移至受让人。对外效力之一，即在债务人未受通知以前，受让人不得对债务人主张权利。[①]《民法典》第546条规定，债权人转让债权，未通知债务人的，该转让对债务人不发生效力。该条隐含的意思是，对于让与人与受让人仍然发生效力。案外人执行异议之诉，需要审查案外人对执行标的物是否享有民事权益以及案外人对执行标的物享有的民事权益是否足以排除强制执行，这涉及案外人与被执行人之间的法律关系以及案外人与申请执行人之间的权益对抗关系，并不涉及案外人与第三人（次债务人）之间的法律关系。事实上，已如前述，案外人执行异议之诉也不可能审查案外人与第三人（次债务人）之间的法律关系。因此，只要债权转让发生对内效力，债权转让的受让人基于其受让的债权即可排除强制执行。至于排除强制执行之后，案外人对第三人（次债务人）主张权利时，第三人（次债务人）得否拒绝清偿，则是另一问题，与案外人执行异议之诉的提起和审理无关。

第五节　案外人基于租赁权提起的执行异议之诉

执行法院强制执行被执行人（出租人）享有所有权的租赁物且不带租赁拍卖或者要求案外人（承租人）腾退、交付租赁物时，案外人得否基于租赁权提起执行异议之诉，以及如果可以提起执行异议之诉，需要

---

① 参见韩世远：《合同法总论》，法律出版社2011年版，第478页。

满足哪些条件才能排除腾退租赁物、向受让人移交占有租赁物或者不带租赁拍卖的执行行为，也是实践中颇有争议的问题。最高人民法院、各省高级人民法院发布的文件、实践案例以及理论上至少存在以下四种不同的观点。

第一种观点是，案外人不得提起执行异议之诉，而应在拍卖程序中行使优先购买权或者提出执行行为异议。《吉林省高级人民法院关于审理执行异议之诉案件若干疑难问题的解答》问题二十六规定："金钱债权执行中，承租人认为其对作为执行标的物的不动产享有租赁权的，应当在拍卖程序中主张优先购买或依照《最高人民法院关于人民法院办理执行异议和复议案件若干问题的规定》第三十一条规定向执行法院主张权利，其提起执行异议之诉请求排除执行的，人民法院应当不予受理；已经受理的，裁定驳回起诉。如果执行法院作出的异议裁定否定承租人租赁权的成立或存续的，承租人应当另行提起诉讼确认其租赁权的成立或存续。"有判决认为，法院强制执行租赁物时，应当遵循"买卖不破租赁"原则和承租人优先购买权的保护原则，如有违反，则属违法执行，承租人可以提出执行行为异议，而不得提起案外人执行异议之诉。①还有判决认为，即使案外人享有租赁权，其排除强制执行的目的即不向受让人移交占有，而与执行标的物所有权无关，系对执行行为的异议。②

第二种观点是，案外人得否提起执行异议之诉，取决于法院在执行过程中是否否定其享有的租赁权。《江西省高级人民法院关于执行异议之诉案件的审理指南》第 32 条规定："金钱债权执行中，承租人作为案外人提起执行异议之诉的，应当区分情形分别处理：（1）如果法院在执行过程中并不否定承租人享有的租赁权，承租人只是对执行法院要求其腾退房屋的执行行为有异议的，属于对执行行为的异议，应当通过执行复

① 参见湖南省高级人民法院民事判决书，（2017）湘民终 616 号。

② 参见四川省成都市锦江区人民法院民事判决书，（2018）川 0104 民初 4287 号。

议程序或执行监督程序解决，承租人提起执行异议之诉的，不予受理；已经受理的，裁定驳回起诉；（2）如果执行法院否定承租人租赁权的成立或存续的，因涉及实体权利的争议，承租人主张其享有足以排除执行的占有、使用和收益权的，在执行异议被驳回后，可以提起执行异议之诉。”第33条规定：“金钱债权执行中，承租人在执行法院采取查封等执行措施之前，已与被执行人签订了合法有效的房屋租赁合同，且已按约支付租金并实际占有使用租赁物的，应认定为先租赁后查封。执行法院对该租赁物的执行如果影响到承租人租赁权的行使，承租人据此提起执行异议之诉，请求排除执行的，应予支持。承租人在执行法院采取查封等执行措施之后，与被执行人签订房屋租赁合同的，应认定为先查封后租赁。承租人提起执行异议之诉，请求排除执行的，不予支持。”第34条规定：“金钱债权执行中，承租人在债权人设立抵押权之前，已经与被执行人签订了合法有效的房屋租赁合同，且已按约支付租金，并实际占有使用租赁物的，应认定为先租赁后抵押。执行法院对该租赁物的执行如果影响到承租人租赁权的行使，承租人据此提起执行异议之诉，请求排除执行的，应予支持。承租人在债权人设立抵押权之后，与被执行人签订房屋租赁合同的，应当认定为先抵押后租赁。承租人提起执行异议之诉，请求排除执行的，不予支持。”《最高人民法院关于审理执行异议之诉案件适用法律问题的解释（一）（草案）》起草过程中，也存在这种观点。[①] 此外，汤维建教授、陈爱飞博士、王毓莹法官、翟如意法官、陈

① 《最高人民法院关于审理执行异议之诉案件适用法律问题的解释（一）（草案）》曾规定：“金钱债权执行或者实现抵押权的执行中，案外人以其对执行标的享有租赁权为由，提起执行异议之诉，请求排除不带租赁拍卖，同时符合下列条件的，人民法院应予支持：（一）在人民法院查封之前或者在抵押登记之前，案外人已基于租赁之目的与被执行人签订合法有效的书面租赁合同；（二）在人民法院查封之前或者在抵押登记之前，案外人已现实占有使用执行标的；（三）案外人已按照合理方式支付合理租金。案外人对执行法院要求其腾退房屋、移交生产设备或者交通工具等提出异议的，应当依据民事诉讼法第二百二十五条的规定处理。”

旻法官、李馨法官等，也持该观点。[①]

第三种观点是，案外人得否提起执行异议之诉，取决于强制执行是否影响租赁权的行使，或者租赁权是否形成于抵押、查封之后。《江苏省高级人民法院执行异议及执行异议之诉案件办理工作指引（三）》第一部分第1条规定："承租人基于不动产或动产被抵押或查封之后与被执行人订立的租赁合同提出执行异议的，适用《民事诉讼法》第二百三十二条规定进行审查。承租人请求在租赁期内停止对执行标的的处置或者阻止向受让人移交占有该不动产或动产的，不予支持。"第一部分第2条规定："承租人基于不动产或动产被抵押、质押或查封之前与被执行人订立的租赁合同提出执行异议，请求在租赁期内阻止向受让人移交占有被执行的不动产或动产的，适用《民事诉讼法》第二百三十四条规定进行审查，并就是否停止执行作出裁定。因此引发的执行异议之诉案件，根据以下情形进行处理：（1）承租人在租赁物被查封之前已与被执行人签订了合法有效的租赁合同，并已按约支付租金，且实际占有使用租赁物的，对承租人要求阻止交付的诉讼请求应予以支持，对其要求停止对执行标的处置的诉讼请求不予支持。（2）承租人在租赁物被抵押之前已与被执行人签订了合法有效的租赁合同，并已按约支付租金，且实际占有使用租赁物，抵押权人或首查封法院的申请执行人申请拍卖该租赁物，承租人要求阻止交付的，应予以支持，对其要求停止对执行标的处置的诉讼请求不予支持。（3）租赁物具有下列情形的，应分别根据《最高人民法院关于审理城镇房屋租赁合同纠纷案件具体应用法律若干问题的解释》第二条、第三条以及《民法典》第七百零六条的规定认定租赁合同的效

① 参见汤维建、陈爱飞：《"足以排除强制执行民事权益"的类型化分析》，载《苏州大学学报（哲学社会科学版）》2018年第2期；王毓莹、翟如意：《执行异议之诉中排除执行的民事权利类型化研究》，载《人民司法》2019年第28期；陈旻、李馨：《执行异议之诉案件裁判思路与操作》，中国法制出版社2012年版，第263页；高仁宝等编著：《执行异议之诉法律适用指引》，法律出版社2018年版，第66－67页。

力：①未取得建设工程规划许可证或者未按照建设工程规划许可证的规定建设的房屋；②未经批准或者未按照批准内容建设的临时建筑；③租赁期限超过临时建筑的使用期限的；④当事人以房屋租赁应办理登记备案手续为由主张合同效力的。”部分实践案例以及曹春梅、胡婷博士，申光伟、王聪法官等，也持该观点。[①]

第四种观点是，案外人可以提起执行异议之诉，且于先租赁后查封、先租赁后抵押情形下，满足特定条件时，应当支持案外人的诉讼请求。《广东省高级人民法院关于审查处理执行裁决类纠纷案件若干重点问题的解答》第 25 条规定：“……2. 承租人在执行标的被人民法院查封之前已经与被执行人签订了合法有效的租赁合同，按约支付租金，并实际占有、使用租赁物，执行法院根据申请执行人的申请要求承租人移交占有租赁物，承租人请求停止执行的，应予支持。3. 承租人在抵押权人设立抵押权之前已经与被执行人签订了合法有效的租赁合同，按约支付租金并实际占有、使用租赁物，抵押权人为申请执行人的，执行法院根据其申请要求承租人移交占有租赁物，承租人请求停止执行的，应予支持……”案例也多是区分是先租赁后查封[②]、先租赁后抵押[③]还是先查

---

① 参见新疆维吾尔自治区高级人民法院民事判决书，（2019）新 40 民终 1504 号；曹春梅：《第三人异议之诉研究》，西南政法大学 2015 年博士学位论文，第 86－88 页；胡婷：《民事执行中实体事项的审查》，清华大学 2020 年博士学位论文，第 122 页；申光伟：《案外人涉房执行异议之诉及其主要权利类型》，载《人民司法》2019 年第 22 期；王聪：《案外人执行异议之诉中异议事由的类型化研究——以“足以排除强制执行的民事权益”为中心》，载《法治研究》2018 年第 4 期。

② 参见四川省绵竹市人民法院民事判决书，（2019）川 0683 民初 2348 号；辽宁省沈阳市和平区人民法院民事判决书，（2019）辽 0102 民初 2231 号；福建省漳州市芗城区人民法院民事判决书，（2019）闽 0602 民初 4452 号；江苏省南京市栖霞区人民法院民事判决书，（2019）苏 0113 民初 2033 号；江苏省苏州工业园区人民法院民事判决书，（2017）苏 0591 民初 10621 号。

③ 参见浙江省高级人民法院民事判决书，（2018）浙民再 390 号；浙江省高级人民法院民事判决书，（2018）浙民终 622 号；上海市高级人民法院民事判决书，（2018）沪民终 399 号；浙江省永康市人民法院民事判决书，（2019）浙 0784 民初 3081 号；浙江省绍兴市越城区人民法院民事判决书，（2019）浙 0602 民初 4607 号。

封后租赁[①]、先抵押后租赁[②]的情形，分别作出支持或者驳回诉讼请求的判决。

笔者认为，承租人作为案外人时，得否提起执行异议之诉，仅仅取决于其享有的租赁权是否因强制执行而丧失或受到侵害。案外人享有的租赁权因强制执行而丧失或受到侵害时，是通过执行行为异议还是执行异议之诉寻求救济，是首先需要解决的问题。笔者认为，案外人应当提起执行异议之诉。理由有二：一是执行机关采取执行措施侵害案外人租赁权的行为属于不当执行行为。租赁物是不动产等需要办理登记的财产时，因财产登记在被执行人名下，而租赁物由承租人占有，故执行法院根据财产登记外观采取执行措施时，势必侵害承租人的租赁权。不过，执行法院系根据财产登记外观采取执行措施，其行为是不当执行行为而非违法执行行为。租赁物是动产等不需要办理登记的财产时，因租赁物由承租人占有，故执行法院根据财产占有外观通常不会对租赁物采取执行措施，也不存在不当执行的问题。二是当事人在我国不需要通过登记取得租赁权，案外人是否享有租赁权，需要通过法院的实质审查而非形式审查才能确定。由于我国法并未在租赁权上采取登记对抗主义，故无法通过登记来判断租赁权存在与否，即无法通过执行行为异议中的形式审查作出判断，只能通过执行异议之诉中的实质审查才能得出有效结论。[③]

此外，承租人作为案外人时，得否提起执行异议之诉，与执行法院

① 参见河南省商丘市梁园区人民法院民事判决书，(2019) 豫 1402 民初 8660 号。

② 参见江苏省高级人民法院民事判决书，(2019) 苏民终 969 号；重庆市高级人民法院民事判决书，(2019) 渝民终 620 号；福建省高级人民法院民事判决书，(2019) 闽民终 428 号；广西壮族自治区高级人民法院民事判决书，(2019) 桂民终 265 号；福建省高级人民法院民事判决书，(2018) 闽民终 515 号；河南省高级人民法院民事判决书，(2017) 豫民终 535 号；浙江省丽水市莲都区人民法院民事判决书，(2019) 浙 1102 民初 6347 号。

③ 参见刘颖：《论债权请求权人可否提起案外人异议之诉》，载《暨南学报（哲学社会科学版)》2020 年第 4 期。

在执行过程中是否否定其享有的租赁权无关。案外人执行异议之诉审查的内容，包括案外人对执行标的物是否享有民事权益以及案外人对执行标的物享有的民事权益是否足以排除强制执行。即便执行法院在执行过程中并不否定承租人享有的租赁权，也不能解决承租人对执行标的物享有的租赁权是否足以排除强制执行的问题。即便执行行为异议或者执行监督程序可以审查承租人对执行标的物享有的租赁权是否足以排除强制执行，因这一问题属于复杂的实体问题，执行行为异议或者执行监督程序的形式审查规则也不足以给予承租人等主体以充分的正当程序保障。承租人作为案外人时，得否提起执行异议之诉，与腾退房屋、移交生产设备或者交通工具等行为本身也无关。执行法院根据《最高人民法院关于人民法院民事执行中拍卖、变卖财产的规定》第 31 条等的规定，要求承租人腾退房屋、移交生产设备或者交通工具时，承租人固然可以针对执行法院涤除租赁权等行为本身提出执行行为异议，但并不影响承租人提起案外人执行异议之诉。执行行为异议解决的是执行法院涤除租赁权等行为是否合法的问题，而案外人执行异议之诉解决的是承租人享有的租赁权是否足以排除强制执行的问题，这是两个不同层面的问题，两种救济路径并行不悖。承租人作为案外人时，得否提起执行异议之诉，与租赁权是否形成于抵押、查封之后也无关。租赁权是否形成于抵押、查封之后，需要通过实质审查才能作出判断。以此为由阻断案外人提起执行异议之诉，无疑落入了先实体后程序的窠臼。

接下来的问题是，案外人基于租赁权提起执行异议之诉时，满足何种条件可以排除强制执行。当然，基于租赁权只是使用收益权的特性，这里的排除强制执行，仅仅是指排除腾退租赁物、向受让人移交占有租赁物或者不带租赁的拍卖的执行行为，而非排除整个强制执行程序，且仅限于租赁期内。通常认为，租赁权是物权化的债权，具有一定程度的物权绝对性，即具有对抗第三人的效力。[①]《民法典》第405、725条也对这种效力作出了明确规定，即“买卖不破租赁”规则。因此，租赁在先且买卖或者抵押在后时，承租人享有的租赁权具有对抗第三人的效力。其中，“买卖”应当包括司法拍卖，且先租赁后买卖的情形在案外人执行异议之诉中应当转换为先租赁后查封。理由在于：虽然关于司法拍卖的性质，存在私法说、公法说、折中说之争。[②] 但无论采何种学说，毋庸置疑的是，司法拍卖的过程也是移转拍卖财产权利的过程，这与私法上的买卖并无不同。另外，《最高人民法院关于人民法院民事执行中查封、扣押、冻结财产的规定》第26条明确规定，被执行人就已经查封、扣押、冻结的财产所作的移转、设定权利负担或者其他有碍执行的行为，不得对抗申请执行人。因此，于先租赁后查封、先租赁后抵押情形下，案外人基于租赁权提起执行异议之诉时，具有排除强制执行的可能性。之所以说是具有排除强制执行的可能性，是因为排除强制执行需要满足以下条件。

一是承租人在执行法院采取查封等执行措施之前，已与被执行人签订了合法有效的房屋租赁合同。实践中，有不少以租金抵债的案例，判决多以不适用“买卖不破租赁”规则而驳回案外人的诉讼请求。例如，有判决认为，所谓“买卖不破租赁”，系指除非法律另有规定，租赁物在租赁期间发生所有权变动的，不影响租赁合同的效力，案外人与被执行人签订的《房屋租赁合同》实为房屋使用权抵偿欠款的合同之债而非真正意义上的房屋租赁关系，故本案不适用“买卖不破租赁”原则。[③] 笔者认为，该问题与前述以物抵债的受让人基于普通债权提起案外人执行异议之诉能否排除强制执行的问题相同。以租金抵债时，能否适用“买卖

---

① 参见王利明：《债法总则研究》，中国人民大学出版社2015年版，第94页。

② 参见肖建国主编：《民事执行法》，中国人民大学出版社2014年版，第235－236页。

③ 参见山东省济南市历城区人民法院民事判决书，(2019) 鲁0112民初8133号；河南省郑州市二七区人民法院民事判决书，(2019) 豫0103民初17750号。

不破租赁”规则进而排除强制执行，取决于以物抵债合同的效力。具体内容可以参见上文，在此不再重复。二是案外人已按约支付了合理的租金。三是案外人已经实际占有使用租赁物。《民法典》第405条较之《物权法》第190条，将可以对抗抵押权的租赁关系限定在已经“转移占有”的租赁关系，在案外人执行异议之诉中应当与之保持一致。此外，这里的“占有使用”应当是实际占有使用，而不包括以占有改定、指示交付等间接占有租赁物的情形，这是因为，如果离开承租人对租赁物具有直接支配、控制的物权化权利外观和内涵，很难产生优于普通债权之特别效果，且也是为了避免案外人与被执行人恶意串通规避执行。[①] 此外，根据《民法典》第402、403条的规定，不动产抵押权未经登记不发生抵押权设立的效果，动产抵押权未经登记不得对抗善意第三人。基于此，在先租赁后抵押的情形中，还应当满足不动产抵押权已经登记，未经登记的动产抵押权不得对抗善意第三人的要件。

第六节 案外人基于优先权提起的执行异议之诉

优先权[②]也是物权化的债权，具有一定程度的物权绝对性。[③] 不过，对于案外人能否基于优先权提起执行异议之诉，理论上多持否定观点。[④]《山东省高级人民法院民一庭执行异议之诉案件审判观点综述》[⑤]《吉林

---

① 参见福建省高级人民法院民事判决书，(2019) 闽民终1337号。

② 比如，建设工程价款优先权、船舶优先权、税收优先权、划拨土地使用权出让金优先权、民用航空器优先权、受教育者学杂费用优先权、剩余价款优先受偿权等。

③ 参见王利明：《债法总则研究》，中国人民大学出版社2015年版，第94页。

④ 参见和田吉弘『民事執行法・民事保全法』(弘文堂，2007年) 73頁；吉川大二郎『強制執行法』(法律文化社，1965年) 238頁。

⑤ 《山东省高级人民法院民一庭执行异议之诉案件审判观点综述》第15条规定：“案外人以其享有建设工程价款优先受偿权为由提起执行异议之诉，请求排除执行的，原则上不予支持，告知其在执行程序中主张权利。”

省高级人民法院关于审理执行异议之诉案件若干疑难问题的解答》[①]《江苏省高级人民法院执行异议及执行异议之诉案件办理工作指引（一）》[②]均规定，优先权人提起执行异议之诉，请求排除强制执行的，人民法院不予受理。但针对建设工程价款优先受偿权，有观点认为："建设工程价款优先受偿权作为一种特殊的权利应当予以特别保护，如果不赋予实际施工人提出执行异议之诉的权利，其优先受偿权将落空。因此，人民法院经审理，案外人的建设工程价款优先受偿权确实存在，则应在确认案外人对建设工程价款享有优先受偿权的同时，判决不得对案外人所享有的优先受偿范围内的工程款进行强制执行。"[③]

笔者认为，优先权虽是物权化的债权，具有对抗第三人的效力。但是，根据《最高人民法院关于适用〈中华人民共和国民事诉讼法〉的解释》第506条第2款的规定，优先权人可以直接申请参与分配，主张优先受偿权。因此，优先权通常并不因强制执行而丧失或者受侵害，优先权人也不得提起案外人执行异议之诉请求排除强制执行。《吉林省高级人民法院关于审理执行异议之诉案件若干疑难问题的解答》《江苏省高级人

---

① 《吉林省高级人民法院关于审理执行异议之诉案件若干疑难问题的解答》问题二十二规定："金钱债权执行中，案外人认为其对作为执行标的物的不动产享有建设工程价款优先受偿权的，应当在执行分配程序中主张优先受偿或者依据《中华人民共和国民事诉讼法》第二百二十五条规定主张权利，其提起执行异议之诉请求排除执行的，人民法院应当不予受理；已经受理的，裁定驳回起诉。如执行法院作出的异议裁定否定案外人享有建设工程价款优先受偿权的，该案外人应当另行提起诉讼确认其建设工程价款优先受偿权。"

② 《江苏省高级人民法院执行异议及执行异议之诉案件办理工作指引（一）》第三部分第2条规定："当事人、利害关系人基于以下权利提出执行异议的，不应依据《民事诉讼法》第二百三十四条规定审查处理：（1）主张对执行标的物享有抵押权或不能阻却执行的留置权、质押权的；（2）主张对执行标的物享有法定优先权的，如建设工程价款优先权，船舶优先权、税收优先权、划拨土地使用权出让金优先权、民用航空器优先权、受教育者学杂费用优先权、剩余价款优先受偿权等；（3）主张对被执行人享有普通债权的；（4）主张对执行标的物虽享有租赁权，但强制执行不影响租赁权的行使，或该租赁权形成于抵押、查封之后的；（5）《最高人民法院关于刑事裁判涉财产部分执行的若干规定》第十四条规定的权利；（6）其他不足以排除执行的实体权益和程序性权益。"

③ 高仁宝等编著：《执行异议之诉法律适用指引》，法律出版社2018年版，第139页。

民法院执行异议及执行异议之诉案件办理工作指引（一）》均规定，案外人主张优先权的，应当根据《民事诉讼法》第236条进行审查。笔者认为，优先权人提起案外人执行异议之诉时，直接裁定不予受理即可，无须通过执行行为异议程序审查，这本身也不属于违法执行的内容。另外，《最高人民法院关于审理执行异议之诉案件适用法律问题的解释（一）（草案）》曾规定，强制执行将导致案外人优先受偿权的实现受到实质性损害或者法律、司法解释另有规定的情形下，优先受偿权人可以提起案外人执行异议之诉。从保护案外人利益的角度，笔者对此表示赞同。

第七节　案外人基于预告登记保护的债权提起的执行异议之诉

根据《民法典》第221条第1款的规定，当事人签订买卖房屋的协议或者签订其他不动产物权的协议，为保障将来实现物权，按照约定可以向登记机构申请预告登记。由于预告登记并不发生物权变动的效果，只是保障将来发生不动产物权变动，所以，预告登记转化为本登记之前，办理了预告登记的不动产的所有权仍归预告登记义务人所有。当然，在抵押权预告登记的情况下，即便预告登记转化为本登记，预告登记的权利人也只是取得了正式的抵押权，并不能取得不动产的所有权。基于此，实践中，不乏预告登记的义务人的债权人申请强制执行权属尚属于预告登记义务人的不动产的案例。此时，预告登记的权利人能否提起案外人执行异议之诉并排除强制执行，成为理论和实践中颇有争议的问题，至少存在以下三种不同的处理方法。

第一种方法认为，预告登记的权利人可以提起案外人执行异议之诉，且可以基于其享有的权利排除强制执行。比如，《山东省高级人民法院民一庭执行异议之诉案件审判观点综述》第12条规定："金钱债权执行中，案外人在人民法院查封前已办理了不动产预告登记，请求排除执行的，应予支持。”此外，《安徽省高级人民法院关于审理执行异议之诉案件若干问题的会议纪要》[①]《广东省高级人民法院关于审查处理执行裁决类纠纷案件若干重点问题的解答》[②]，以及部分司法案例[③]和学说[④]也进行了类似的处理。不过，也有观点认为，预告登记的权利人虽然可以提起案外人执行异议之诉，但只有满足特定的条件时，才能够基于其享有的权利排除强制执行。例如，《吉林省高级人民法院关于审理执行异议之诉案件若干疑难问题的解答》[⑤]《江西省高级人民法院关于执行异议之诉案件的审理指南》[⑥] 均要求，预告登记应在人民法院查封之前且为尚在有效期间内的所有权预告登记，同时该预告登记人取得执行标的物的原因行为真实且合法有效。实践中，还有案例要求满足房屋等不动产买卖协议合法有效、[⑦] 案外

① 《安徽省高级人民法院关于审理执行异议之诉案件若干问题的会议纪要》第19条规定：“受让人办理了物权预告登记，符合物权登记条件，提起执行异议之诉的，应予支持。”

② 《广东省高级人民法院关于审查处理执行裁决类纠纷案件若干重点问题的解答》第17条规定，金钱债权执行中，案外人主张对涉案不动产已办理了预告登记，在预告登记有效期内时，可以排除执行。

③ 参见重庆市高级人民法院民事判决书，(2019) 渝民终244号；吉林省高级人民法院民事判决书，(2015) 吉民一终字第24号；山东省济南市中级人民法院民事判决书，(2019) 鲁01民初434号；山东省高级人民法院民事判决书，(2019) 鲁民终939号。

④ 参见王聪：《案外人执行异议之诉中异议事由的类型化研究——以“足以排除强制执行的民事权益”为中心》，载《法治研究》2018年第4期。

⑤ 《吉林省高级人民法院关于审理执行异议之诉案件若干疑难问题的解答》问题十二规定：“案外人主张对执行标的物已经办理了预告登记，该预告登记应在人民法院查封之前且为尚在有效期间内的所有权预告登记，同时该预告登记人取得执行标的物的原因行为真实且合法有效，其提起执行异议之诉请求排除执行的，人民法院应当支持。”

⑥ 《江西省高级人民法院关于执行异议之诉案件的审理指南》第19条规定：“金钱债权执行中，案外人主张对被执行人名下的不动产已经办理了预告登记，如该预告登记在人民法院查封之前且为尚在有效期间内的所有权预告登记，同时该预告登记人取得执行标的的原因行为真实且合法有效，其提起执行异议之诉，请求排除执行的，应予支持。”

⑦ 参见浙江省永康市人民法院民事判决书，(2019) 浙0784民初3283号；吉林省延边朝鲜族自治州中级人民法院民事判决书，(2019) 吉24民终1890号。

人已支付全部价款、[①] 案外人已合法占有不动产、[②] 非因案外人自身原因未办理过户登记[③]等一个或多个要件。

第二种方法认为，预告登记的权利人可以提起案外人执行异议之诉，但基于预告登记只能排除处分性执行措施，只有符合本登记条件时才能排除强制执行。例如，《最高人民法院关于审理执行异议之诉案件适用法律问题的解释（一）（草案）》曾规定，金钱债权执行中，案外人有证据证明其在人民法院查封之前已经就转移执行标的所有权或者设定建设用地使用权、抵押权等其他物权办理了预告登记，且在预告登记有效期间以内，并据此提起执行异议之诉，请求停止处分的，人民法院应予支持；案外人有证据证明其已符合物权本登记条件，且在预告登记有效期间以内，请求排除强制执行的，人民法院应予支持。《江苏省高级人民法院执行异议及执行异议之诉案件办理工作指引（二）》也作出了类似规定。[④] 以上规定其实来源于《最高人民法院关于人民法院办理执行异议和复议

① 参见福建省高级人民法院民事判决书，（2017）闽民终240号；陕西省渭南市中级人民法院民事判决书，（2019）陕05民初3号。申光伟法官认为，案外人对房屋的权利以履行义务为前提，其应按约定支付房屋价款。否则，被执行人可以向享有预告登记权利的案外人主张购房款或解除合同，在被执行人怠于行使该权利时，申请执行人可以行使代位权，向案外人主张购房款或解除房屋买卖合同并涤除房屋预告登记，当预告登记被涤除后，申请执行人可以申请对房屋强制执行。参见申光伟：《案外人涉房执行异议之诉及其主要权利类型》，载《人民司法》2019年第22期。

② 参见河南省郑州市二七区人民法院民事判决书，（2019）豫0103民初13332号；黑龙江省哈尔滨市中级人民法院民事判决书，（2019）黑01民终6429号；吉林省珲春市人民法院民事判决书，（2018）吉2404民初728号。

③ 参见黑龙江省伊春市带岭区人民法院民事判决书，（2019）黑0713民初38号；黑龙江省哈尔滨市中级人民法院民事判决书，（2019）黑01民终6429号。

④ 《江苏省高级人民法院执行异议及执行异议之诉案件办理工作指引（二）》第二部分第11条规定："金钱债权执行中，执行法院对被执行人名下不动产采取执行措施，案外人以其系物权预告登记权利人为由提出执行异议，请求停止处分，应根据下列情形予以处理：（1）案涉不动产已办理物权预告登记的，应予支持；（2）案涉不动产符合物权登记条件，且在预告登记有效期内的，应予支持；（3）案涉不动产的预告登记已经失效，或者在执行法院查封之后办理预告登记的，不予支持。建设工程合同承包人为实现其建设工程价款优先受偿权，申请对其建设施工的房屋予以强制执行，不适用本部分上述规定。但案外人系商品房消费者，且符合《异议复议规定》第二十九条规定的除外。"

案件若干问题的规定》第 30 条。理论方面，区分控制性执行措施（查封、扣押、冻结等）和处分性执行措施（拍卖、变卖、以物抵债等），进而基于执行措施的性质和效力及《民法典》第 221 条关于预告登记效力的规定，认为预告登记的权利人虽然可以提起案外人执行异议之诉，但基于预告登记只能排除处分性执行措施而不能排除控制性执行措施，是目前的主流学说。①

第三种方法认为，预告登记的权利人不得或者无须提起案外人执行异议之诉。不过，关于预告登记的权利人不得或者无须提起执行异议之诉的理由，不同学者或者案例有所不同。具体来说：第一种理由是，预告登记旨在保障出卖人“一房二卖”的违约情形下买受人要求实际履行的请求权，其实质作用在于限制现实登记的权利人行使处分权，房屋预告登记权利人并非房屋物权的享有人，其对该房屋的物权转让请求权不能产生对抗法院执行的效力。② 第二种理由是，只要预告登记的顺位功能得到认可，预告登记的权利人便无必要提出排除查封的异议；此外，若允许预告登记的权利人提出停止处分的异议，不仅阻碍不动产拍卖的进行，而且片面优待预告登记的权利人。因此，应当借鉴德国《强制拍卖与强制管理法》第 48 条的规定，通过最低出价额制度使预告登记的权利在强制拍卖程序中被拟制为已经发生，预告登记在强制拍卖程序后继续存续于拍定的不动产，预告登记权利人只需向不动产拍定人主张本登记即可，且拍定人不得以享有所有权而拒绝，即便拍定人拒绝同意本登记，预告登记权利人亦可向法院起诉，要求判决拍定人作出同意本登记的意思表示，并以胜诉判决代替拍定人的意思表示，向登记机关要求办理本

---

① 参见高仁宝等编著：《执行异议之诉法律适用指引》，法律出版社 2018 年版，第 40 页；王利明：《论民法典物权编中预告登记的法律效力》，载《清华法学》2019 年第 3 期；司伟：《预告登记排除金钱债权执行中的几个问题——以房屋所有权预告登记为例》，载《法律适用》2017 年第 21 期；蔡虹、邓沁婷：《预告登记权利人“排除异议”的判定——以〈异议复议规定〉第 30 条为中心》，载《河北法学》2020 年第 5 期。

② 参见湖北省高级人民法院民事判决书，（2015）鄂民一终字第 00137 号。

登记。[①]

预告登记的权利人能否提起案外人执行异议之诉并排除强制执行，笔者认为，首先需要考虑的是预告登记的权利的性质以及预告登记效力。关于预告登记的权利的性质，国内外理论上，存在债权请求权保全说、准物权说、债权物权化说、物权说等学说。[②] 我国司法实践中，还存在不动产物权期待权说。[③] 笔者认为，预告登记的权利的性质是债权请求权。理由在于，我国基于法律行为的不动产物权变动原则上采债权形式主义，即便不动产已经办理了预告登记，预告登记的权利人对不动产也不享有物权、准物权，而只享有债权，即不动产交付请求权和所有权转移登记请求权。至于理论和实践中存在的其他学说，并不成立。期待权是一种权利，并以法律明文规定作为依据，而我国现行法并未对其加以规定。[④] 尤其是不动产物权期待权的称谓，显然有悖于物权法定主义的规定。因此，不动产物权期待权说不成立。准物权只是学理概念，缺少实证法上的构成要件，准物权说也不成立。[⑤]值得注意的是，虽然预告登记的权利人享有的是债权请求权，但基于预告登记的效力，这种债权请求权具有特殊性。换言之，债权请求权是一种绝对的请求权，预告登记所保障的权利乃“物权化的债权”，预告登记系“债权物权化”现象的一种类型。[⑥]

---

① 参见庄加园：《预告登记在强制执行程序中的效力》，载《当代法学》2016 年第 4 期。

② 参见金可可：《预告登记之性质——从德国法的有关规定说起》，载《法学》2007 年第 7 期；杨立新、宋志红：《预告登记的性质、效力和范围探索》，载《法学杂志》2006 年第 4 期；王荣珍：《不动产预告登记制度研究》，武汉大学 2013 年博士学位论文，第 19 页。

③ 参见山东省高级人民法院民事判决书，(2019) 鲁民终 939 号；河南省南阳市宛城区人民法院民事判决书，(2018) 豫 1302 民初 6006 号；广东省佛山市南海区人民法院民事判决书，(2018) 粤 0605 民初 19055 号。

④ 参见申卫星：《期待权基本理论研究》，中国人民大学出版社 2015 年版，第 29 页。

⑤ 参见庄加园：《不动产买受人的实体法地位辨析——兼谈〈异议复议规定〉第 28 条》，载《法治研究》2018 年第 5 期。

⑥ 参见金可可：《预告登记之性质——从德国法的有关规定说起》，载《法学》2007 年第 7 期。

之所以说预告登记的权利人享有的是绝对的请求权，是因为根据《民法典》第221条第1款的规定，预告登记具有对抗第三人的效力。即预告登记后，未经预告登记的权利人同意，处分该不动产的，不发生物权效力。基于此，预告登记的权利具有一定程度的物权绝对性，[①] 具有成为案外人执行异议之诉异议事由的潜质。虽然有学者认为，基于文义解释和体系解释，《民法典》第221条第1款中“处分”一词通常仅指当事人基于法律行为对不动产物权所进行的处分，而不包括人民法院通过强制执行程序对被执行标的进行的处分。[②] 但该学者也认为，从现实需要来看，有必要承认预告登记具有对抗人民法院强制执行程序中对标的物进行处分的效力。[③] 笔者认为，从预告登记的目的出发，或者说根据目的解释的方法，《民法典》第221条第1款中的“处分”应当包括司法处分。否则，预告登记的功能将消失殆尽、形同具文。[④] 更为重要的是，私人的合法利益将因公法的介入而提前丧失或受到侵害，这显然不符合正义的要求。不过，基于执行措施的分类和作用，这里的处分显然是指拍卖、变卖、以物抵债等变动被执行人责任财产权属的处分行为，而不包括查封、扣押、冻结等不改变被执行人责任财产权属的控制行为。事实上，在预告登记具备转化为本登记的条件之前，控制性执行措施的采取并不影响预告登记权利人的利益，预告登记的权利人也无提起案外人执行异议之诉的必要。

通过扩张解释《民法典》第221条第1款中“处分”的内涵和外延，预告登记的权利人可以提起案外人执行异议之诉，并排除执行法院采取

---

① 参见王利明：《债法总则研究》，中国人民大学出版社2015年版，第94页。

② 参见王利明：《论民法典物权编中预告登记的法律效力》，载《清华法学》2019年第3期。庄加园教授亦持类似观点。参见庄加园：《预告登记在强制执行程序中的效力》，载《当代法学》2016年第4期。

③ 参见王利明：《论民法典物权编中预告登记的法律效力》，载《清华法学》2019年第3期。

④ 参见常鹏翱：《比较法视野中的预告登记》，载《金陵法律评论》2005年第1期。

的处分性执行措施。不过，该方案也面临着一些疑问。即预告登记的权利人放弃债权请求权、债权请求权尚有较长的行使期限或者债权请求权受到被执行人抗辩权的影响时，强制执行程序的效率将大打折扣，而这有悖于强制执行程序效率至上的价值追求。[①] 基于此，庄加园教授建议借鉴德国《强制拍卖与强制管理法》第 48 条的规定，并分析了移植该条的可能性。由于庄加园教授对该方案进行了详细的论证，笔者也在上文作了简要说明，在此不再重复。不过，借鉴德国《强制拍卖与强制管理法》第 48 条的方案，也面临着一些疑问。即由于风险转嫁给了拍定人，会影响不动产的拍卖，可能导致流拍，不利于强制执行程序的顺利进行。[②]笔者认为，以上两种方案均是可行性方案，均能保障预告登记权利人权利的实现，也均存在弊端。但理论层面的争执只能起到指引作用，并不能直接反映何种方案更优，笔者倾向于对两种方案展开试点，通过实践反馈作出立法抉择。虽然有学者指出，德国《强制拍卖与强制管理法》第 48 条适用的前提是预告登记的效力采相对不生效主义，而我国采绝对不生效主义，德国模式并不适用于我国。[③] 但只要将《民法典》第 221 条第 1 款中的“处分”限于当事人基于法律行为对不动产物权所进行的处分，通过未来的“民事强制执行法”借鉴德国方案作出特别规定，以上担忧不成问题。

不过，还有以下两个问题需要说明：一是采用“预告登记的权利人可以提起案外人执行异议之诉并排除执行法院采取的处分性执行措施”的方案时，应当附加“预告登记应在人民法院查封之前且为尚在有效期间内的所有权预告登记，同时该预告登记人取得执行标的物的原因行为

---

① 参见庄加园：《预告登记在强制执行程序中的效力》，载《当代法学》2016 年第 4 期。

② 参见王利明：《论民法典物权编中预告登记的法律效力》，载《清华法学》2019 年第 3 期。

③ 参见章晓英：《论房屋所有权转让预告登记在金钱债权执行中的法律地位》，载《政治与法律》2016 年第 11 期。

真实且合法有效”的条件。符合物权本登记条件时，应当满足《最高人民法院关于人民法院办理执行异议和复议案件若干问题的规定》第 28 条或者第 29 条规定的条件。理由在于，此时已经不是基于预告登记而是基于本登记排除强制执行，为了避免案外人与被执行人恶意串通规避执行，应当参照适用第 28 条或者第 29 条规定的条件。二是抵押权预告登记的权利人不得提起案外人执行异议之诉。抵押权预告登记最终只能转换为抵押权登记，抵押权尚不能排除强制执行，遑论抵押权预告登记的权利。不过，鉴于抵押权预告登记能否转为抵押权登记存在一定的不确定性，为了保障抵押权预告登记转为抵押权登记后抵押权人的利益，可以参考《企业破产法》第 117 条第 1 款对破产财产分配时债权人附生效条件或解除条件的债权的处理方法。即人民法院应当从拍卖所得价款中扣除抵押权担保的债权数额，将其提存，留待抵押权预告登记转为抵押权登记后用于满足抵押权人的优先受偿权，如果抵押权预告登记未能转为抵押权登记的，则该部分价款应当用于清偿申请执行人的债权。[①]

此外，实践中还存在一个颇有争议的问题，即网签备案的权利人能否提起案外人执行异议之诉以及能否基于其享有的权利排除强制执行。对此，存在两种不同观点。一种观点认为，经过网签备案的买受人与预告登记的权利人都享有限制权利人处分房屋的法律效果，既然预告登记的权利人享有阻却、排除执行的权利，经过网签备案的房屋买受人也应该享有同样的权利。[②] 有学者认为，“预告登记实为不动产合同的备案登记，应当具备准物权的法律效力。未来的民事立法应当明确规定，当事人签订买卖房屋或者其他不动产物权的协议，依法或依照约定可以向登记机构申请办理预售合同备案登记。备案登记后，未经登记权利人同意处分该不动产的，不发生物权效力。备案登记后，债权消灭或者自能够

① 参见程啸：《论抵押权的预告登记》，载《中外法学》2017 年第 2 期。

② 参见张守国、明晨燕：《民事执行程序中权利冲突特殊规则的构建——以未过户登记房屋继受人利益保护规则之完善为视角》，载《法律适用》2018 年第 18 期。

进行不动产登记之日起 3 个月内未申请登记的，登记失效。”[①] 基于此，也能得出与第一种观点相同的结论。另一种观点或者说司法案例则以“网签备案是行政机关对于商品房买卖合同进行管理的一项措施，不具有物权变动性质，不直接产生不动产物权设立或变动的效力，不等同于物权的预告登记”为由，驳回了网签备案的权利人提出的排除强制执行的请求。[②]

关于网签备案的权利的性质，理论上也存在债权说、期待权说、准物权说等争议。[③] 不过，与前述预告登记的权利的性质的讨论一样，网签备案的权利人，只享有债权。以此为前提，网签备案的权利人得否提起案外人执行异议之诉以及能否基于其享有的权利排除强制执行，取决于网签备案的法律效力。关于网签备案的法律效力，现行法未作出明确的规定。对此，笔者较为赞同常鹏翱教授的观点，具体见后述常鹏翱教授设计的具体方案。

具体来说，因商品房预售合同网签备案是商品房预告登记及所有权转移登记的前置程序，即根据《不动产登记暂行条例实施细则》第 38 条第 2 款、第 86 条的规定，只有完成商品房预售合同网签备案才能进行商品房预告登记及所有权转移登记。又因网签备案具有一定的公示性，且一套商品房只能网签备案一次，故网签备案事实上可以防止商品房预售人实施“一房数卖”等不诚信行为，限制商品房预售人的处分权，进而

---

① 夏沁：《论备案登记制度的民法规范实现》，载《东方法学》2019 年第 2 期。

② 参见云南省德宏傣族景颇族自治州中级人民法院民事判决书，（2019）云 31 民初 129 号；四川省眉山市中级人民法院民事判决书，（2019）川 14 民初 77 号；河北省石家庄市中级人民法院民事判决书，（2018）冀 01 民终 10585 号；江苏省盐城市中级人民法院民事判决书，（2018）苏 09 民终 2851 号；山西省晋城市中级人民法院民事判决书，（2017）晋 05 民初 32 号；四川省达州市达川区人民法院民事判决书，（2019）川 1703 民初 2246 号；四川省广汉市人民法院民事判决书，（2019）川 0681 民初 1280 号；福建省莆田市秀屿区人民法院民事判决书，（2018）闽 0305 民初 5797 号；山西省侯马市人民法院民事判决书，（2018）晋 1081 民初 1148 号。

③ 参见夏沁：《论备案登记制度的民法规范实现》，载《东方法学》2019 年第 2 期；滕恩荣：《商品房预售合同登记备案不具有物权公示效力》，载《人民司法》2013 年第 10 期。

有效保障房地产交易的安全以及商品房购房人债权的实现。由于网签备案的以上功能与预告登记保障债权实现的效力以及限制物权处分的效力发生重叠，且网签备案具有前置性和强制性（网签备案是一种公法上行政监管方式，是国家对房地产市场进行宏观调控、建立房地产市场监测体系的重要手段，因此，商品房预售人必须将其与购房人签订的预售合同按照规定办理网签备案）、预告登记具有滞后性和自愿性（是否办理预告登记，取决于当事人的申请），尤其是网签备案往往在预售商品房买卖合同成立之时同时完成，导致预告登记保障债权实现的效力以及限制物权处分的效力在实践中大打折扣，预告登记制度的适用空间被极大压缩。

虽然网签备案与预告登记的部分功能发生重叠，但网签备案与预告登记不能相互替代。一方面，预告登记不能替代网签备案。网签备案是一种公法上的行政管理手段，其主要功能是市场监管和市场服务，预告登记并不具备网签备案行政管理意义上的功能。事实上，保护购房人债权的功能，只是网签备案在落实市场监管时衍生出的功能。① 另一方面，网签备案也不能替代预告登记。关于预告登记的法律效力，虽然《民法典》未作出明确规定，但学理一般认为，预告登记具有保障债权实现的效力、对抗第三人的效力、限制物权处分的效力、确定权利顺位的效力。② 虽然网签备案事实上也可以防止商品房预售人实施“一房数卖”等不诚信行为，限制商品房预售人的处分权，有效保障房地产交易的安全以及商品房购房人债权的实现，但网签备案并不具有对抗第三人的效力、确定权利顺位的效力。因网签备案压缩了预告登记的适用空间甚至导致预告登记失灵，且网签备案与预告登记不能相互替代，故如何处理网签备案与预告登记之间的关系，尤其是在《民法典》第 221 条继续就预告

---

① 参见常鹏翱：《中国式买房：网签备案的功能分析》，载《法律科学（西北政法大学学报）》2020 年第 4 期。

② 参见王利明：《论民法典物权编中预告登记的法律效力》，载《清华法学》2019 年第 3 期。

登记制度作出明确规定的背景下，未来的不动产登记法如何定位网签备案，尤其是如何定位网签备案的法律效力，成为一大难题。

关于上述难题，常鹏翱教授设计的具体方案如下，即为了避免网签备案与预告登记的功能重叠，激活预告登记保障债权实现的功能，未来的不动产登记法应当纯化网签备案的市场监管和市场服务功能，剔除网签备案因行政管理而附带产生的保护购房人债权实现的功能，应当实现房产主管部门与不动产登记机构的信息实时共享、互联互通，将当事人办理网签备案的意思表示，同时视作向不动产登记机构提出的预告登记默示申请。

常鹏翱教授设计的具体方案，即鉴于预告登记是保障不动产物权受让方实现其债权的专门制度，法律基础明确，操作程序完整，宜充分发挥其效用，维持其制度现状。而网签备案尚未完全被法律规定，目前处于完善的过程当中，不妨改进其运行机制，使其不再负载保护购房人债权的功能，从而与预告登记花开两朵，各表一枝。不过，要想实现这种改革预期，就必然使网签备案与房屋所有权移转登记脱钩，也即不把网签备案的房屋买卖合同作为转移登记的必备材料。但这样一来，只要未办理预告登记，就不能有效防止一房数卖情形的发生。对此，可以借助网签备案的前置性和强制性，把它与预告登记进行实质嫁接，即在不违背当事人意愿的前提下，当事人在办理网签备案的同时，也是在申请预告登记，从而形成网签备案监管市场和服务交易，预告登记保护购房人债权的配合局面。具体而言，主管部门可在其提供的网签备案系统中明确表明，在当事人不反对的情况下，其办理网签备案的意思表示，同时也是向不动产登记机构提出的预告登记申请。这样一来，只要当事人没有相反的意思表示，他们办理网签备案，不仅引发主管部门据此采取核验等措施，以进行监管和提供服务；同时还引发不动产登记机构的审核，以决定能否办理预告登记。另外，为了防止网签备案和预告登记的结果出现偏差，可以由登记机构审核与登记相关的材料，由房产主管部门审核与交易相关的材料，并对审核情况进行交叉对比，防止出现结果不一致的现象。[①] 基于此，网签备案只具有行政法上的功能，其权利人当然不得提起案外人执行异议之诉。

第八节　案外人基于法律特别保护的债权提起的执行异议之诉

由于债的相对性，案外人原则上不得基于债权提起执行异议之诉。但基于特殊的利益衡量，考虑到案外人执行异议之诉异议事由确定的公法因素、社会因素，有时需要赋予案外人享有的债权以优先性。比如，《最高人民法院关于人民法院办理执行异议和复议案件若干问题的规定》第28、29条的规定即是典型事例。其中，第28条是基于我国现行房地产开发以及登记制度不完善的社会背景和增强人民群众对法律公平的信心的社会效果，赋予了无过错不动产买受人的债权以排除强制执行的效力；[②] 第29条则是基于对房屋消费者生存权这一更高价值的维护，赋予了房屋消费者的债权以排除强制执行的效力。[③] 此后该两条规定也直接为《最高人民法院关于审理执行异议之诉案件适用法律问题的解释（一）（草案）》所承继。不过，最高人民法院进行释义时，在条文主旨部分指出，第28、29条分别是关于无过错不动产买受人物权期待权、房屋消费

① 参见常鹏翱：《中国式买房：网签备案的功能分析》，载《法律科学（西北政法大学学报）》2020年第4期。

② 参见江必新、刘贵祥主编：《最高人民法院〈关于人民法院办理执行异议和复议案件若干问题规定〉理解与适用》，人民法院出版社2015年版，第421、422页。

③ 参见江必新、刘贵祥主编：《最高人民法院〈关于人民法院办理执行异议和复议案件若干问题规定〉理解与适用》，人民法院出版社2015年版，第431页。

者物权期待权的保护条件。[①] 令人疑惑的是，最高人民法院释义时虽然采用了物权期待权的概念，但并未根据物权期待权的对抗效力说明案外人享有足以排除执行的民事权益。笔者认为，背后的原因在于我国所谓的物权期待权本质上是债权，并不具有对抗效力。鉴于民事权益的实体法性质和效力是确定案外人执行异议之诉异议事由的重要因素，因此在就案外人基于法律特别保护的债权提起执行异议之诉的问题展开进一步说明之前，有必要先厘清无过错不动产买受人、房屋消费者等案外人享有的究竟是何种权利。

自最高人民法院提出不动产物权期待权的概念之后，这一概念便成为法官审理民事案件尤其是执行异议之诉案件的重要依据。[②] 不过，与最高人民法院明确提出、法官频频引用不动产物权期待权概念形成鲜明对比的是，民事实体法并未明确规定不动产物权期待权，且在《民法典》编纂过程中也未产生关于不动产物权期待权立法问题的讨论。虽然不乏研究期待权的民法学者，但相关研究更多指向所有权保留买卖中买受人的期待权，对于不动产物权期待权则少有触及，而且极个别研究者对第28、29条的规定亦持否定和批评态度。例如，庄加园教授指出，一方面，买受人仅享有防御之盾却无进攻之矛，无法自由处分其法律地位，根本不符合物权支配性的要求；另一方面，脱离于不动产登记簿的期待权构成实质意义上的秘密优先权，不仅打破了物权的公示公信原则，而且有被第三人滥用之可能。[③] 民事执行法与民事实体法规定的断裂，实践广泛

① 参见江必新、刘贵祥主编：《最高人民法院〈关于人民法院办理执行异议和复议案件若干问题规定〉理解与适用》，人民法院出版社2015年版，第421、431页。

② 经笔者在中国裁判文书网检索发现，2015年5月5日至2020年5月5日，裁判理由部分涉及不动产物权期待权的案件高达10,293件，执行异议之诉案件高达8763件。而在《最高人民法院关于人民法院办理执行异议和复议案件若干问题的规定》施行之前，只有11件。

③ 参见庄加园：《不动产买受人的实体法地位辨析——兼谈〈异议复议规定〉第28条》，载《法治研究》2018年第5期。

适用与理论少有研究的反差，执行法学者津津乐道与实体法学者否定批评的不同态度，以及最高人民法院释义时，虽然提出了不动产物权期待权的概念，但并未进一步阐释不动产物权期待权的性质、要件、效力等内容，更未说明案外人何以基于不动产物权期待权能够排除执行，不禁令人产生疑问：即第28、29条规定的不动产物权期待权以及实践中出现的其他类型的不动产物权期待权（以下简称中国式不动产物权期待权），究竟是空有不动产物权期待权之名还是确实存在规范层面的不动产物权期待权？如果存在，则其是程序法领域还是实体法范畴的权利，是物权还是债权，又具有何种法律效力？

根据最高人民法院的释义、学者的研究以及实践案例，中国式不动产物权期待权主要有以下几种类型：

第一，无过错不动产买受人享有的不动产物权期待权。已如前述，根据最高人民法院的释义，无过错不动产买受人符合《最高人民法院关于人民法院办理执行异议和复议案件若干问题的规定》第28条规定的要件时，享有不动产物权期待权。此外，有判决和学者认为，《最高人民法院关于人民法院民事执行中查封、扣押、冻结财产的规定》第15条也是无过错不动产买受人享有不动产物权期待权的规范依据。[①]

第二，房屋消费者享有的不动产物权期待权。根据最高人民法院的释义，房屋消费者符合《最高人民法院关于人民法院办理执行异议和复议案件若干问题的规定》第29条规定的要件时，享有不动产物权期待权。此外，有判决和学者认为，《最高人民法院关于建设工程价款优先受偿权问题的批复》（已失效）第2条，也是房屋消费者不动产物权期待权

---

① 参见龙骞：《执行异议中不动产物权期待权探究》，载《山东审判》2017年第6期；吕凤国：《物权期待权应在合理期限内行使》，载《人民司法（案例）》2019年第23期；王聪：《案外人执行异议之诉中异议事由的类型化研究——以“足以排除强制执行的民事权益”为中心》，载《法治研究》2018年第4期。湖南省高级人民法院民事判决书，（2017）湘民终465号；浙江省苍南县人民法院民事判决书，（2017）浙0327民初6463号；广东省广州市天河区人民法院民事判决书，（2019）粤0106民初9270号。

的规范依据。[①]

第三，不动产预告登记权利人享有的不动产物权期待权。根据最高人民法院的释义，不动产预告登记权利人符合《最高人民法院关于人民法院办理执行异议和复议案件若干问题的规定》第 30 条规定的要件时，享有不动产物权期待权。此外，有学者认为，《民法典》第 221 条亦是不动产预告登记权利人物权期待权的规范依据。[②] 还有判决认为，不动产预告登记权利人的物权期待权，包括不动产抵押权预告登记权利人的物权期待权。[③]

第四，房屋买受人享有的不动产物权期待权。有判决认为，买受人基于房屋买卖合同即取得物权期待权；[④] 或者买受人签订房屋买卖合同、支付首付款后，取得物权期待权；[⑤] 或者买受人签订房屋买卖合同、实际占有房屋后，取得物权期待权；[⑥] 或者买受人签订房屋买卖合同、支付全

---

① 参见龙骞：《执行异议中不动产物权期待权探究》，载《山东审判》2017 年第 6 期；吕凤国：《物权期待权应在合理期限内行使》，载《人民司法（案例）》2019 年第 23 期；张丽洁：《论物权期待权与抵押权的适用规则——从未经变更登记的房产强制执行的角度》，载《甘肃政法学院学报》2019 年第 2 期。宁夏回族自治区高级人民法院民事判决书，（2019）宁民终 255 号；广东省德庆县人民法院民事判决书，（2017）粤 1226 民初 402 号；海南省保亭黎族苗族自治县人民法院民事判决书，（2019）琼 9029 民初 431 号。

② 参见张维娟：《案外人执行异议之诉审查标准冲突与弥合进路选择——以“双阶 + 双标”模式的思辨为视角》，载《山东审判》2019 年第 3 期；张丽洁：《论物权期待权与抵押权的适用规则——从未经变更登记的房产强制执行的角度》，载《甘肃政法学院学报》2019 年第 2 期；申光伟：《案外人涉房执行异议之诉及其主要权利类型》，载《人民司法》2019 年第 22 期。

③ 参见云南省高级人民法院民事判决书，（2018）云民终 659 号；山西省太原市中级人民法院民事判决书，（2019）晋 01 民终 3988 号；湖北省十堰市张湾区人民法院民事判决书，（2019）鄂 0303 民初 2521 号。

④ 参见福建省平潭县人民法院民事判决书，（2018）闽 0128 民初 5375 号；河南省灵宝市人民法院民事判决书，（2018）豫 1282 民初 3254 号；山东省济宁市任城区人民法院民事判决书，（2017）鲁 0811 民初 4376 号。

⑤ 参见上海市徐汇区人民法院民事判决书，（2018）沪 0104 民初 14636 号。

⑥ 参见四川省成都市中级人民法院民事判决书，（2018）川 01 民终 2058 号；四川省自贡市荣县人民法院民事判决书，（2018）川 0321 民初 1034 号。

部价款且实际占有房屋后，取得物权期待权。[①] 显然，较之前述三种不动产物权期待权，实践衍生出的房屋买受人物权期待权的构成要件更为宽松。

第五，离婚夫妻一方享有的不动产物权期待权。有判决认为，夫妻双方通过离婚协议约定房屋归一方所有时，夫妻一方取得物权期待权。[②] 还有判决认为，夫妻双方经法院判决离婚，且法院判决房屋由夫妻一方居住使用，由夫妻一方折价给付另一方财产折价款，夫妻一方向另一方履行了判决确定给付财产折价款的义务后，即取得物权期待权。[③]

第六，被拆迁人享有的不动产物权期待权。有判决和学者认为，根据2003年的《最高人民法院关于审理商品房买卖合同纠纷案件适用法律若干问题的解释》（已被修改）第7条的规定，被拆迁人对拆迁补偿安置房屋享有物权期待权。[④]

第七，以房抵债的债权人享有的不动产物权期待权。有判决认为，以房抵债协议未违反法律、行政法规的强制性规定时，债权人取得不动

---

① 参见四川省泸州市龙马潭区人民法院民事判决书，（2019）川0504民初1525号；黑龙江省讷河市人民法院民事判决书，（2019）黑0281民初1428号；河南省郑州市惠济区人民法院民事判决书，（2019）豫0108民初5051号。

② 参见云南省高级人民法院民事判决书，（2019）云民终127号；辽宁省营口市鲅鱼圈区人民法院民事判决书，（2019）辽0804民初4994号；河北省邯郸市中级人民法院民事判决书，（2018）冀04民终3804号。

③ 参见云南省元江哈尼族彝族傣族自治县人民法院民事判决书，（2018）云0428民初830号。

④ 参见龙骞：《执行异议中不动产物权期待权探究》，载《山东审判》2017年第6期；张丽洁：《论物权期待权与抵押权的适用规则——从未经变更登记的房产强制执行的角度》，载《甘肃政法学院学报》2019年第2期；张维娟：《案外人执行异议之诉审查标准冲突与弥合进路选择——以“双阶+双标”模式的思辨为视角》，载《山东审判》2019年第3期。吉林省通化市中级人民法院民事判决书，（2019）吉05民终242号；宁夏回族自治区银川市兴庆区人民法院民事判决书，（2017）宁0104民初3844号；青海省西宁市中级人民法院民事判决书，（2018）青01民终1712号。

产物权期待权。[①] 还有判决认为，只有以房抵债协议合法有效且债权人实际占有房屋时，债权人才能取得不动产物权期待权。[②]

第八，借名买房的借名人享有的不动产物权期待权。有判决认为，根据《民法典》第 209 条的规定，基于法律行为的不动产物权变动采债权形式主义，虽借名买房双方约定房屋归借名人所有，但借名人享有的系物权期待权，涉案房屋未经变更登记之前仍属出名人。[③]

第九，商品房预售合同备案登记和网上签约权利人享有的不动产物权期待权。有判决认为，商品房买受人已办理商品房预售合同备案登记的，对商品房享有物权期待权。[④] 还有判决认为，房屋的网上签约办理成功后，买受人享有物权期待权。[⑤]

可以发现，司法实践中出现的不动产物权期待权的类型已经超出了最高人民法院提出的类型，明显呈扩张趋势。虽然各种类型的不动产物权期待权的权利主体以及适用要件存在差异，但均以尚未办理物权登记为前提。因此，随着不动产物权期待权类型的扩张，不动产物权期待权实际上逐步统领着权利先期阶段标志下权利内容迥异的形形色色的法律现象，司法实践具有适用不动产物权期待权的概念处理各种问题的倾向。

此外，根据实践案例以及《最高人民法院关于人民法院办理执行异议和复议案件若干问题的规定》等司法解释的相关规定，中国式不动产物权期待权还具有以下特征和效力：

---

① 参见甘肃省张掖市甘州区人民法院民事判决书，(2018) 甘 0702 民初 2162 号；辽宁省鞍山市中级人民法院民事判决书，(2019) 辽 03 民终 1159 号；吉林省敦化市人民法院民事判决书，(2018) 吉 2403 民初 3722 号。

② 参见海南省海口市中级人民法院民事判决书，(2018) 琼 01 民初 890 号；江苏省新沂市人民法院民事判决书，(2019) 苏 0381 民初 9024 号。

③ 参见重庆市第二中级人民法院民事判决书，(2019) 渝 02 民终 2720 号。

④ 参见广东省广州市中级人民法院民事判决书，(2018) 粤 01 民再 179 号。

⑤ 参见湖北省武汉市中级人民法院民事判决书，(2017) 鄂 01 民终 4343 号。

第一，中国式不动产物权期待权可以转让且省略中间登记。实践中，不乏不动产连环买卖（又称“不动产链条式交易”），即甲与乙签订买卖合同Ⅰ，约定甲将不动产A转让给乙，在未办理物权登记之前，乙又与丙签订买卖合同Ⅱ，约定乙将不动产A转让给丙。若甲按照约定将不动产登记至乙名下，乙又按照约定将不动产登记至丙名下，自无异议。但在乙拒绝办理物权登记且甲尚未将不动产登记至乙名下时，丙通常会起诉甲和乙，请求法院判决乙将不动产登记至丙名下、甲协助将不动产登记至丙名下（以下简称情形一）；或者在甲尚未将不动产登记至乙名下，乙作为被执行人导致不动产被法院查封或者预查封时，丙通常会起诉申请执行人请求法院判决排除执行（以下简称情形二）。针对情形一，有判决认为，根据买卖合同Ⅱ的约定，乙应当继续办理过户手续；目前，涉案不动产登记在甲名下，办理转让登记手续没有法律上的障碍，甲应当协助将涉案不动产过户给丙。[①] 此时，法院实际上是判决甲直接将不动产过户到丙名下，省略了乙的中间登记环节。虽然判决没有直接说明乙与丙之间转让的是不动产物权期待权，但乙由甲处取得的权利完全符合前述第四种甚至有可能符合第一、第二、第三种不动产物权期待权的构成要件。针对情形二，有判决认为，只要丙符合《最高人民法院关于人民法院办理执行异议和复议案件若干问题的规定》第28条的规定，即享有足以排除执行的民事权益。[②] 此时，法院直接承认了丙由乙处受让的是不动产物权期待权。因此，实践中，中国式不动产物权期待权可以转让且可以省略中间登记。

第二，中国式不动产物权期待权属于被执行人的责任财产。根据《最高人民法院、国土资源部、建设部关于依法规范人民法院执行和国土资源房地产管理部门协助执行若干问题的通知》第13、14、15条的规

---

① 参见广东省高级人民法院民事判决书，(2013) 粤高法民一终字第40号。

② 参见河南省高级人民法院民事判决书，(2018) 豫民终297号；河北省安新县人民法院民事判决书，(2018) 冀0632民初1431号。

定，人民法院可以预查封被执行人尚未在登记机构办理物权登记手续的土地使用权、房屋。有判决认为，法院之所以可以采取预查封措施，是因为被执行人享有物权期待权，而物权期待权属于被执行人的责任财产。[①] 此外，《最高人民法院关于人民法院民事执行中查封、扣押、冻结财产的规定》第 17 条亦规定，人民法院可以对被执行人购买的尚未办理过户登记手续的财产采取控制性执行措施。有判决认为，最高人民法院上述司法解释第 17 条是被执行人不动产物权期待权的规范依据。因此，中国式不动产物权期待权属于被执行人的责任财产，人民法院可以采取控制性执行措施。

第三，中国式不动产物权期待权具有排除执行的法律效力。《最高人民法院关于人民法院办理执行异议和复议案件若干问题的规定》第 28 ~ 30 条分别规定，案外人可以基于无过错不动产买受人物权期待权、房屋消费者物权期待权、不动产预告登记权利人物权期待权排除执行。至于案外人是否可以基于其他类型的中国式不动产物权期待权请求法院判决排除执行，理论和实践中虽存在争议，但不乏支持的案例。此外，各省高级人民法院出台的执行异议之诉案件审理指南、指导意见、疑难问题解答等也多有规定。例如，《江苏省高级人民法院执行异议及执行异议之诉案件办理工作指引（二）》，针对离婚夫妻一方享有的不动产物权期待权、被拆迁人享有的不动产物权期待权、以房抵债受让人享有的不动产物权期待权，明确规定符合特定条件时可以排除执行。因此，中国式不动产物权期待权具有排除执行的法律效力。

第四，中国式不动产物权期待权指向的物不属于破产财产。有判决认为，根据《最高人民法院关于审理企业破产案件若干问题的规定》第

---

① 参见四川省成都市中级人民法院民事判决书，(2018) 川 01 民终 17211 号；山东省德州市（地区）中级人民法院民事判决书，(2019) 鲁 14 民终 1549 号；福建省南平市延平区人民法院民事判决书，(2019) 闽 0702 民初 649 号。

71 条的规定，债权人享有物权期待权的房屋不属于债务人的破产财产。[①] 还有判决直接认为，债权人享有物权期待权的房屋不属于债务人的破产财产。[②] 因此，中国式不动产物权期待权指向的物不属于破产财产。

第五，中国式不动产物权期待权的权利人享有物权请求权。有判决认为，当事人基于不动产物权期待权，享有物权请求权，即《民法典》第 235～237 条规定的返还原物请求权、排除妨害请求权和消除危险请求权、恢复原状请求权，可以请求返还原物、排除妨害、消除危险、恢复原状。[③] 因此，中国式不动产物权期待权的权利人享有物权请求权。

虽然关于中国式不动产物权期待权是否可以转让且省略中间登记、中国式不动产物权期待权是否属于被执行人的责任财产、中国式不动产物权期待权是否具有排除执行的法律效力、中国式不动产物权期待权指向的物是否属于破产财产、中国式不动产物权期待权的权利人是否享有物权请求权，司法实践尚存争议，存在不同观点。可以发现，司法解释及司法实践，有意或无意地赋予中国式不动产物权期待权以权利特征和法律效力。在最高人民法院提出不动产物权期待权的概念却未明确其性质、要件、效力等内容以及民事实体法未就不动产物权期待权作出明确规定的背景下，司法解释和司法实践逐步具化不动产物权期待权的类型、性质、要件、效力等内容。换言之，中国式不动产物权期待权是自下而上、由司法实践推动衍生出的产物。

不动产物权期待权理论滥觞于德国。笔者认为，不动产物权期待权制度根植于德国物权形式主义的土地物权变动模式、土地登记公证制度、土地登记申请双重赋权原则以及土地物权顺位规则。德国的学界通说和

---

① 参见重庆市第五中级人民法院民事判决书，(2019) 渝 05 民终 4986 号。

② 参见重庆市南岸区人民法院民事判决书，(2018) 渝 0108 民初 12738 号。

③ 参见吉林省通化市中级人民法院民事判决书，(2019) 吉 05 民终 242 号；河北省张家口经济开发区人民法院民事判决书，(2019) 冀 0791 民初 875 号；河南省泌阳县人民法院民事判决书，(2019) 豫 1726 民初 3232 号；河南省南阳市宛城区人民法院民事判决书，(2019) 豫 1302 民初 6459 号。

法院判例虽然承认不动产物权期待权的存在，但是并非任何期待利益都可以称作期待权，只有在受让人的法律地位十分稳固且第三人不能随意破坏时才成立期待权。之所以严格限定不动产物权期待权的成立要件，其背后具有深刻的法理和现实依据，且同样适用于民事实体法及程序法框架与德国相似的我国。但根据我国现行法的规定，不动产受让人根本无法获得稳固的法律地位，且其法律地位缺乏权利尤其是物权特征。中国式不动产物权期待权空有不动产物权期待权之名，而无不动产物权期待权之实，其法律性质就是债权。

根据《德国民法典》第 873 条第 1 款①的规定，基于法律行为的土地②物权变动采物权形式主义，即必须具备“物权合意 + 登记”双重行为要件。因土地登记机关需要获取政府各种各样的批准或者需要具备税务机关的清结证书等，导致土地登记并非一蹴而就，在双方当事人达成物权合意和土地登记机关完成登记之间，存在一方当事人不遵守合意或者出让人的处分权受限的风险，进而可能导致权利变更在登记之时不能有效发生。③ 为了规避以上风险，强化受让人的地位，不动产物权期待权理论应运而生。虽然《德国民法典》未明确规定不动产物权期待权，但学界通说和法院判例在解释论上均承认不动产物权期待权的存在。不过，并非任何期待利益都可以称作期待权。德国学界通说和法院判例认为，只有在受让人的法律地位十分稳固且第三人不能随意破坏时才成立期待权。④ 据此，不动产物权期待权的成立需满足以下要件，即物权合意已生

① 《德国民法典》第 873 条第 1 款规定：“转让土地所有权、对土地设定权利以及转让此种权利或者对此种权利设定其他权利，需有权利人与相对人关于权利变更的协议，并应将权利变更在土地登记簿中登记注册，但法律另有其他规定的除外。”

② 在《德国民法典》中，不动产的通行解释是土地。且根据《德国民法典》第 94 条第 1 款第 1 句的规定，房屋等建筑物是土地的必要组成部分，与土地不可分割。参见孙宪忠：《德国当代物权法》，法律出版社 1997 年版，第 7 – 8 页。

③ 参见［德］曼弗雷德·沃尔夫：《物权法》，吴越、李大雪译，法律出版社 2002 年版，第 223 – 224 页。

④ 参见马强伟：《预查封制度质疑及物上期待权的执行》，载《法学》2019 年第 10 期。

拘束力、登记同意表示已作出、受让人已向土地登记机关提出登记申请。[①]

具体来说，物权合意不含任何债法性因素，故而可以自由地被撤回。[②] 但鉴于土地资源的重要性、稀缺性，德国关于土地所有权让与合意的规则设定要严于一般的物权。[③] 即根据《德国民法典》第925条第1款[④]的规定，当事人双方应当同时到场向主管登记机关表示土地所有权让与合意，且合意通常被做成公证文书。因物权合意基于公证文书的形式具有公示性，故在符合《德国民法典》第873条第2款[⑤]规定的条件时，物权合意例外地具有约束力，不允许当事人单方面撤回。此外，根据《德国民法典》第130条第2款[⑥]的规定，物权合意不受当事人事后死亡或者丧失行为能力的影响；根据《德国民法典》第878条[⑦]的规定，物权合意不因当事人的处分权事后受到限制而无效。又德国采物权行为无因性理论，故原因行为的不成立、无效或撤销不影响物权行为的效力。此时，受让人离取得土地所有权只剩登记。但单纯的"物权合意已生拘束力"并不能使受让人获得稳固的法律地位。一方面，登记完成之前，当

---

① 参见［德］鲍尔、施蒂尔纳：《德国物权法》（上册），张双根译，法律出版社2004年版，第391页。

② 参见［德］鲍尔、施蒂尔纳：《德国物权法》（上册），张双根译，法律出版社2004年版，第390页。

③ 参见［德］丹尼斯·斯诺尔、汉斯·于尔根·克虏伯：《德国不动产登记制度管理发展现状（三）》，王志成译，载《资源与人居环境》2017年第1期。

④ 《德国民法典》第925条第1款规定："在转让土地所有权时应当由出让人与受让人订立协议（协议让与）的，当事人双方应当同时到场向主管登记处表示。在不影响其他登记处权限的情况下，允许任何公证人接受协议让与。"

⑤ 《德国民法典》第873条第2款规定："在登记前，双方当事人仅在对意思表示进行公证人公证时，或者向土地登记局作出或者呈递意思表示时，或者权利人已将符合《土地登记簿法》规定的登记许可证交付于相对人时，始受协议约束。"

⑥ 《德国民法典》第130条第2款规定："表意人作出意思表示后死亡或者成为无行为能力人的，不影响意思表示的效力。"

⑦ 《德国民法典》第878条规定："权利人根据第873、875、877条的规定作出的意思表示，不因权利人的处分权在意思表示对其发生约束力以及向土地登记局提出登记申请后受到限制而失其效力。"

事人可以自由地撤回登记申请（《德国土地登记条例》第 31 条）。[①] 为避免出让人撤回登记申请损害其利益，受让人可以单独提出登记申请。对此，德国土地登记申请采双重赋权原则（《德国土地登记条例》第 13 条第 1 款），即登记申请可以由出让人或者受让人单独提出，也可以由二者共同提出。[②] 另一方面，不允许当事人单方面撤回物权合意并无限制出让人实施处分行为的效力。[③] 为免受出让人处分行为的损害，受让人可以申请预告登记或者提出土地登记申请。对此，根据《德国民法典》第 888 条[④]的规定，出让人的处分行为对预告登记权利人不生效力；根据《德国不动产登记簿程序法》第 17 条[⑤]的规定，登记申请提出在先者享有优先顺位。故在满足前述三个要件时，受让人取得所有权仅仅取决于登记完成，其法律地位十分稳固。德国学界通说和法院判例认为，此种从开始办理登记手续到完成登记前，因物权合意发生拘束力、登记前受让人的法律地位为不动产物权期待权。[⑥]

不动产物权期待权作为一项权利，不仅具有可处分性和可扣押性，而且受到法律保护并具有对抗效力。首先，不动产物权期待权具有可处分性。在德国链条式的土地所有权让与合意中，出让人对受让人为土地所有权让与合意，而在受让人还未以所有权人身份登入登记簿时，又对

---

① 参见［德］鲍尔、施蒂尔纳：《德国物权法》（上册），张双根译，法律出版社 2004 年版，第 309 页。

② 参见［德］鲍尔、施蒂尔纳：《德国物权法》（上册），张双根译，法律出版社 2004 年版，第 309 页。

③ 参见［德］鲍尔、施蒂尔纳：《德国物权法》（上册），张双根译，法律出版社 2004 年版，第 391 页。

④ 《德国民法典》第 888 条规定：“（1）取得一项预告登记的权利或者取得对该项权利上设定的一项权利对于因预告登记而受利益的人无效时，该受益人为了实现因预告登记得到保全的请求权，可以要求取得人同意作必要的登记或者注销。（2）请求权因禁止让与而得到保全的，亦同。”

⑤ 《德国不动产登记簿程序法》第 17 条规定：“如果多个涉及同一权利的登记申请被递交，在先递交登记申请办理完毕前，不得就后提出之申请，先为登记。”

⑥ 参见马强伟：《预查封制度质疑及物上期待权的执行》，载《法学》2019 年第 10 期。

第三人为所有权让与合意；若受让人不是以“无权利人”身份为处分行为，而是将不动产物权期待权转让给第三人，则不需要先有受让人之登记，在第三人根据《德国土地登记条例》第29条的规定，能证明“土地所有权让与合意的链条”时，第三人可根据出让人的登记同意，直接申请登记。[①] 此外，不动产物权期待权不仅可以像一项财产一样被转让，而且也能够被设定负担、被进行处分。[②] 其次，不动产物权期待权具有可扣押性。德国学界通说和法院判例认为，不动产物权期待权得为民事强制执行的客体。[③] 事实上，这完全符合执行标的须是被执行人所有或受其支配、具有财产价值和可转让性的德国民事执行标的理论。再次，不动产物权期待权受到法律保护。不动产物权期待权作为一项绝对权利，权利人可以对非法侵犯不动产物权期待权的第三人主张《德国民法典》第985条[④]、第1004条[⑤]规定的请求权，也可以根据《德国民法典》第823条第1款[⑥]的规定要求损害赔偿。[⑦] 最后，不动产物权期待权具有对抗效力。德国学界通说和法院判例认为，在出让人的债权人对标的物为强制执行的情形下，受让人可以基于不动产物权期待权提起第三人异议之诉。[⑧] 此外，《德国破产法》第91条第1款规定的“破产阻碍权利取得”的规则

---

① 参见［德］鲍尔、施蒂尔纳：《德国物权法》（上册），张双根译，法律出版社2004年版，第392页。

② 参见申卫星：《期待权基本理论研究》，中国人民大学出版社2015年版，第40页。

③ 参见王泽鉴：《民法学说与判例研究》（第七册），北京大学出版社2009年版，第243页。

④ 《德国民法典》第985条规定：“所有权人可以要求占有人返还其物。”

⑤ 《德国民法典》第1004条规定：“（1）所有权人受到除剥夺或者扣留占有以外的其他方式的妨害时，可以要求妨害人排除妨害。所有权有继续受妨害之虞的，可以提起停止妨害之诉。（2）所有权人负有容忍妨害义务的，不享有上述请求权。”

⑥ 《德国民法典》第823条第1款规定：“因故意或者过失不法侵害他人生命、身体、健康、自由、所有权或者其他权利者，对他人因此而产生的损害负赔偿义务。”

⑦ 参见［德］曼弗雷德·沃尔夫：《物权法》，吴越、李大雪译，法律出版社2002年版，第229页。

⑧ 参见江必新主编：《强制执行法理论与实务》，中国法制出版社2014年版，第450页。

也不适用于受让人取得不动产物权期待权的情形。[①]

根据德国学界通说和法院判例，只有在受让人的法律地位十分稳固且第三人不能随意破坏时才成立不动产物权期待权，此时的不动产物权期待权才具有类似物权的法律效力。原因在于，若赋予可以被出让人、第三人任意挫败的不动产受让人的法律地位以可处分性、可扣押性以及对抗效力甚至使其受到类似物权的保护，则债权与物权的边界将名存实亡，合同相对性原则和合同自由原则将不复存在，形式主义的不动产物权变动模式将形同虚设，不动产登记的公示公信效力将消失殆尽，破产程序的功能将大打折扣，责任财产的形式审查原则将形同具文，且会引发大量的执行异议之诉，衍生申请执行人滥用执行措施损害案外人利益的风险。虽然德国系采物权形式主义的不动产物权变动模式，我国系采债权形式主义的不动产物权变动模式，但不动产物权期待权产生的原因在于形式主义。换言之，由于我国的不动产登记并非一蹴而就，因此，也存在双方当事人达成债权合意和不动产登记机关完成登记之间，一方当事人不遵守合意或者出让人的处分权受限的风险。另外，由于我国的民事实体法亦采物债两分体系以及合同相对性原则、合同自由原则等实体法规则，民事执行法亦采责任财产的形式审查原则，企业破产法亦采破产阻碍权利取得的规则，故德国的不动产物权期待权的生成法理亦应适用于我国。但根据我国现行法尤其是《民法典》物权编的规定，即便不动产受让人符合《最高人民法院关于人民法院办理执行异议和复议案件若干问题的规定》第28～30条规定的要件，甚至已经办理预告登记或者已经申请办理所有权移转登记，也无法获得稳固的法律地位。此外，若将不动产物权期待权的性质定位为物权，还将面临是否符合物权法定原则的诘问。因此，我国并未确立也不可能确立德国法意义上的不动产

---

① 庄加园：《不动产买受人的实体法地位辨析——兼谈〈异议复议规定〉第28条》，载《法治研究》2018年第5期。

物权期待权，被执行人对房屋等不动产在财产权领域只享有债权，从权利作用来看，则只享有基于债权产生的物之交付或移转请求权。

具体来说，被执行人无法获得稳固的法律地位，其法律地位会面临第三人的破坏。理由如下：首先，不动产出让人可以提出抗辩事由（权利消灭事由、权利妨碍事由、权利排除事由）阻止受让人取得物权。《民法典》第215条虽然明确了合同效力和物权登记的关系，但只规定“未办理物权登记的，不影响合同效力”，并未承认物权行为的独立性和无因性。事实上，根据《民法典》第209条的规定，我国基于法律行为的不动产物权变动采债权形式主义，需要具备“债权合意+登记”双重行为要件。因此，只要不动产受让人尚未办理物权登记，合同不成立、无效或可撤销等事由将导致不能发生物权变动的效果。即便不动产受让人办理了预告登记，因预告登记具有从属性，故其所保障的权利的实现亦会受到债务关系的约束，以及基于债务关系而产生的抗辩的影响。[①] 其次，不动产登记共同申请主义之下，不动产出让人可以随时撤回登记申请以阻止受让人取得物权。根据《不动产登记暂行条例》第14、15条的规定，我国不动产登记申请采共同申请主义，不动产登记机关将申请登记事项记载于不动产登记簿前，申请人可以撤回登记申请。因此，即便不动产受让人已经提出转移登记申请，一旦出让人撤回登记申请，登记机关也无法办理转移登记手续。最后，因我国并无类似《德国不动产登记簿程序法》第17条的规定，不动产受让人未办理预告登记且不动产出让人再次处分不动产时，即便受让人已经提出登记申请，甚至履行了合同约定的全部义务并实际占有了土地、房屋等不动产或者满足其他条件，第三人仍可以先于不动产受让人完成转移登记手续，以阻止不动产受让人取得物权。根据以上内容，不动产受让人能否最终取得不动产所有权

① 参见金可可：《预告登记之性质——从德国法的有关规定说起》，载《法学》2007年第7期。

并非仅取决于登记完成，因其无法取得十分稳固的法律地位，故不应享有不动产物权期待权。

虽然司法解释和司法实践赋予了中国式不动产物权期待权以权利特征，但不动产受让人的法律地位在规范层面缺乏权利尤其是物权特征，于不动产受让人根本无法获得稳固的法律地位的前提下，司法解释和司法实践的做法无疑将产生前述债权与物权的边界名存实亡等严重后果。不动产受让人的法律地位在规范层面缺乏权利尤其是物权特征的理由在于：首先，不动产受让人的法律地位不具有可处分性。一方面，我国现行法并无不动产受让人可以处分取得不动产所有权之前的法律地位的规定；另一方面，基于我国债权形式主义的不动产物权变动模式以及不动产登记共同申请主义，不动产受让人也无处分的现实可能。换言之，在出让人、受让人与第三人之间关于不动产的链条式交易中，由于出让人与第三人之间不存在直接的合同关系，故第三人对出让人不享有实体法上的登记请求权，无法通过正常登记程序完成中间省略登记；即便出让人和第三人或者出让人、受让人和第三人约定为第三人设立债法上的登记请求权，由第三人直接向出让人请求登记，因出让人和第三人之间缺少物权变动的原因行为，这一请求权在现行登记制度中也难以得到支持，且不动产登记共同申请主义之下，只有买卖、抵押等合同双方当事人才有资格申请。① 其次，不动产受让人的法律地位不具有可执行性。因不动产受让人的法律地位不具有可处分性，自然也不具有可执行性。再次，不动产受让人的法律地位不具有完备的支配性和对抗性。虽然《最高人民法院关于人民法院办理执行异议和复议案件若干问题的规定》第28～30条赋予了案外人排除执行的权利，但我国现行法并无破产阻碍权利取得的规则不适用于受让人取得不动产物权期待权情形的规定，故因不能

① 参见庄加园：《不动产买受人的实体法地位辨析——兼谈〈异议复议规定〉第28条》，载《法治研究》2018年第5期。

在破产程序中发挥作用，不具有完备的对抗性。预告登记虽然具有完备的对抗性，但并无支配性，且具有强烈的从属性。[①] 最后，现行法也无被执行人可以根据《民法典》第235～237条行使物权请求权的明确规定。

最高人民法院以及司法实践之所以借用不动产物权期待权之名说明案外人享有的民事权益足以排除执行，原因在于将案外人享有的民事权益的实体法性质和效力作为判断是否足以排除执行的唯一依据。无论是根据《最高人民法院关于人民法院办理执行异议和复议案件若干问题的规定》第28～30条的规定，还是根据司法实践中出现的其他类型的中国式不动产物权期待权的构成要件，因尚未办理物权登记，故案外人本质上只享有债权。基于债的相对性，债之关系仅在特定的当事人之间发生法律效力，而不对第三人产生效力。[②] 即案外人只能对抗被执行人，而不能对抗申请执行人，债权原则上不足以排除执行。问题是，基于社会背景、社会效果、案外人的生存权保障等公法、社会因素的考量，确实具有赋予案外人的债权以排除执行效力的客观需要。由于根据以上单一的判断依据，债权不具有排除执行的效力，最高人民法院以及司法实践不得不借助于不动产物权期待权的概念以获得实体法上的正当性。由此，即呈现出最高人民法院以及司法实践虽然提出不动产物权期待权的概念，但排除执行的释义、理由与不动产物权期待权的效力完全无关的局面。当然，最高人民法院以及司法实践将案外人享有的民事权益的实体法性质和效力作为判断是否足以排除执行的唯一依据的原因，在于残留民事诉讼法是民事实体法的助法、从法的观念，认为民事执行法不能突破实体法的规定作出特别规定，民事执行法规则必须以相应的民事实体法规则为前提和基础。

---

① 参见金可可：《预告登记之性质——从德国法的有关规定说起》，载《法学》2007年第7期。

② 参见王利明：《债法总则研究》，中国人民大学出版社2015年版，第42页。

事实上，不动产预告登记权利人享有的中国式不动产物权期待权本质上是物权化的债权，以房抵债的债权人、借名买房的借名人、商品房预售合同备案登记和网上签约的权利人享有的中国式不动产物权期待权本质上是普通债权，对于这些权利，笔者已经在上文专门进行了论述。而无过错不动产买受人、房屋消费者、离婚协议一方、被拆迁人享有的中国式不动产物权期待权本质上是法律特别保护的债权，是需要立法者综合考虑案外人执行异议之诉异议事由确定的公法因素、社会因素赋予排除强制执行效力的债权。

关于赋予无过错不动产买受人、房屋消费者享有的债权以排除强制执行效力需要考虑的因素，已如上文所述。关于无过错不动产买受人、房屋消费者享有的债权足以排除强制执行的构成要件，《最高人民法院关于人民法院办理执行异议和复议案件若干问题的规定》第 28、29 条已经作出了明确规定，此处，笔者仅就第 28 条与第 29 条的关系，结合最高人民法院指导案例 156 号作简要说明。

指导案例 156 号的裁判理由指出："如果被执行人为房地产开发企业，且被执行的不动产为登记于其名下的商品房，同时符合了'登记在被执行人名下的不动产'与'登记在被执行的房地产开发企业名下的商品房'两种情形，则《最高人民法院关于人民法院办理执行异议和复议案件若干问题的规定》第 28 条与第 29 条适用上产生竞合。"① 从适用情形来看，第 28 条是"买受人对登记在被执行人名下的不动产提出异议"，第 29 条是"买受人对登记在被执行的房地产开发企业名下的商品房提出异议"。因房地产开发企业属于被执行人的一类、商品房属于不动产的一种，故被执行人是房地产开发企业、被执行的不动产是商品房时，则同时符合第 28 条与第 29 条的适用情形，第 28 条与第 29 条在适用上产生竞

① 王岩岩诉徐意君、北京市金陛房地产发展有限责任公司案外人执行异议之诉案，最高人民法院指导案例 156 号（2021 年）。

合，案外人可以选择适用。不过，即便第28条与第29条在适用上会产生竞合，但由于二者赋予案外人主张的债权以排除强制执行效力的考量因素并不相同，因此，二者规定的案外人主张的债权得排除强制执行的要件以及所能对抗的申请执行人的权利也不相同，案外人选择适用第28条或者第29条以及法官适用相关条款进行审理时需要特别注意。其中，第28条与第29条规定的案外人主张的债权得排除强制执行的要件较为清楚，笔者不再重复。且可以发现，由于第29条涉及对商品房消费者生存权这一更高价值的维护，因此除了“所购商品房系用于居住且买受人名下无其他用于居住的房屋”的要件外，其他要件的设置较之第28条更为宽松。以下，笔者仅就案外人主张的债权得对抗的申请执行人的权利加以说明。

债权具有相对效力，即债权是只能对债务人主张的权利。[①] 基于此，债权原则上不足以排除强制执行。但基于特殊的利益衡量，有时需赋予案外人主张的债权以优先性。[②] 且基于不同的考量因素，优先性有强弱之分。判断案外人主张的债权是否足以排除强制执行的正向因素，通常包括案外人生存权的保障、申请执行人利益的保护、社会背景和社会效果。[③] 其中，生存权属于基本人权的重要内容，在价值位阶上高于财产权。因此，涉及案外人生存权的债权优先于申请执行人享有的任何类型的财产权，案外人主张的债权具有强优先性，不但优先于普通债权，满足特定条件时，亦优先于担保物权。《最高人民法院关于人民法院办理执行异议和复议案件若干问题的规定》第29条是基于对商品房消费者生存权这一更高价值的维护，赋予了商品房消费者的债权以排除强制执行的

① 参见加藤雅信『新民法大系Ⅱ 物権法』（有斐閣，2003年）6頁；野村豊弘等『民法Ⅲ 債権総論』（有斐閣，2003年）3頁。

② 参见肖建国、庄诗岳：《论案外人异议之诉中足以排除强制执行的民事权益——以虚假登记财产的执行为中心》，载《法律适用》2018年第15期。

③ 参见肖建国、庄诗岳：《论案外人异议之诉中足以排除强制执行的民事权益——以虚假登记财产的执行为中心》，载《法律适用》2018年第15期。

效力。因此，满足特定条件时，[①] 商品房消费者的债权足以对抗申请执行人的担保物权，《最高人民法院关于人民法院办理执行异议和复议案件若干问题的规定》第 29 条是第 27 条规定的法律、司法解释另有规定的除外情形。事实上，《全国法院民商事审判工作会议纪要》第 126 条以及最高人民法院 2019 年发布的《关于审理执行异议之诉案件适用法律问题的解释（一）（向社会公开征求意见稿）》第 10 条（方案一）对此作出了明确的规定。因社会背景和社会效果之因素，通常不涉及价值位阶更高的基本人权，故仅能赋予案外人的债权以对抗普通债权的效力。《最高人民法院关于人民法院办理执行异议和复议案件若干问题的规定》第 28 条是基于我国现行房地产开发以及登记制度不完善的社会背景和增强人民群众对法律公平的信心的社会效果，赋予了无过错不动产买受人的债权以排除强制执行的效力。[②] 因此，无过错不动产买受人的债权仅能排除普通金钱请求权的执行。且若赋予无过错不动产买受人的债权以强优先效力，将严重损害抵押权人的利益，贬损不动产抵押保全、流通的功能。

下文笔者重点就关于赋予离婚协议一方、被拆迁人享有的债权以排除强制执行效力需要考虑的因素以及该债权足以排除强制执行的构成要件展开进一步的说明。

首先是离婚协议的一方当事人作为案外人提起执行异议之诉的情形。司法实践中，不乏案外人与被执行人签订离婚协议约定案涉不动产（主要是房屋）归案外人所有，但不动产，仍登记在被执行人名下，申请执行人请求执行法院强制执行案涉不动产时，案外人基于所有权提起执行异议之诉的案件。对于案外人得否提起执行异议之诉，以及能否排除强制执行，司法实践和理论上大致存在以下三种不同的观点。

---

① 条件的设定，需要考虑签订商品房买卖合同、办理过户登记、签订抵押合同、办理抵押登记的时间、抵押财产的转让规则等内容。

② 参见江必新、刘贵祥主编：《最高人民法院关于人民法院办理执行异议和复议案件若干问题规定理解与适用》，人民法院出版社 2015 年版，第 421 页。

第一，离婚协议的一方当事人可以作为案外人提起执行异议之诉，且满足特定条件时可以排除强制执行。理由如下：一是离婚协议的一方当事人可以基于离婚协议取得物权或者事实物权，持事实物权观点的学者认为，申请执行人不属于善意第三人。[①] 不过，更多的观点认为，离婚协议的一方当事人只享有债权，但该债权是指向特定财产的债权，优先于未指向特定财产的金钱债权。[②] 以下理由均以离婚协议的一方当事人享有的是债权为前提。二是作为离婚协议一方当事人的约定所有权人通常是负责抚养子女的一方，这涉及离婚协议的一方当事人的基本生活保障。[③] 三是我国不动产产权登记与产权的真实归属不符的现实背景，且这种权属名实不符不能归责于作为离婚协议一方当事人的约定所有权人。四是作为离婚协议一方当事人的约定所有权人与不动产买受人的法律地位相似。五是作为离婚协议一方当事人的约定所有权人的法律地位具有特殊性，即其原本是系争房产的共同共有人，这部分所有权不因离婚而转变成债权。六是系争房产不属于名义登记人的责任财产。[④]

关于离婚协议的一方当事人作为案外人提起执行异议之诉排除强制执行的条件，各省高级人民法院发布的文件、实践案例以及理论观点有所不同，但主要是选择以下几个条件中的一个或数个进行排列组合。具

① 参见王聪：《案外人执行异议之诉中异议事由的类型化研究——以“足以排除强制执行的民事权益”为中心》，载《法治研究》2018 年第 4 期；四川省泸州市纳溪区人民法院民事判决书，(2015) 纳溪民初字第 1830 号；内蒙古自治区高级人民法院民事判决书；(2015) 内民一终字第 00158 号；赵晋山、王赫：《“排除执行”之不动产权益——物权变动到债权竞合》，载《法律适用》2017 年第 21 期。

② 参见最高人民法院民事判决书，(2015) 民一终字第 150 号；四川省高级人民法院民事裁定书，(2018) 川民申 5233 号。

③ 参见王毓莹、翟如意：《执行异议之诉中排除执行的民事权利类型化研究》，载《人民司法》2019 年第 28 期。

④ 参见叶名怡：《离婚房产权属约定对强制执行的排除力》，载《法学》2020 年第 4 期。

体来说：一是离婚协议在房屋被人民法院查封前签订，[①] 或者离婚协议在执行案件的债权产生前签订，[②] 对此，存在不同观点；二是离婚协议已在相关部门备案，[③] 或者离婚的事实客观存在，[④] 对此，存在不同观点；三是案外人在离婚协议签订后已经实际占有涉案房屋；[⑤] 四是案外人对房屋未办理过户不存在过错；[⑥] 五是离婚协议对房屋所有权的处分不存在规避执行或逃避债务的情形；[⑦] 六是执行债权为无担保、无优先受偿地位的普

---

① 参见《广东省高级人民法院关于审查处理执行裁决类纠纷案件若干重点问题的解答》第 20 条；《山东省高级人民法院民一庭执行异议之诉案件审判观点综述》第 16 条；赵晋山、王赫：《“排除执行”之不动产权益——物权变动到债权竞合》，载《法律适用》2017 年第 21 期；叶名怡：《离婚房产权属约定对强制执行的排除力》，载《法学》2020 年第 4 期；吉林省白城市中级人民法院民事判决书，（2018）吉 08 民终 1242 号。

② 参见《江西省高级人民法院关于执行异议之诉案件的审理指南》第 27 条；汤莉婷：《关于离婚协议能否排除执行的案外人执行异议之诉审查标准解析》，载《法律适用》2019 年第 10 期；参见福建省南平市中级人民法院民事判决书，（2018）闽 07 民终 1586 号；江苏省高级人民法院民事判决书，（2018）苏民再 2 号；重庆市第一中级人民法院民事判决书，（2019）渝 01 民终 3505 号；江苏省泰州市中级人民法院民事判决书，（2019）苏 12 民终 1168 号；河北省唐山市中级人民法院民事判决书，（2017）冀 02 民终 9944 号；湖南省郴州市中级人民法院民事判决书，（2017）湘 10 民终 335 号。

③ 参见《广东省高级人民法院关于审查处理执行裁决类纠纷案件若干重点问题的解答》第 20 条。

④ 参见《江西省高级人民法院关于执行异议之诉案件的审理指南》第 27 条。

⑤ 参见《广东省高级人民法院关于审查处理执行裁决类纠纷案件若干重点问题的解答》第 20 条；《山东省高级人民法院民一庭执行异议之诉案件审判观点综述》第 16 条；张守国、明晨燕：《民事执行程序中权利冲突特殊规则的构建——以未过户登记房屋继受人利益保护规则之完善为视角》，载《法律适用》2018 年第 18 期；赵晋山、王赫：《“排除执行”之不动产权益——物权变动到债权竞合》，载《法律适用》2017 年第 21 期；叶名怡：《离婚房产权属约定对强制执行的排除力》，载《法学》2020 年第 4 期。

⑥ 参见《广东省高级人民法院关于审查处理执行裁决类纠纷案件若干重点问题的解答》第 20 条；《山东省高级人民法院民一庭执行异议之诉案件审判观点综述》第 16 条；张守国、明晨燕：《民事执行程序中权利冲突特殊规则的构建——以未过户登记房屋继受人利益保护规则之完善为视角》，载《法律适用》2018 年第 18 期；赵晋山、王赫：《“排除执行”之不动产权益——物权变动到债权竞合》，载《法律适用》2017 年第 21 期；汤莉婷：《关于离婚协议能否排除执行的案外人执行异议之诉审查标准解析》，载《法律适用》2019 年第 10 期；叶名怡：《离婚房产权属约定对强制执行的排除力》，载《法学》2020 年第 4 期。

⑦ 参见《江西省高级人民法院关于执行异议之诉案件的审理指南》第 27 条、《山东省高级人民法院民一庭执行异议之诉案件审判观点综述》第 16 条。

通金钱债权或其他无偿债权。①

第二，离婚协议的一方当事人不能作为案外人提起执行异议之诉，即便提起案外人执行异议之诉，也不能排除强制执行。理由在于，离婚协议不能产生物权变动的法律效力，未办理物权变更登记之前，作为案外人的离婚协议的一方当事人仅享有债权，该债权不足以排除强制执行。②

第三，离婚协议的一方当事人原则上不能作为案外人提起执行异议之诉。③ 有学者认为，例外情形是保障案外人基本生活的情形。④

笔者认为，离婚协议的一方当事人原则上不得提起案外人执行异议之诉。根据《民法典》第209条的规定，我国基于法律行为的不动产物权变动原则上采债权形式主义，但《民法典》规定的债权形式主义的例外情形并不包括当事人基于离婚财产分割协议取得物权的情形。因此，涉案房屋尚登记在被执行人名下时，即便案外人与被执行人签订了离婚财产分割协议，其对房屋也只享有债权。既然案外人享有的是债权，那么原则上不得提起执行异议之诉。事实上，除个别案例和学者认为离婚财产分割协议可以发生物权变动的效果外，主流观点持否定态度。上述离婚协议的一方当事人可以作为案外人提起执行异议之诉的理由，除第二项外，笔者认为均不成立。具体来说，案外人享有的指向特定财产的债权与申请执行人享有的未指向特定财产的金钱债权均是债权，具有平等性，并无优劣之分，如果认为前者优于后者，无异于承认前者取得了

---

① 参见叶名怡：《离婚房产权属约定对强制执行的排除力》，载《法学》2020年第4期。

② 参见四川省成都市中级人民法院民事判决书，(2019) 川01民终11759号；江苏省淮安市中级人民法院民事判决书，(2019) 苏08民终116号；湖南省岳阳市岳阳楼区人民法院民事判决书，(2019) 湘0602民初8358号；江西省寻乌县人民法院民事判决书，(2019) 赣0734民初938号；安徽省郎溪县人民法院民事判决书，(2019) 皖1821民初2295号；福建省南平市延平区人民法院民事判决书，(2019) 闽0702民初3259号。

③ 参见张守国、明晨燕：《民事执行程序中权利冲突特殊规则的构建——以未过户登记房屋继受人利益保护规则之完善为视角》，载《法律适用》2018年第18期；高仁宝等编著：《执行异议之诉法律适用指引》，法律出版社2018年版，第44页。

④ 参见刘颖：《论债权请求权人可否提起案外人异议之诉》，载《暨南学报（哲学社会科学版）》2020年第4期。

类似担保物权的地位。[①] 不动产登记制度不完善的社会背景主要适用于不动产买卖的情形，通过离婚协议约定房屋归案外人所有的前提通常是房屋登记在被执行人名下，据此，应当推定夫妻双方均基本了解不动产登记制度。作为离婚协议一方当事人的约定所有权人与不动产买受人的法律地位并不相同，前者旨在通过离婚协议析产，后者旨在通过买卖获得不动产。离婚协议的一方当事人虽然原本是系争房产的共同共有人，其享有的所有权也确实不因离婚而转变成债权，但被执行人享有的所有权将因离婚而转变成债权。同样，虽然离婚协议的一方当事人享有所有权的财产不属于被执行人的责任财产，但未办理不动产物权变更登记之前，登记在被执行人名下的财产属于其责任财产。

当然，诚如前述，作为离婚协议一方当事人的约定所有权人通常是负责抚养子女的一方，这涉及离婚协议一方当事人的基本生活保障。即便不是负责抚养子女的一方，也会涉及基本生活保障问题如案外人属于低收入或无收入主体，没有钱款购房或租房。因此，在涉及生存权时，作为离婚协议一方当事人的约定所有权人可以提起案外人执行异议之诉，且满足特定条件时可以排除强制执行。至于具体要件，笔者认为，考虑到实践中“假离婚真逃债”的现象极其严重，因此应当严格限定与案外人和被执行人恶意串通转移财产的行为相关的要件。例如，离婚协议应当在执行案件的债权产生前签订，且离婚的事实客观存在；又如，案涉房屋应当是唯一生活住房，且不属于《最高人民法院关于人民法院办理执行异议和复议案件若干问题的规定》第 20 条规定的可以执行的唯一住房；但考虑到案外人的基本生活保障，应当放宽与案外人生存权相关的要件；再如，无须满足案外人在离婚协议签订后已经实际占有涉案房屋、案外人对房屋未办理过户不存在过错等要件。

---

① 参见刘颖：《论债权请求权人可否提起案外人异议之诉》，载《暨南学报（哲学社会科学版）》2020 年第 4 期。

其次是被拆迁人作为案外人提起执行异议之诉的情形。司法实践中，不乏被拆迁人与被执行人签订了拆迁补偿安置协议，但安置用房尚登记在被执行人名下，申请执行人请求法院强制执行安置用房时，被拆迁人提起案外人执行异议之诉请求排除强制执行的案例。理论以及实践普遍认为，被拆迁人得提起案外人执行异议之诉，且满足特定条件时，足以排除强制执行。不过，关于需要满足的条件存在一定差异。具体来说有以下几种：一是认为需要满足最高人民法院 2003 年发布的《关于审理商品房买卖合同纠纷案件适用法律若干问题的解释》第 7 条（该司法解释于 2020 年进行了修正，修正案删除了第 7 条）规定的要件；① 二是认为需要满足《最高人民法院关于人民法院办理执行异议和复议案件若干问题的规定》第 28 条规定的要件；② 三是认为需要满足《最高人民法院关于人民法院民事执行中查封、扣押、冻结财产的规定》第 15 条规定的要件；③ 四是认为需要满足最高人民法院 2003 年发布的《关于审理商品房买卖合同纠纷案件适用法律若干问题的解释》第 7 条以及《最高人民法

---

① 参见云南省高级人民法院民事判决书，(2019) 云民终 1065 号；陕西省高级人民法院民事判决书，(2019) 陕民终 964 号；新疆维吾尔自治区高级人民法院民事判决书，(2019) 新民终 334 号；吉林省高级人民法院民事判决书，(2019) 吉民终 132 号；吉林省磐石市人民法院民事判决书，(2019) 吉 0284 民初 2527 号；重庆市大足区人民法院民事判决书，(2019) 渝 0111 民初 3058 号。参见《广东省高级人民法院关于审查处理执行裁决类纠纷案件若干重点问题的解答》第 14 条、《吉林省高级人民法院关于审理执行异议之诉案件若干疑难问题的解答》问题十一、《江西省高级人民法院关于执行异议之诉案件的审理指南》第 20 条、《安徽省高级人民法院关于审理执行异议之诉案件若干问题的会议纪要》第 14 条的规定。参见张维娟：《案外人执行异议之诉审查标准冲突与弥合进路选择——以“双阶 + 双标”模式的思辨为视角》，载《山东审判》2019 年第 3 期；王聪：《案外人执行异议之诉中异议事由的类型化研究——以“足以排除强制执行的民事权益”为中心》，载《法治研究》2018 年第 4 期；王毓莹、翟如意：《执行异议之诉中排除执行的民事权利类型化研究》，载《人民司法》2019 年第 28 期；高仁宝等编著：《执行异议之诉法律适用指引》，法律出版社 2018 年版，第 65 页。

② 参见福建省高级人民法院民事判决书，(2019) 闽民终 131 号；黑龙江省高级人民法院民事判决书，(2019) 黑民终 434 号；湖北省荆州市沙市区人民法院民事判决书，(2018) 鄂 1002 民初 2012 号。

③ 参见河南省高级人民法院民事判决书，(2017) 豫民终 135 号。

院关于人民法院办理执行异议和复议案件若干问题的规定》第 28 条[①]或者第 29 条[②]或者《最高人民法院关于人民法院民事执行中查封、扣押、冻结财产的规定》第 15 条[③]规定的要件。其中，第一种观点是理论和实践中的通说。

对于被拆迁人提起的案外人执行异议之诉的审理，司法实践之所以适用《最高人民法院关于人民法院办理执行异议和复议案件若干问题的规定》第 28 条或者第 29 条或者《最高人民法院关于人民法院民事执行中查封、扣押、冻结财产的规定》第 15 条的规定，一方面是因为拆迁补偿安置协议本质上是一种互易合同，而根据《民法典》第 647 条的规定，互易合同转移标的物的所有权的，参照适用买卖合同的有关规定；另一方面是因为关于被拆迁人提起的案外人执行异议之诉的审理规则的缺失。司法实践之所以适用最高人民法院 2003 年发布的《关于审理商品房买卖合同纠纷案件适用法律若干问题的解释》第 7 条的规定，是因为该条是对拆迁补偿安置协议与其他商品房买卖合同发生冲突时，对拆迁补偿安置协议的被拆迁人予以特别保护的规定，即对被拆迁人享有的债权作为特种债权赋予其物权的优先效力。[④] 基于该物权的优先效力，在关于被拆迁人提起的案外人执行异议之诉的审理规则缺失的背景下，司法实践可以找到被拆迁人提起执行异议之诉并排除强制执行的实体法依据。而不同案件之所以适用不同的法条，则是因为对于被拆迁人享有的债权属于何种债权或者说赋予被执行人享有的债权以排除强制执行效力的考量因素的认识不同。

---

① 参见河南省驻马店市驿城区人民法院民事判决书，(2019) 豫 1702 民初 1202 号；吉林省延吉市人民法院民事判决书，(2018) 吉 2401 民初 3451 号。

② 参见广东省高级人民法院民事判决书，(2018) 粤民终 754 号；内蒙古自治区乌海市海勃湾区人民法院民事判决书，(2019) 内 0302 民初 1768 号。

③ 参见陕西省高级人民法院民事判决书，(2019) 陕民初 29 号。

④ 参见最高人民法院民事审判第一庭编著：《最高人民法院关于审理商品房买卖合同纠纷案件司法解释的理解与适用》，人民法院出版社 2015 年版，第 79 页。

笔者认为，可以参照最高人民法院 2003 年发布的《关于审理商品房买卖合同纠纷案件适用法律若干问题的解释》第 7 条的规定构建被拆迁人提起案外人执行异议之诉的审理规则，但不宜直接适用。第 7 条之所以赋予被执行人享有的债权以优先性，主要基于以下几点考虑："一是被拆迁人较之拆迁人属于弱势群体，如果被拆迁人的合法利益得不到有效保护，就会对拆迁产生抵触情绪，不但会影响拆迁活动有序进行和城市建设的发展，还会造成严重的社会问题。二是旨在推行人道主义社会政策，促进社会福利，维护社会公共利益。三是对于绝大多数的被拆迁人来说，房屋是其安身立命之根本，是其最基本的生活资料，被拆迁人失去的是其赖以生存的房屋所有权，而享有的却是一种吉凶未卜的期待权，这直接影响到其生存居住的基本人权，市场经济的发展和公平、公正的原则要求对弱者给予特别保护。"① 这些考量因素，其实也分别是案外人执行异议之诉异议事由确定的公法因素和社会因素，而且在某种程度上糅杂了《最高人民法院关于人民法院办理执行异议和复议案件若干问题的规定》第 28、29 条的考量因素。因此，基于上述特殊的社会背景、社会效果、生存权的保障，应当允许被拆迁人提起案外人执行异议之诉。且由于上述因素全部属于案外人执行异议之诉异议事由确定因素，因此，可以直接参照第 7 条的规定构建被拆迁人提起案外人执行异议之诉并排除执行的要件。

---

① 最高人民法院民事审判第一庭编著：《最高人民法院关于审理商品房买卖合同纠纷案件司法解释的理解与适用》，人民法院出版社 2015 年版，第 90－93 页。

第四章　案外人提起执行异议之诉的特殊情形

第一节　案外人基于股权提起的执行异议之诉

实践中，不乏隐名股东和股权受让人基于股权提起案外人执行异议之诉的案件。不过，已如前述，隐名股东对案涉股权只享有债权，并不享有股权。因此，笔者也将隐名股东提起的案外人执行异议之诉的情形归入了案外人基于债权提起执行异议之诉的情形。以下仅就股权受让人提起案外人执行异议之诉的案件加以说明。这类案件通常是案外人与被执行人签订股权转让协议，约定被执行人将其享有的股权转让给案外人，但未变更股东名册或者工商登记，申请执行人请求法院强制执行案涉股权时，案外人提起执行异议之诉请求排除强制执行。对于股权受让人能否提起案外人执行异议之诉，以及能否基于股权排除强制执行，理论和实践中存在两种不同观点。

一是股权受让人可以提起案外人执行异议之诉，且基于其享有的权利足以排除强制执行。不过，关于案外人享有的权利，以及排除强制执行需要满足的条件，在该观点内部存在一定分歧。一种观点认为，案外人享有的是股权，基于该股权足以对抗申请执行人享有的债权（这里的债权是指执行债权发生的基础权利）。不过，有的案例认为，案外人基于合法有效的股权转让协议即可取得股权。[①] 还有的案例认为，案外人只有在其姓名等信息记载于股东名册时才能取得股权。另一种观点则未明确表明案外人享有的权利的类型，但认为满足特定条件时，可以排除强制执行。且从条件的构成来看，可以推测该观点认为，案外人未办理工商变更登记之前，享有的权利是债权。关于需要满足的条件，有的案例认为，应当直接适用《最高人民法院关于人民法院民事执行中查封、扣押、冻结财产的规定》第 15 条规定的要件。[②] 更多案例以及部分高级人民法院发布的文件，则建构了股权受让人提起案外人执行异议之诉的特别要件。其中，共通的要件包括案外人与被执行人在股权冻结或采取执行措施之前已签订合法有效的书面股权转让合同；案外人已按合同约定支付了股权转让价款，或者在指定的期限内已将剩余价款全部交付执行；案外人提供的证据能够证明未办理股权变更登记非因其自身原因造成。除此之外，有案例和文件认为，在股权冻结或采取执行措施之前，还需满足案外人已经公司其他股东半数以上同意、[③] 案外人的信息已经记载于股东名册、[④]

---

① 参见四川省遂宁市船山区人民法院民事判决书，(2018) 川 0903 民初 740 号。

② 参见四川省高级人民法院民事判决书，(2018) 川民终 589 号；浙江省诸暨市人民法院民事判决书，(2019) 浙 0681 民初 4224 号；浙江省永嘉县人民法院民事判决书，(2019) 浙 0324 民初 1481 号；浙江省仙居县人民法院民事判决书，(2018) 浙 1024 民初 6011 号。

③ 参见《吉林省高级人民法院关于审理执行异议之诉案件若干疑难问题的解答（二）》问题十五的规定；河北省高级人民法院民事判决书，(2018) 冀民终 1100 号；湖北省武汉市新洲区人民法院民事判决书，(2019) 鄂 0117 民初 2188 号；吉林省长春高新技术产业开发区人民法院民事判决书，(2018) 吉 0193 民初 1994 号；重庆市渝北区人民法院民事判决书，(2018) 渝 0112 民初 13032 号。

④ 参见《吉林省高级人民法院关于审理执行异议之诉案件若干疑难问题的解答（二）》问题十五的规定；河北省高级人民法院民事判决书，(2018) 冀民终 1100 号；湖北省武汉市新洲区人民法院民事判决书，(2019) 鄂 0117 民初 2188 号；四川省成都市中级人民法院民事判决书，(2018) 川 01 民初 2667 号；吉林省长春高新技术产业开发区人民法院民事判决书，(2018) 吉 0193 民初 1994 号；重庆市渝北区人民法院民事判决书，(2018) 渝 0112 民初 13032 号。

案外人已经实际行使股东权利、[①] 非因案外人自身原因未办理股权变更登记[②]等一个或者数个要件。此外，有不少案例认为，申请执行人不属于《公司法》第 32 条规定的“第三人”，申请执行人申请强制执行的行为并非基于信赖被执行人在工商登记股权的公示效力而与被执行人进行交易的行为，并无信赖利益保护的需要。[③]

二是股权受让人不得提起案外人执行异议之诉，即便提起案外人执行异议之诉，其享有的权利也不足以排除强制执行。该观点认为，申请执行人属于《公司法》第 32 条规定的“第三人”，因此，股权受让人未经登记或者变更登记的，不得对抗申请执行人。[④] 不过，也有案例指出，《公司法》第 32 条的规定只适用于有限责任公司，而不适用于股份有限

① 参见《江苏省高级人民法院执行异议及执行异议之诉案件办理工作指引（三）》第四部分第 16 条的规定；河北省高级人民法院民事判决书，（2019）冀民终 849 号；河北省肃宁县人民法院民事判决书，（2019）冀 0926 民初 555 号；河北省高级人民法院民事判决书，（2018）冀民终 1100 号；湖北省武汉市新洲区人民法院民事判决书，（2019）鄂 0117 民初 2188 号。

② 参见《江苏省高级人民法院执行异议及执行异议之诉案件办理工作指引（三）》第四部分第 16 条的规定；河北省高级人民法院民事判决书，（2019）冀民终 849 号；河北省肃宁县人民法院民事判决书，（2019）冀 0926 民初 555 号；福建省霞浦县人民法院民事判决书，（2019）闽 0921 民初 1048 号；江苏省苏州市相城区人民法院民事判决书，（2017）苏 0507 民初 243 号；四川省成都市中级人民法院民事判决书，（2018）川 01 民初 2667 号；吉林省长春高新技术产业开发区人民法院民事判决书，（2018）吉 0193 民初 1994 号；重庆市渝北区人民法院民事判决书，（2018）渝 0112 民初 13032 号。

③ 参见河北省肃宁县人民法院民事判决书，（2019）冀 0926 民初 555 号；福建省霞浦县人民法院民事判决书，（2019）闽 0921 民初 1048 号；福建省邵武市人民法院民事判决书，（2019）闽 0781 民初 265 号；浙江省仙居县人民法院民事判决书，（2018）浙 1024 民初 6011 号；四川省遂宁市船山区人民法院民事判决书，（2018）川 0903 民初 740 号。

④ 参见江苏省高级人民法院民事判决书，（2019）苏民终 986 号；云南省昆明铁路运输中级法院民事判决书，（2019）云 71 民初 6 号；四川省射洪县人民法院民事判决书，（2019）川 0922 民初 1316 号；福建省邵武市人民法院民事判决书，（2019）闽 0781 民初 265 号；云南省昆明市中级人民法院民事判决书，（2018）云 01 民初 731 号；内蒙古自治区商都县人民法院民事判决书，（2018）内 0923 民初 744 号；辽宁省沈阳市苏家屯区人民法院民事判决书，（2018）辽 0111 民初 5607 号；四川省中江县人民法院民事判决书，（2018）川 0623 民初 3226 号；贵州省毕节市（地区）中级人民法院民事判决书，（2018）黔 05 民初 28 号。

公司。[①]

笔者认为，以上两种观点的主要分歧在于，案外人享有的权利的类型（是股权还是债权抑或其他权利）以及申请执行人是否属于《公司法》第32条规定的“第三人”。关于股权转让时的股权变动模式，理论上存在意思主义、债权形式主义与修正的意思主义三种不同观点。[②] 其中，以修正的意思主义为通说。[③] 根据修正的意思主义，股权转让行为以双方当事人就股权的转让达成合意即告成立，但股权转让的法律效果只在当事人之间产生。根据《公司法》第32、74条以及《最高人民法院关于适用〈中华人民共和国公司法〉若干问题的规定（三）》第23条的条文表述可知，现行法采纳了修正的意思主义学说。因此，案外人基于合法有效的股权转让协议即可取得股权。至于申请执行人是否属于《公司法》第32条规定的“第三人”的问题，与前述（案外人基于特殊动产所有权提起执行异议之诉部分）申请执行人是否属于《民法典》第225条规定的“善意第三人”的问题相同，笔者认为，申请执行人虽无实体法上的信赖利益，但仍存在程序法上的信赖利益，具体的论证参见上文。

因此，与案外人基于特殊动产所有权提起执行异议之诉的情况相似，基于民事权益的实体法性质和效力的因素考量，申请执行人享有的是债权（这里的债权是指执行债权发生的基础权利），案外人享有的是股权，根据股权优先于债权的原则，应当保护案外人的权利。但基于申请执行人程序法上的信赖利益、避免被执行人恶意转移责任财产等程序法因素

---

① 参见湖北省黄冈市黄州区人民法院民事判决书，(2018) 鄂1102民初2521号。

② 参见赵忠奎：《公司实际出资人执行异议之诉理论检视与裁判路径选择》，载《江西财经大学学报》2020年第3期。

③ 参见施天涛：《公司法论》，法律出版社2014年版，第272页；余佳楠：《我国有限公司股权善意取得制度的缺陷与建构——基于权利外观原理的视角》，载《清华法学》2015年第4期；胡晓静：《股权转让中的股东资格确认——基于股权权属与股东资格的区分》，载《当代法学》2016年第2期；李建伟：《有限责任公司股权变动模式研究——以公司受通知与认可的程序构建为中心》，载《暨南学报（哲学社会科学版）》2012年第12期。

的考量，则应当优先保护申请执行人的权利。且要求申请执行人实质调查登记在被执行人名下的股权是否属于被执行人的责任财产，有过分增加申请执行人负担之嫌，也不符合形式主义的审查原则和执行效率的要求。基于实体法和程序法的不同侧重，采取折中方案，要求“案外人对未办理股权变更登记手续不存在过错”或“非因案外人自身原因未办理股权变更登记”，可以实现申请执行人与案外人之间的利益平衡。不过，与特殊动产变更登记不同的是，根据《最高人民法院关于适用〈中华人民共和国公司法〉若干问题的规定（三）》第 23 条的规定，签发出资证明书、记载于股东名册并办理公司登记机关登记是公司的义务。因此，只要案外人履行了通知公司的义务，即可以认定其不存在过错。

第二节 案外人基于信托提起的执行异议之诉

基于信托财产的独立性，委托人、受托人或者受益人的债权人不得申请强制执行信托财产，已是理论界和实务界的共识。我国《信托法》第 17 条规定，除例外情形，对信托财产不得强制执行。《全国法院民商事审判工作会议纪要》第 95 条也明确规定，当事人因其与委托人、受托人或者受益人之间的纠纷申请对存管银行或者信托公司专门账户中的信托资金采取保全措施的，除符合《信托法》第 17 条规定的情形外，人民法院不应当准许。背后的原因在于，信托财产不属于委托人、受托人或者受益人的责任财产。大陆法系国家或地区的理论和立法通常将信托财产本身视为独立的法主体，认为信托法律关系设立之后，信托财产即独立于委托人、受托人或者受益人，委托人不再享有信托财产的所有权，信托财产只是受托人的名义财产、受托人并不享有所有权，受益人只享有对信托财产的受益权。[①] 既然委托人、受托人或者受益人的债权人不得申请强制执行信托财产，则委托人、受托人或者受益人的债权人申请强制执行信托财产时，委托人、受托人或者受益人自然可以提起案外人执行异议之诉请求排除执行机关对信托财产的强制执行，这也是理论界和实务界的共识。值得注意的是，《信托法》第 17 条第 2 款虽然规定，"对于违反前款规定而强制执行信托财产，委托人、受托人或者受益人有权向人民法院提出异议"，但异议的表述并不准确。得否强制执行信托财产涉及特定财产是否属于信托财产的实体判断，应当通过执行异议之诉而非执行异议解决。

由于信托法律关系设立之后，委托人需将信托财产转移给受托人，因此，基于形式化原则，最易发生的情形是受托人的债权人申请强制执行信托财产。有日本学者认为，为了排除受托人的债权人对信托财产的强制执行，需要信托的公示。[②] 对此，笔者颇为赞同。维持信托财产的独立性、实现信托的本质和宗旨固然重要，但不能置善意申请执行人的程序法上的信赖利益于不顾，而且公示要件也可以避免受托人与委托人以及受益人恶意串通，通过设立信托法律关系转移委托人的责任财产。其中，不动产、动产、股权的公示自不必多言。对于货币的公示，应当实现分别管理以达到特定化的效果。此外，虽然除存在《信托法》第 17 条规定的例外情形外，委托人、受托人或者受益人的债权人不得申请强制执行信托财产，但信托财产的债权人有权强制执行信托财产。[③] 因此，信托财产的债权人申请强制执行信托财产时，委托人、受托人或者受益人不得提起案外人执行异议之诉请求排除强制执行。由于受托人对信托债

---

① 参见贾林青：《信托财产，超然于各方当事人之外的独立财产——就我国〈信托法〉有关信托财产独立性规定的适用研究》，载《法律适用》2005 年第 11 期；王迪、吴斌：《论信托财产的强制执行》，载《人民司法》2005 年第 1 期。

② 参见［日］能见善久：《现代信托法》，赵廉慧译，中国法制出版社 2011 年版，第 48 页。

③ 参见赵廉慧：《信托法解释论》，中国法制出版社 2015 年版，第 223 页。

务承担无限责任，[①] 信托债权人有权申请强制执行受托人的固有财产，受托人只能向委托人求偿，因此，信托财产的债权人申请强制执行受托人的固有财产时，受托人不得提起案外人执行异议之诉请求排除强制执行。虽然受益人对信托财产不享有所有权，但享有受益权，且受益权是一种可以转让（《信托法》第48条）的财产权，因此，受益人的债权人可以强制执行受益人的受益权，且受益人不得提起案外人执行异议之诉请求排除强制执行。

第三节　案外人基于让与担保提起的执行异议之诉

让与担保一般是指通过将所有权转移给债权人的形式，对债权进行担保的制度。[②] 第三人能否基于让与担保提起执行异议之诉，是德日等大陆法系国家或地区讨论的重要内容。因我国的让与担保制度创设较晚（首次规定于2019年11月8日实施的《全国法院民商事审判工作会议纪要》），故并未出现大量案外人基于让与担保提起执行异议之诉的案例，也未产生案外人能否基于让与担保提起执行异议之诉的深入讨论。但随着让与担保制度在实践中的逐步广泛运用，可以预见将来会产生较多关于案外人能否基于让与担保提起执行异议之诉的争议。因此，有必要在理论上，以德日等大陆法系国家或地区的理论为参照，作出说明。案外人基于让与担保提起执行异议之诉，因案外人、被执行人以及申请执行人的不同，可以分为以下几种情形分别探讨。

① 参见赵廉慧：《信托法解释论》，中国法制出版社2015年版，第372－374页。

② 参见板橋郁夫等編『民法総則・物権法』（成文堂，1991年）242頁。

一、担保人的债权人申请强制执行买卖标的物，担保权人作为案外人提起执行异议之诉

根据《全国法院民商事审判工作会议纪要》第 71 条的规定，让与担保法律关系中，担保人（转让人、债务人）需要将财产形式上转让至担保权人（受让人、债权人）名下，即将动产交付给担保权人、不动产或者股权变更登记在担保权人名下。[①] 基于此，根据形式化原则，担保人的债权人申请强制执行时，法院通常不会查封、扣押、冻结让与担保财产。不过，在担保人通过占有改定等方式占有让与担保财产（动产），或者担保权人书面确认让与担保财产属于担保人所有（《最高人民法院关于人民法院民事执行中查封、扣押、冻结财产的规定》第 2 条）时，执行法院可以查封、扣押、冻结。此时，即产生了让与担保权人能否提起案外人执行异议之诉以及能否排除强制执行的问题。在比较法理论上，存在以下几种不同观点。

一是肯定说。该说的理由是：第一，让与担保权人是让与担保财产的所有人，可以基于所有权提起案外人执行异议之诉；[②] 第二，若不允许让与担保权人提起案外人执行异议之诉，则当事人关于让与担保财产的评价额、换价方法、最低限额的添补、解放条项等约定将全部丧失意义，让与担保权人也将丧失对让与担保财产进行拍卖、变卖等换价的权利；[③] 第三，动产让与担保权人与质权人的地位相似，既然质权人可以提起案外人执行异议之诉，也应当允许动产让与担保权人提起案外人执行异议之诉；[④] 第四，强制执行妨害让与担保权人对让与担保财产的占有时，让

---

① 参见最高人民法院民事审判第二庭编著：《〈全国法院民商事审判工作会议纪要〉理解与适用》，人民法院出版社 2019 年版，第 405 页。

② 我妻榮『擔保物權法』（岩波書店，1953 年）346 頁；柚木馨『擔保物權法』（有斐閣，1958 年）393 頁；岡垣學『強制執行法概論』（中央大學出版部，1972 年）168 頁参照。

③ 参见王闯：《让与担保法律制度研究》，法律出版社 2000 年版，第 409 – 410 页。

④ 参见王闯：《让与担保法律制度研究》，法律出版社 2000 年版，第 410 页。

与担保权人没有忍受强制执行的理由，可以基于占有权提起案外人执行异议之诉；[①] 第五，若不允许让与担保权人提起案外人执行异议之诉，则可能导致其与担保人之间的关系提前解除，进而丧失相应利益；[②] 第六，让与担保具有“保护机能”和“经营维持机能”，[③] 阻止担保人的债权人对让与担保财产进行强制执行，是让与担保的目的之一，允许让与担保权人提起案外人执行异议之诉有利于实现以上机能。[④]

二是否定说。该说内部又分为以下学说：其一是优先受偿之诉说。该说认为，让与担保权人只是在形式上享有所有权或者股权，实质上享有的是担保物权，因此，应当通过优先受偿之诉寻求救济。[⑤] 其二是申请参与分配说。该说的理由与优先受偿之诉说的理由相同，不过认为让与担保物权人不是提起优先受偿之诉，而是应当通过申请参与分配获得相应救济。[⑥]

三是折中说。该说内部也有不同的观点。第一种观点认为，在流质型让与担保中，让与担保权人可以提起案外人执行异议之诉；而在清算型让与担保中，让与担保权人只享有优先受偿请求权。[⑦] 第二种观点认

---

① 中野貞一郎「譲渡擔保權者と第三者異議の訴」鈴木忠一＝三ケ月章監修『実務民事訴訟講座（第10)』(日本評論社，1970年）124頁。

② 参见王闯：《让与担保法律制度研究》，法律出版社2000年版，第410页。

③ 让与担保的机能参见遠藤浩等編治『民法 担保物権』(有斐閣，2003年）167頁以下；槙次悌『担保物権法』(有斐閣，1986年）309頁。

④ 参见王闯：《让与担保法律制度研究》，法律出版社2000年版，第410页；中野貞一郎『民事執行・保全法概説』(有斐閣，2006年）140頁。

⑤ 小野木『強制執行法概論』(酒井書店，1960年）345頁；小野木常『強制執行法・破產法講義』(有斐閣，1954年）46頁；鈴木祿彌『物權法講義（3訂版)』(創文社，1985年）285頁；我妻榮『新訂擔保物權法』（岩波書店，1968年）614頁；石川明『強制執行法概論』(鳳舎，1967年）208頁参照。

⑥ 中野貞一郎「強制執行における變態擔保」中田淳一＝三ケ月章『民事訴訟法演習Ⅱ』(有斐閣，1964年）286頁；内田武吉『民事執行・保全法要説』（成文堂，1999年）78頁参照。

⑦ 菊井維大『民事訴訟法（2)』（有斐閣，1950年）117頁；中野貞一郎『民事執行・保全法概説』(有斐閣，2006年）140頁参照。

为，在让与担保财产的评价额等于或者未超过被担保的债权额时，让与担保权人可以提起案外人执行异议之诉；而在让与担保财产的评价额超过被担保的债权额（且担保人无其他责任财产可供执行）时，让与担保权人只享有优先受偿请求权。① 第三种观点认为，担保人的其他责任财产足以满足其债权人的债权时，让与担保权人可以提起案外人执行异议之诉；而担保人的其他责任财产不足以满足其债权人的债权时，让与担保权人只享有优先受偿请求权。②

笔者认为，在我国，让与担保权人原则上不得提起案外人执行异议之诉。不过，例外情形是，在让与担保财产所担保的债权尚未到期、未获清偿之前，且让与担保财产的评价额等于或者未超过被担保的债权额时，让与担保权人可以提起案外人执行异议之诉。具体理由如下：

根据《全国法院民商事审判工作会议纪要》第 71 条的规定，我国关于让与担保的权利构造模式采取的是担保物权构造，③ 且只承认了清算型让与担保的合法性。因此，当事人已经完成财产权利变动的公示方式且债务人到期没有清偿债务时，让与担保权人享有的是优先受偿权，上述肯定说的第一个理由不成立。有观点认为，让与担保的实行可以依据当事人合意的方式而无须经过公开拍卖等程序，当事人缔结以私人实行作为理论前提的让与担保契约是因为当事人发现法定的拍卖程序不能获得预期的充分的卖得价款，被担保债权的充分满足将因其他债权人强制执行标的物的偶然性而无法实现并进而丧失担保机能。④ 对此，笔者并不赞

① 三ケ月章『民事執行法（第二卷）』（弘文堂，1981 年）260 頁；兼子一『（增補）強制執行法』（弘文堂，1951 年）64 頁；和田吉弘『民事執行法・民事保全法』（弘文堂，2007 年）73－74 頁；中野貞一郎『民事執行・保全法概説』（有斐閣，2006 年）140 頁；淡路剛久等著『民法Ⅱ 物権』（有斐閣，1987 年）319 頁参照。

② 参见王闯：《让与担保法律制度研究》，法律出版社 2000 年版，第 413 页。

③ 让与担保的权利构造模式存在所有权的构成和担保权的构成两种模式。石田喜久夫『口述物権法』（成文堂，1992 年）530 頁参照。

④ 参见王闯：《让与担保法律制度研究》，法律出版社 2000 年版，第 419 页。

同。一方面，根据《全国法院民商事审判工作会议纪要》第 71 条的规定，让与担保权人可以自行实现权利，也可以参照法律关于担保物权的规定实现权利。即通过实现担保物权非讼程序、诉讼程序以及执行程序实现权利，不能认为私人实行是理论前提，且当事人缔结担保物权合同的目的显然是为了担保主债权的实现，私力救济或者公力救济只不过是实现权利的手段而已。另一方面，并无任何数据表明通过公力救济获得的价款低于私力救济。事实上，私力救济反而为案外人和被执行人恶意串通通过让与担保规避执行提供了路径，且只要承认让与担保权人的优先受偿权，允许其直接申请参与分配，并不会影响让与担保功能的实现。因此，上述肯定说的第二个理由不成立。已如前述，案外人原则上不得基于质权提起执行异议之诉，上述肯定说的第三个理由也不成立。此外，要求债权人和执行法院调查担保人的其他责任财产是否足以满足债权人的债权，既不符合执行程序作为个别执行程序的本质，也徒增执行债权人和执行法院的工作量，影响执行效率，因此，上述折中说的第三种观点也不成立。

至于上述肯定说的第四、第五、第六个理由，折中说的第二种观点，以及让与担保财产所担保的债权尚未到期、未获清偿，构成让与担保权人可以提起案外人执行异议之诉的例外情形。让与担保财产所担保的债权尚未到期、未获清偿时，若强制执行让与担保财产，势必妨害让与担保权人的占有和期限利益，有损让与担保所具有的“保护机能”和“经营维持机能”。因此，应当允许让与担保权人提起案外人执行异议之诉。不过，与前述保证金的质权人提起案外人执行异议之诉的情形相同，不能排除控制性执行措施，只能排除处分性执行措施。不过，让与担保财产的评价额远超被担保的债权额时，若不允许担保人的债权人申请强制执行让与担保财产，势必严重损害担保人的债权人的利益。因此，从利益平衡的角度，在让与担保财产的评价额等于或者未超过被担保的债权额时，允许让与担保权人提起案外人执行异议之诉；而在让与担保财产的评价额超过被担保的债权额时，只允许让与担保权人享有优先受偿请求权，应当是一种有效实现申请执行人和案外人利益的折中方案。

事实上，日本关于让与担保权人得否提起第三人异议之诉的学说也是与让与担保的权利构造模式紧密相关的。三ケ月章教授指出："在日本，非典型担保主要是不动产的临时登记担保和动产的让与担保、所有权保留。这些非典型担保，虽然共同点均在于以取得（或保留）所有权的形式保护权利人的担保地位，但无论是作为担保的手段还是使用所有权的转移（或保留）的法律技术，所有权才是第三人异议之诉事由的典型，因此，很容易接受第三人异议之诉。事实上，日本的主流思维方式是，既然采取了所有权转移的形式（或是保留下来），即使从经济上看是为了担保，执行法上也不得不作为所有权来对待，且第三人异议之诉被承认，这样的想法是极为有力的。但不久，人们开始反省，这种非典型担保的实质也是担保，所有权的转移（或保留）也不过是为此目的的一种手段，不能被手段所抛弃而失去本体。在这一点上引起争论的一大契机是，修改后的国税征收法在日本现行法律中首次规定让与担保实质上等同于法定担保权。以这一规定的出现为契机，越来越多的人认为，在执行法上将让与担保视为法定担保，只要允许优先受偿就够了，再通过第三人异议之诉，全面排除执行，是不是太过分了？之后，判例也明显地表现出了重视让与担保和临时登记担保的担保权构成，尽量以个别执行（以及总括执行）的方式给予接近法定担保权的待遇的倾向。其中的一个终点就是制定了临时登记担保法，这是对非典型担保的一种类型——临时登记担保，以彻底的形式对担保权的构成进行实体和程序上的规制。在民事执行法的立案阶段，一部分学者强烈主张应该在这样的动向中明确让与担保和所有权保留的执行法上的处理。事实上，在民事执行法中，只从程序法的角度来制定对策是个问题，所以最终没有任何立法规制就结束了。但是，在民事执行法的解释中，如何评价这种立法上的经过是一个问题（与立法相关的部分实务家认为，虽然存在这样的问题，但仍被搁置，似乎有维持现有所有权构成的意义，但这是不正当的）。让与担保和所有权保留的规定在民事执行法的制定中被搁置，这不过是急于立法的缘故，应该认为问题的解决会在将来的立法和学说的展开。作为其大方向，应坚持作为现行法律的国税征收法和临时登记担保法所提出的态度，即尽可能将非典型担保与法定担保权同等对待的态度，作为解释上的基本方针。”[①] 另外，林良平、石田喜久夫、白羽祐三、高岛平蔵、高木多喜男等教授亦持相同观点。[②]

二、担保权人的债权人申请强制执行买卖标的物，担保人作为案外人提起执行异议之诉

已如前述，让与担保法律关系中，担保人需要将财产形式上转让至担保权人名下，因此更为常见的情形是，执行法院根据让与担保权人（被执行人）的债权人申请，基于形式化原则，查封、扣押、冻结让与担保财产。且有日本学者认为，对让与担保权人拥有债权的债权人扣押登记在让与担保权人名下的不动产时，如果采取让与担保权人拥有完全所有权的信托让与说，扣押有效。[③] 此时，即产生了担保人能否提起案外人执行异议之诉以及能否排除强制执行的问题。在比较法理论上，也存在不同的观点。

一是肯定说。第一，虽然让与担保财产由让与担保权人占有（动产）或者登记在其名下（不动产、股权），但担保人是实质意义上的所有权人，担保人到期清偿债务时，该财产将返还给担保人，因此，应当允许担保人基于所有权提起案外人异议之诉；第二，若不允许担保人提起案外人执行异议之诉，让与担保权人的优先受偿权也会受到损害。[④]

---

① 三ケ月章『民事執行法』（弘文堂，1981 年）145 – 146 頁。

② 林良平等『口述担保物権』（有斐閣，1981 年）308 – 309 頁。

③ 山野目章夫『物権法』（日本評論社，2004 年）300 頁。

④ 齋藤秀夫『強制執行法講義』（青林書院新社，1977 年）98 頁；柚木馨『抵當権・讓渡擔保（注釈民法）』（有斐閣，1965 年）358 頁；我妻榮『動産抵當制度』（勁草書房，1957 年）73 頁；植林弘「讓渡擔保」谷口知平 = 加藤一郎『新民法演習第 2（物権）』（有斐閣，1967 年）265 頁参照。

二是否定说。由于让与担保人对让与担保财产并不享有所有权，因此，不能基于所有权提起案外人执行异议之诉。[①]

笔者认为，担保人可以提起案外人执行异议之诉。理由在于：既然《全国法院民商事审判工作会议纪要》第 71 条关于让与担保的权利构造模式采取的是担保物权构造，则担保人仍是让与担保财产的所有权人，其可以基于所有权提起案外人执行异议之诉。虽然在外部关系上，申请执行人具有程序法上的信赖利益，但与前述虚假登记权利人提起的案外人执行异议之诉等情形不同的是，担保人将财产在形式上转让至担保权人名下是让与担保制度的应有之义，其不具有可归责性。如果允许申请执行人强制执行让与担保财产，势必严重侵害担保人的财产权，尤其是在担保人已经履行了大部分债务的情况下。而且，虽然申请执行人不能申请强制执行让与担保财产，但可以申请强制执行担保权人对担保人享有的债权，其利益并无受损之虞。日本学者也指出，债权人可以扣押担保权人对担保人的标的物交付请求权。[②]

第四节　案外人基于所有权保留提起的执行异议之诉

案外人基于所有权保留提起的执行异议之诉，因案外人、被执行人以及申请执行人的不同，可以分为以下几种情形分别探讨。

一、买受人的债权人申请强制执行买卖标的物，出卖人作为案外人提起执行异议之诉

在所有权保留交易中，通常由买受人实际占有标的物。而基于执行

① 柚木馨『擔保物權法』（有斐閣，1958 年）392 頁；我妻榮『擔保物權法』（岩波書店，1953 年）235 頁；兼子一『（增補）強制執行法』（弘文堂，1951 年）56 頁参照。

② 近江幸治『民法講義Ⅲ 担保物権』（成文堂，2004 年）311 頁参照。

标的的非抗辩性特征，对于动产的执行，只要该项财产由被执行人所占有，就可推定其为被执行人所有，并强制执行。[①] 因此，买受人的债权人申请强制执行买卖标的物，在司法实践中最容易发生。又根据《民法典》第 641 条的规定，在所有权保留交易中，买受人未履行支付价款或者其他义务时，标的物的所有权属于出卖人。根据《民法典》第 642 条的规定，买受人未按照约定支付价款且经催告后在合理期限内仍未支付或者未按照约定完成特定条件或者将标的物出卖、出质或者作出其他不当处分时，出卖人在标的物所有权转移前有权取回标的物。因此，司法实践中，在买受人的债权人申请强制执行买卖标的物时，出卖人通常作为案外人且以其享有所有权或者取回权为由提起执行异议之诉。出卖人以其享有所有权或者取回权为由提起执行异议之诉时，各地法院、不同法官对于能否排除强制执行的态度有所不同。值得特别说明的是，由于《民法典》第 641 条第 2 款关于所有权保留交易实行登记对抗主义的规定属于新增规定，且《民法典》自 2021 年 1 月 1 日起施行，因此，笔者梳理的实证资料主要是以所有权保留交易尚未实行登记对抗主义为前提。

具体来说，金钱请求权执行程序中，一些法官或者法院以不区分所有权保留交易是否存在登记为前提，认为出卖人基于其对所有权保留买卖标的物享有的所有权，可以提起案外人执行异议之诉。不过，关于排除强制执行的条件有所不同，存在以下几种观点：第一，只要出卖人对所有权保留买卖标的物享有所有权，即可排除强制执行；[②] 第二，出卖人对所有权保留买卖标的物享有所有权，且将其已经收取的价款按照人民

---

① 参见肖建华：《执行标的若干问题研究》，载陈光中、江伟主编：《诉讼法论丛》（第 2 卷），法律出版社 1998 年版。

② 参见贵州省威宁彝族回族苗族自治县人民法院民事判决书，（2019）黔 0526 民初 111 号；浙江省宁海县人民法院民事判决书，（2017）浙 0226 民初 8103 号。此外，《安徽省高级人民法院关于审理执行异议之诉案件若干问题的会议纪要》第 17 条规定："动产所有权保留买卖中，作为买受人的被执行人尚未取得所有权，出卖人以其系所有权人提起执行异议之诉的，应予支持。"

法院的要求交付执行时，可以排除强制执行；[①] 第三，出卖人对所有权保留买卖标的物享有所有权，且出卖人与被执行人之间存在合法有效的买卖合同、出卖人尚未丧失取回权、出卖人将已经收取的价款按照人民法院的要求交付执行、申请执行人未向出卖人支付剩余价款时，可以排除强制执行；[②] 第四，出卖人对所有权保留买卖标的物享有所有权，且出卖人享有法定的解除合同权、取回权未受限制，或者同时满足出卖人与被执行人订立的保留所有权买卖合同合法有效、该合同成立于案涉动产被查封或采取执行措施之前、出卖人提供的证据能够证明该财产来源及交付时间及完整的流转过程、出卖人同意将被执行人支付的全部价款交付执行、出卖人与被执行人不存在利益关联等条件时，可以排除强制执行。[③]

① 参见江苏省苏州市相城区人民法院民事判决书，(2018) 苏 0507 民初 5680 号。

② 《吉林省高级人民法院关于审理执行异议之诉案件若干疑难问题的解答》问题七规定："金钱债权执行中，人民法院对登记在被执行人名下的特殊动产实施执行，案外人以其系保留案涉特殊动产所有权的出卖人为由提起执行异议之诉请求排除执行的，在人民法院实施执行之前，案外人与被执行人就案涉特殊动产已经形成了合法有效的买卖合同关系并书面约定由案外人保留案涉特殊动产的所有权，同时被执行人已经实际占有并使用案涉特殊动产的，人民法院应当就案外人是否已经丧失了案涉特殊动产的取回权进行审查，案外人尚未丧失案涉特殊动产取回权且将其已经收取的价款按照人民法院的要求交付执行的，对案外人排除执行的请求，人民法院应当支持。被执行人已经支付的价款虽未超过全部价款的百分之七十五但申请执行人已经向案外人支付了剩余价款的，可以按照案外人丧失案涉特殊动产的取回权处理。"

③ 《江苏省高级人民法院执行异议及执行异议之诉案件审理指南（三）》（已失效）第三部分第 13 条规定："被执行人买受并实际占有的一般动产，案外人以其对该动产保留所有权为由，提出执行异议，请求排除执行的，适用《民事诉讼法》第二百二十七条规定进行审查，并裁定不予支持。因此引发的执行异议之诉案件中，案外人享有法定的解除合同权且取回权未受限制，或者同时具备下列情形的，应判决不得执行该标的物：①案外人与被执行人订立的保留所有权买卖合同合法有效；②该合同成立于案涉动产被查封或采取执行措施之前；③案外人提供的证据能够证明该财产来源、交付时间及完整的流转过程；④案外人同意将被执行人支付的全部价款交付执行；⑤案外人与被执行人不存在利益关联等情形。"此外，广东省佛山市高明区人民法院民事判决书，(2017) 粤 0608 民初 2271 号；山东省梁山县人民法院民事判决书，(2016) 鲁 0832 民初 3636 号；温州市龙湾区人民法院民事判决书，(2015) 温龙执异初字第 5 号；新疆维吾尔自治区库尔勒市人民法院民事判决书中，(2015) 库民执异字第 01 号；法官均以买受人已经支付标的物的总价款是否超过 75%，作为判断出卖人是否丧失取回权的判断标准。

不过，也有一些法官认为，虽然出卖人基于其对所有权保留买卖标的物享有的所有权可以提起案外人执行异议之诉，但是否足以排除强制执行需根据所有权保留交易是否存在登记以及申请执行人是否属于善意第三人而定。理由在于，虽然出卖人与被执行人可以在买卖合同中约定被执行人未履行支付价款或者其他义务的，标的物的所有权属于出卖人，但对于申请执行人以及人民法院而言，被执行人实际占有买卖标的物时，根据占有的权利外观，被执行人享有所有权。因此，出卖人若希望产生其享有的所有权足以对抗申请执行人享有的权益或者说足以排除人民法院采取的强制执行措施的效果，则必须在买卖标的物发生占有转移时，采取任何公示或者恰当、必要的手段使所有权保留买卖标的物的权属关系公开化，进而使申请执行人以及人民法院得以从外部认识到所有权的实际归属。否则，申请执行人以及依职权采取强制执行措施的人民法院不应当也不可能知道出卖人对买卖标的物保留所有权。事实上，出卖人与被执行人之间的所有权保留约定只能对买卖合同双方当事人产生约束力，该所有权保留约定不得对抗善意的申请执行人。①

此外，司法实践中还存在以下几种特殊情形：第一，有法官认为，出卖人与被执行人在买卖合同中约定所有权保留条款且被执行人违约时，出卖人既可以要求被执行人继续履行合同、支付剩余价款，也可以解除买卖合同、取回买卖标的物，不过，出卖人选择了所有权就丧失了债权，选择了债权就丧失了所有权，因此，如果出卖人通过另诉主张实

---

① 参见广东省广州市中级人民法院民事判决书，(2016) 粤01民终4209号。此外，广东省高级人民法院民事判决书，(2013) 粤高法民二终字第25号；江苏省无锡市中级人民法院民事判决书，(2019) 苏02民终1645号；山西省大同市中级人民法院民事判决书，(2018) 晋02民终2183号；广东省中山市第一人民法院民事判决书，(2018) 粤2071民初19176号；江苏省无锡市锡山区人民法院民事判决书，(2018) 苏0205民初3151号；广东省汕头市金平区人民法院民事判决书，(2018) 粤0511民初3499号；沈阳市铁西区人民法院民事判决书，(2016) 辽0106民初4705号；浙江省武义县人民法院民事判决书，(2016) 浙0723民初3921号；江西省宜春市袁州区人民法院民事判决书，(2015) 袁民一初字第292号等，亦持类似观点。

现债权时，则不能基于所有权提起案外人执行异议之诉请求法院判决排除强制执行。[①] 不过，也有法官认为，出卖人通过另诉主张实现债权，并不影响出卖人与被执行人关于所有权保留的约定，出卖人可以基于其对买卖标的物享有的所有权提起执行异议之诉请求法院判决排除强制执行。[②] 第二，所有权保留买卖标的物为种类物时，有法官认为，根据标的物的单价以及买受人已经支付的价款，出卖人只对部分标的物享有所有权，只能提起案外人执行异议之诉请求法院判决对部分标的物排除强制执行。[③] 第三，出卖人与被执行人在买卖合同中约定所有权保留条款且被执行人再次出卖标的物时，有法官认为，从保护交易安全以及善意第三人利益角度出发，所有权保留条款已经无法实现，出卖人不能基于其对买卖标的物享有的所有权提起执行异议之诉请求法院判决排除强制执行。[④]

在理论方面，我国的民诉法学者并未区分所有权保留交易是否存在登记，且均认为出卖人可以提起案外人执行异议之诉，出卖人对所有权

---

① 参见江苏省新沂市人民法院民事判决书，(2017) 苏 0381 民初 7859 号；吉林省高级人民法院民事判决书，(2015) 吉民一终字第 116 号。

② 参见河南省郑州市中级人民法院民事判决书，(2014) 郑民三终字第 1230 号。

③ 参见江苏省太仓市人民法院民事判决书，(2018) 苏 0585 民初 6235 号认为：“原告与被告泉辉公司签订的《起重机安装合同》成立并生效，双方均应该按照约定履行义务、享受权利。本案中，《起重机安装合同》中对合同的标的物、规格型号、数量及价款以及标的物所有权保留等内容进行了约定。合同履行过程中，原告虽将案涉 18 台 LD 单梁起重机运至被告泉辉公司承租的南方公司厂房内，并进行了安装，但被告泉辉公司实际支付了 15 台 LD 单梁起重机的价款 72 万元，另外 3 台并未支付相应的价款，根据双方对标的物所有权保留的约定，3 台 LD 单梁起重机的所有权仍属原告所有。庭审中，原告提供了 3 台 LD 单梁起重机的具体产品编号即 17030112、17040126、17040127，故本院对原告要求确认该 3 台 LD 单梁起重机归原告所有，并停止对该 3 台 LD 单梁起重机的强制执行的请求予以支持。”

④ 参见江苏省太仓市人民法院民事判决书，(2018) 苏 0585 民初 6519 号。

保留买卖标的物享有的所有权足以排除强制执行。[①] 理由如下：第一，德国、日本、我国台湾地区均认为，出卖人可以提起案外人执行异议之诉。[②] 第二，如果不允许出卖人提起案外人执行异议之诉，出卖人享有的取回权难以得到保障。[③] 第三，如果对出卖人保留所有权的事实和法律效力轻易否认，将保留所有权等同于普通担保，进而认为出卖人无权提起执行异议之诉，有悖于所有权保留制度的立法初衷。[④] 不过，根据《最高人民法院关于审理买卖合同纠纷案件适用法律问题的解释》第 26 条规定，出卖人行使取回权存在两点限制：一是买受人已经支付标的物总价款的 75% 以上的，出卖人取回权不能行使；二是标的物被买受人处分后，第三人善意取得。[⑤] 最高人民法院 2008 年发布的《关于人民法院民事执行中查封、扣押、冻结财产的规定》（已被修改）第 18 条第 1 款规定，申请执行人已向第三人支付剩余价款或者第三人书面同意剩余价款从该财产变价款中优先支付的，人民法院可以查封、扣押、冻结。因此，以上三种情形下，案外人对所有权保留买卖标的物享有的所有权不足以排除强制执行。

而在日本，关于出卖人得否提起第三人异议之诉，存在一定争议。

---

① 参见曹春梅：《第三人异议之诉研究》，西南政法大学 2015 年博士学位论文，第 71 页；匡青松：《第三人执行异议之诉研究》，湘潭大学 2011 年博士学位论文，第 56 页；汤维建、陈爱飞：《“足以排除强制执行民事权益”的类型化分析》，载《苏州大学学报（哲学社会科学版）》2018 年第 2 期；王聪：《案外人执行异议之诉中异议事由的类型化研究——以“足以排除强制执行的民事权益”为中心》，载《法治研究》2018 年第 4 期；陈娴灵：《案外人异议之诉异议事由释论》，载《江汉论坛》2011 年第 9 期。

② 参见曹春梅：《第三人异议之诉研究》，西南政法大学 2015 年博士学位论文，第 71 页；汤维建、陈爱飞：《“足以排除强制执行民事权益”的类型化分析》，载《苏州大学学报（哲学社会科学版）》2018 年第 2 期。

③ 参见曹春梅：《第三人异议之诉研究》，西南政法大学 2015 年博士学位论文，第 71 页。

④ 参见曹春梅：《第三人异议之诉研究》，西南政法大学 2015 年博士学位论文，第 71 页；匡青松：《第三人执行异议之诉研究》，湘潭大学 2011 年博士学位论文，第 56 页。

⑤ 参见王聪：《案外人执行异议之诉中异议事由的类型化研究——以“足以排除强制执行的民事权益”为中心》，载《法治研究》2018 年第 4 期。

例如，有判例认为，出卖人可以通过第三人异议之诉排除他人的强制执行，且与让与担保不同，没有“除非存在特别情况”的说法，这一点也有可能是考虑到，出卖人取回标的物时有销售渠道，可以有利地将其金钱化，在让与担保的判例之前，也有可能不是所谓的担保权的构成，而是接近所有权的构成。[①]（事实上，有民法学者明确以所有权的构成为前提，认为出卖人可以提起第三人异议之诉[②]）也有观点认为，在保留所有权的情况下，在完成付清全部货款的停止条件之前，出卖人是所有权人，买受人只是拥有标的物的使用权和应通过付清货款取得所有权的期待权，对于买受人的债权人的扣押，出卖人可以提起第三人异议之诉。[③] 且所有权保留是向不能立即还清货款的人出售物品，由于不把因买受人的处分和出卖人的债权人的扣押而无法收回货款对应的所有权转移给买受人，所以交易上的必要性被承认；另外，与让与担保或者临时登记担保不同，债权金额和标的物的金额之间不存在显著的不均衡，因此强调担保的一面，完全否定第三人异议之诉的做法值得批评；扣押债权人可以代替买受人偿还剩余债务，在将标的物的所有权转移给买受人之后继续强制执行，或者扣押买受人对出卖人的差额清算请求权。[④] 相反的观点则认为，在实体法上，让与担保和所有权保留均具有担保性质，因此有力地主张优先受偿。[⑤]

笔者认为，讨论出卖人能否提起案外人执行异议之诉以及能否基于其对买卖标的物享有的所有权排除强制执行，不能脱离所有权保留交易采取的权利构造模式以及所有权保留交易登记制度。而且，已如前述，日本关于所有权保留买卖标的物的出卖人得否提起第三人异议之诉的学

---

① 和田吉弘『民事執行法・民事保全法』（弘文堂，2007 年）74 頁参照。

② 石田喜久夫『口述物権法』（成文堂，1992 年）570－571 頁参照。

③ 中野貞一郎『民事執行・保全法概説』（有斐閣，2006 年）138 頁参照。

④ 中野貞一郎『民事執行・保全法概説』（有斐閣，2006 年）138－139 頁参照。

⑤ 内田武吉『民事執行・保全法要説』（成文堂，1999 年）78 頁；山野目章夫『物権法』（日本評論社，2004 年）309 頁参照。

说也是与所有权保留的权利构造模式紧密相关的。[①] 所有权保留交易的权利构造模式采取所有权构造时，出卖人作为所有权人的地位得到极大的尊重。[②] 此时，出卖人当然可以基于其对买卖标的物享有的所有权提起案外人执行异议之诉。如果所有权保留交易未经登记，根据《民法典》第641条第2款的规定，出卖人对标的物保留的所有权，不得对抗善意第三人。此处的“善意第三人”不仅包括实体法意义上的善意第三人，也应当包括程序法意义上的善意第三人，也就是善意的申请执行人。善意的申请执行人因权利外观而信赖特定执行标的物属于被执行人所有，且基于该信赖为启动强制执行程序付出了一定的时间、金钱等成本时，有必要对申请执行人程序法上的信赖利益予以保护。[③] 此外，所有权保留买卖的标的物是船舶、航空器和机动车时，不应苛以申请执行人过高的注意义务。即便船舶、航空器和机动车尚未登记在被执行人名下，只要由被执行人占有，申请执行人申请强制执行船舶、航空器和机动车时，就应推定申请执行人为善意，这也符合《民法典》第225条的规定。

如果所有权保留交易已经登记，出卖人若想基于其对标的物保留的所有权对抗申请执行人享有的债权（这里的债权是指申请执行人享有的执行债权发生的基础权利），必须同时满足以下五个条件：第一，出卖人与被执行人之间存在合法有效的所有权保留买卖合同；第二，所有权保留买卖合同成立于案涉标的物被采取控制性执行措施之前；第三，出卖人提供的证据能够证明所有权保留买卖标的物的来源以及交付时间和完整的流转过程；第四，出卖人同意且实际将被执行人已经支付的全部价款交付执行法院执行；第五，出卖人享有的取回权未受限制以及尚未丧

---

① 三ケ月章『民事執行法』（弘文堂，1981年）145－146頁参照。

② 参见高圣平：《〈民法典〉视野下所有权保留交易的法律构成》，载《中州学刊》2020年第6期。

③ 参见肖建国、庄诗岳：《论案外人异议之诉中足以排除强制执行的民事权益——以虚假登记财产的执行为中心》，载《法律适用》2018年第15期。

失。其中，前三个条件旨在避免出卖人与被执行人恶意串通规避执行，损害申请执行人的利益；第四个条件旨在平衡申请执行人和出卖人之间的利益，避免因出卖人取回标的物而又未返还被执行人支付的价款而损害申请执行人的利益（如果出卖人没有返还价款，买受人对出卖人享有价金债权，买受人的债权人可以申请强制执行该价金债权，但这无疑会增加申请执行人的执行成本，浪费国家司法资源）；第五个条件旨在回应实体法的规定，取回权在性质上属于物上请求权，[1] 如果该物上请求权受到限制或者已经丧失，自然不能对抗申请执行人享有的债权。

值得进一步说明的条件是，何谓“出卖人享有的取回权未受限制以及尚未丧失”？根据民事实体法和民事诉讼法的规定，出卖人取回权受到限制或者丧失的情形有以下几种：第一，最高人民法院 2008 年发布的《关于人民法院民事执行中查封、扣押、冻结财产的规定》（已被修改）第 18 条第 1 款规定，被执行人购买第三人的财产，已经支付部分价款并实际占有该财产，但第三人依合同约定保留所有权，申请执行人已向第三人支付剩余价款或者第三人书面同意剩余价款从该财产变价款中优先支付的，人民法院可以查封、扣押、冻结。（虽然最高人民法院于 2020 年发布、2021 年实施的《关于人民法院民事执行中查封、扣押、冻结财产的规定》第 16 条删除了这一内容，但值得注意的是，笔者此处是以所有权保留交易的权利构造模式采取所有权构造为前提）出卖人书面同意剩余价款从所有权保留买卖标的物变价款中优先支付时，即表明出卖人同意人民法院对所有权保留买卖标的物采取处分性执行措施，且知晓一旦对所有权保留买卖标的物进行变价其将丧失所有权，因此，应视为出卖人自动放弃了所有权保留买卖标的物的取回权、所有权。申请执行人代替被执行人支付剩余价款时，即满足了被执行人履行完毕支付价款义

---

① 参见高圣平：《〈民法典〉视野下所有权保留交易的法律构成》，载《中州学刊》2020 年第 6 期。

务，所有权保留买卖标的物所有权发生转移的约定。此时，被执行人取得所有权，出卖人丧失取回权、所有权，人民法院当然可以对所有权保留买卖标的物采取执行措施。其实，如果其他义务在性质上不排除代为履行，也可由申请执行人代为履行。

问题是，出卖人能否拒绝申请执行人代为支付剩余价款？而且，在所有权保留买卖中，标的物的价值大为升值，出卖人拒绝受领的情形极有可能发生。申请执行人代为支付剩余价款相当于代替被执行人提前履行债务。有观点认为，根据《民法典》第530条第1款的规定，卖方可以履行期未至为由拒绝配合执行工作。[①] 笔者认为，根据《民法典》第530条第1款的规定，提前履行如果不损害债权人的利益，债权人不可以拒绝受领。拒绝受领，仅于债务人提供的履行不符合要求的问题达到相当的程度场合，才可以拒绝受领；否则，便属于债权人对于拒绝受领的滥用。[②] 所有权保留买卖当事人双方订立合同的目的是使买受人最终取得标的物所有权，出卖人最终取得对价。申请执行人代为支付剩余价款，使出卖人的利益得到提前满足，并无损害情形。至于买卖标的物价值大为升值，本是买卖双方当事人订立合同时所应预料到的问题，不应成为出卖人拒绝受领的理由。因此，卖方不可以履行期未至拒绝配合执行工作。此外，被执行人下落不明，并不影响申请执行人代为支付剩余价款，不需要征得被执行人的同意。被执行人下落不明或者出卖人拒绝受领时，代为支付的剩余价款可以由执行法院代为保存或者交由提存机关保存。

第二，《最高人民法院关于审理买卖合同纠纷案件适用法律问题的解释》第26条规定，“买受人已经支付标的物总价款的百分之七十五以上，出卖人主张取回标的物的，人民法院不予支持。在民法典第六百四十二条第一款第三项情形下，第三人依据民法典第三百一十一条的规定已经

---

① 参见杨建进、吴传档：《浅析所有权保留财产的执行》，载《法律适用（国家法官学院学报）》2001年第5期。

② 参见韩世远：《合同法总论》，法律出版社2011年版，第318页。

善意取得标的物所有权或者其他物权，出卖人主张取回标的物的，人民法院不予支持”。其中，在《民法典》第641条第2款新创设的所有权保留交易登记对抗主义制度之下，如果所有权保留交易已经登记，则第三人无法适用善意取得制度取得所有权保留买卖标的物的所有权，只要被执行人存在《民法典》第642条第1款规定的三种情形，出卖人即可以行使取回权。

第三，出卖人基于债权请求权要求被执行人继续履行支付剩余价款的义务或者其他义务时，应推定出卖人放弃了取回权。买受人不依约定偿还价款时，出卖人可解除契约，或本其所保留之所有权取回标的物。[①]换言之，如果被执行人不按照所有权保留买卖合同的约定履行义务，则出卖人有权基于债权请求权要求被执行人继续履行支付剩余价款的义务或者其他义务，也有权基于物权请求权要求解除合同并取回所有权保留买卖标的物。此时，即发生物权请求权与债权请求权的竞合。在被执行人违反合同约定时，出卖人享有要求被执行人继续履行支付剩余价款的义务或者其他义务与取回所有权保留买卖标的物的选择权，在公平的原则下，如果出卖人请求被执行人继续履行支付剩余价款的义务或者其他义务，应推定出卖人放弃了取回权。出卖人基于债权请求权通过给付之诉等程序取得执行依据后，其可以向执行机关申请强制执行被执行人的一般责任财产或者附所有权保留负担的财产。如果同时赋予出卖人取回所有权保留买卖标的物和支付剩余价款或者履行其他义务的权利，不但有悖于实质公平，而且会导致买卖标的物所有权归属不明。既不利于实体法上责任承担、风险负担等问题的区分，也不利于强制执行工作的开展。

此外，所有权保留买卖标的物为种类物时，能否根据标的物的单价

---

① 参见王泽鉴：《民法学说与判例研究》（第七册），北京大学出版社2009年版，第179页。

以及买受人已经支付的价款，认定被执行人已经取得部分标的物的所有权，出卖人只对部分标的物享有所有权，只能提起案外人执行异议之诉请求法院判决对部分标的物排除强制执行？该问题涉及所有权保留交易的性质。理论上对所有权保留交易的性质争议颇多，大致有以下几种观点：附停止条件所有权转移说、部分所有权转移说、质权说、担保物权说、法定所有权说、担保权益说、限制所有权说。① 其中，附停止条件所有权转移说是通说，我国民法学者虽对所有权保留的性质持不同态度，但均认为买受人未按约定付清全部价款或者完成特定条件前，买卖标的物所有权不发生转移。从比较法的角度来看，德国《民法典》第455条、意大利《民法》第1523条②、我国台湾地区“动产担保交易法”第26条③、《美国统一附条件买卖法》④、日本民法⑤等均认为物权行为所附条件为停止条件。基于此，如果出卖人与被执行人未在合同中特别约定所有权保留买卖标的物为种类物时，根据标的物的单价以及买受人已经支付的价款转移标的物所有权，则不能认定出卖人只对部分标的物享有所有权，出卖人可以提起案外人执行异议之诉请求法院判决对全部标的物排除强制执行。

所有权保留买卖中，买受人通常实际占有标的物。因此，极有可能发生所有权保留买卖标的物再为添附的情形。而添附是指不同所有人的物被结合、混合在一起成为一个新物，或者利用别人之物加工成为新物

---

① 参见翟云岭、孙得胜：《论所有权保留》，载《法学家》2010年第1期。

② 意大利《民法》第1523条规定，在保留所有权的分期付款买卖中，买受人自支付最后一期价金时起，获得物的所有权，但是风险自物交付时转移。参见《意大利民法典》，费安玲等译，中国政法大学出版社2004年版，第373页。

③ 我国台湾地区“动产担保交易法”第26条规定，“称附条件买卖者，谓买受人先占有动产之标的物，约定至支付一部或全部价金，或完成特定条件时，始取得标的物所有权之交易”。物权行为之效力系于价金支付之事实，故亦为附停止条件。

④ §1, Uniform Conditional Sales Act.

⑤ 湯浅道男『担保物権法』(成文堂，1995年) 142頁。

的事实状态。[①] 即添附物已经不是所有权保留买卖标的物，而是一个新物。此时，出卖人能否提起案外人执行异议之诉请求法院判决对添附物排除强制执行，这涉及添附物所有权的归属，以及所有权保留的类型。《民法典》第 322 条规定，因加工、附合、混合而产生的物的归属，有约定的，按照约定；没有约定或者约定不明确的，依照法律规定；法律没有规定的，按照充分发挥物的效用以及保护无过错当事人的原则确定。因一方当事人的过错或者确定物的归属造成另一方当事人损害的，应当给予赔偿或者补偿。所有权保留的类型，包括简单的所有权保留、扩张的所有权保留、延长的所有权保留和复杂的所有权保留。[②] 其中，延长的所有权保留，是指买受人被授权对于尚未完全付清价金的标的物再次转让，又包括追索的所有权保留与聚合的所有权保留。[③] 聚合的所有权保留的买受人多为制造商，是指当标的物被加工成新产品时，出卖人按照约定对于该产品的全部或部分享有所有权。[④]《民法典》对此未作出规定。

基于以上内容，笔者认为：（1）被执行人与第三人约定添附物归买受人所有或者被执行人与第三人共有时，由于添附物与所有权保留买卖标的物不具有同一性，已非原物，出卖人丧失所有权，因此，出卖人不能提起案外人执行异议之诉请求法院判决排除对添附物的强制执行。不过，若所有权保留的类型属于聚合的所有权保留，因出卖人对于添附物的全部或部分享有所有权，故可以提起案外人执行异议之诉请求法院判决排除对全部或者部分添附物的强制执行。此外，出卖人还可以基于债权请求权通过给付之诉等程序取得执行依据后，向执行机关申请强制执行被执行人的一般责任财产或者添附物。（2）被执行人与第三人约定添附物归第三人所有时，出卖人不能基于所有权提起案外人执行异议之诉

① 杨立新：《物权法》（第四版），中国人民大学出版社 2013 年版，第 59 页。
② 参见翟云岭、孙得胜：《论所有权保留》，载《法学家》2010 年第 1 期。
③ 参见翟云岭、孙得胜：《论所有权保留》，载《法学家》2010 年第 1 期。
④ 参见翟云岭、孙得胜：《论所有权保留》，载《法学家》2010 年第 1 期。

请求法院判决排除对添附物的强制执行。但是，出卖人可以基于债权请求权通过给付之诉等程序取得执行依据后，向执行机关申请强制执行被执行人的一般责任财产或者第三人返还给被执行人的不当得利补偿金或者第三人赔偿给被执行人的侵权损害赔偿款。（3）没有约定、约定不明确或者法律没有规定，按照充分发挥物的效用以及保护无过错当事人的原则确定添附物的所有权时，无论确定给第三人还是被执行人，规则和上述有约定的情形一致。

所有权保留交易的权利构造模式采取担保权构造时，出卖人所保留的所有权被功能化为担保物权，出卖人仅得主张对标的物进行变价，并以变价款优先受偿。[①] 此时，出卖人应当参照《最高人民法院关于适用〈中华人民共和国民事诉讼法〉的解释》第 506 条第 2 款的规定，直接申请参与分配，主张优先受偿权，不得提起案外人执行异议之诉。高圣平教授认为，从《民法典》买卖合同章中所有权保留交易规则的内容来看，明显采取了担保权构造：其一，《民法典》第 641 条第 2 款采行登记对抗主义，与所有权构造之下的动产物权变动模式迥异；其二，《民法典》第 642 条第 2 款采纳担保物权的实现程序，改变了所有权构造之下的所有权保护方式；其三，《民法典》第 643 条第 2 款纳入清算法理，也与所有权构造之下的物上请求权不同。[②] 对此，笔者表示赞同。一方面，根据《民法典》第 642 条第 2 款的规定，所有权保留可以参照适用担保物权的实现程序，明确承认了所有权保留的担保功能。另一方面，根据《民法典》第 643 条第 2 款的规定，即便出卖人自行或者通过担保物权实现程序取回了所有权保留买卖标的物，也需要自行买卖或者通过强制执行程序将标的物出卖给第三人，而非再次成为实质意义上的所有权人。事实上，最

---

① 参见高圣平：《〈民法典〉视野下所有权保留交易的法律构成》，载《中州学刊》2020 年第 6 期。

② 参见高圣平：《〈民法典〉视野下所有权保留交易的法律构成》，载《中州学刊》2020 年第 6 期。

高人民法院也正是基于此对出卖人能否提起案外人执行异议之诉的态度发生了转变。即最高人民法院2020年发布的《关于人民法院民事执行中查封、扣押、冻结财产的规定》第16条较之2008年发布的《关于人民法院民事执行中查封、扣押、冻结财产的规定》第18条作了明显修改，规定："保留所有权已办理登记的，第三人的剩余价款从该财产变价款中优先支付；第三人主张取回该财产的，可以依据民事诉讼法第二百二十七条规定提出异议。"

总之，对《民法典》关于所有权保留交易采取的权利构造模式的理解不同，会直接影响出卖人能否提起案外人执行异议之诉的结论。对此，笔者更倾向于认为《民法典》明确采取了担保权构造，也十分赞同最高人民法院2020年发布的《关于人民法院民事执行中查封、扣押、冻结财产的规定》第16条的最新规定。因此，保留所有权已办理登记的，出卖人应当直接申请参与分配，主张优先受偿权，而不得提起案外人执行异议之诉。

二、出卖人的债权人申请强制执行买卖标的物，买受人作为案外人提起执行异议之诉

在所有权保留买卖中，买受人未按约定履行支付价款或者其他义务时，买卖标的物所有权不发生转移。此时，出卖人的债权人可能申请强制执行买卖标的物。理论上，有观点认为，在出卖人成为被执行人的情形下，出卖人的债权人不得对所有权保留买卖标的物强制执行，因为买卖标的物被保留于买受人的占有下，交付存在困难。[①] 根据《最高人民法院关于人民法院民事执行中查封、扣押、冻结财产的规定》第14条前半句"被执行人将其财产出卖给第三人，第三人已经支付部分价款并实际

---

① 德国赖札教授采此观点。转引自刘得宽：《民法诸问题与新展望》，中国政法大学出版社2002年版，第24－25页。

占有该财产，但根据合同约定被执行人保留所有权的，人民法院可以查封、扣押、冻结”的规定，笔者认为，既然被执行人尚保有所有权保留买卖标的物所有权，则买卖标的物尚属于被执行人的责任财产，执行法院有权采取执行措施。尤其是，所有权保留交易登记对抗主义制度之下，执行买卖标的物完全符合形式审查原则。各地法院也多持肯定态度。[①] 如果不允许执行法院强制执行所有权保留买卖标的物，将埋下被执行人与案外人恶意串通虚构所有权保留买卖法律关系转移、隐匿财产的隐患。虽然申请执行人也可以提起撤销权诉讼，但这将加重申请执行人的负担，如其需要承担证明责任。其实，如果买受人拒绝交付，则构成妨害执行行为，可以采取相应的强制措施迫使其交付，不存在交付困难的问题。

那么，出卖人的债权人申请强制执行所有权保留买卖标的物时，买受人能否作为案外人提起执行异议之诉？在理论方面，我国学界存在两种对立的观点。一种观点认为，买受人可以提起案外人执行异议之诉。理由在于：第一，虽然买受人尚未取得所有权保留买卖标的物的所有权，但买受人实际占有标的物，可以通过继续履行支付剩余价款的义务或者其他义务取得标的物的所有权。此外，保留所有权买卖合同的价款一般高于普通买卖合同的价款，买受人之所以愿意支付相对高价是为了提前获得标的物的占有使用权，如果不允许买受人提起案外人执行异议之诉，将侵害买受人的占有使用权。[②] 第二，买受人对所有权保留买卖标的物享

---

① 参见安徽省淮北市中级人民法院执行裁定书，（2015）淮执异字第 00003 号；福建省泉州市鲤城区人民法院执行裁定书，（2014）鲤执外异字第 3 号；江苏省吴江市人民法院执行裁定书，（2014）吴江执异字第 0021 号；广东省珠海市香洲区人民法院执行裁定书，（2013）珠香法执外异字第 32 号。

② 参见朱腾飞：《案外人异议之诉研究》，中国政法大学出版社 2016 年版，第 185 页；曹春梅：《第三人异议之诉研究》，西南政法大学 2015 年博士学位论文，第 72 页；匡青松：《第三人执行异议之诉研究》，湘潭大学 2011 年博士学位论文，第 56 页；陈娴灵：《案外人异议之诉异议事由释论》，载《江汉论坛》2011 年第 9 期。

有期待权，基于期待权可以提起案外人执行异议之诉。[①] 这种理由，很大程度上是受比较法，尤其是德国法的影响。在德国，买方基于期待权而可能享有异议权。[②] 另一种观点认为，除非买受人要求继续履行所有权保留买卖合同，并在合理期限内向人民法院支付剩余价款，否则，买受人提起执行异议之诉请求排除强制执行的，不予支持。[③] 这种观点实际上来源于最高人民法院2008年发布的《关于人民法院民事执行中查封、扣押、冻结财产的规定》（已被修改）第16条后半句规定，即“第三人要求继续履行合同的，应当由第三人在合理期限内向人民法院交付全部余款后，裁定解除查封、扣押、冻结”。

笔者认为，买受人不得提起案外人执行异议之诉，也不能通过支付剩余价款而解除执行机关采取的执行措施。不过，考虑到买受人的本意是取得所有权保留买卖标的物的所有权，且买受人通常实际占有标的物，能更为有效的对标的物展开利用，故应当赋予买受人优先购买权。理由如下：

第一，被执行人的取回权未受限制或者尚未丧失时，买受人不能基于占有提起案外人执行异议之诉并排除强制执行。根据《民法典》第462条的规定，占有作为对物事实上的管领，受到法律保护，且占有因强制执行有受侵害之虞，因此，如果特定执行标的物非属被执行人所有，案外人可以基于占有提起执行异议之诉，且足以排除强制执行。但是，如果特定执行标的物属于被执行人所有，且被执行人解除案外人的占有具有正当理由，因所有权的效力强于占有，故案外人有忍受强制执行的义

① 参见曹春梅：《第三人异议之诉研究》，西南政法大学2015年博士学位论文，第72页；汤维建、陈爱飞：《“足以排除强制执行民事权益”的类型化分析》，载《苏州大学学报（哲学社会科学版）》2018年第2期。

② 参见江必新主编：《比较强制执行法》，中国法制出版社2014年版，第188页。

③ 参见高仁宝等编著：《执行异议之诉法律适用指引》，法律出版社2018年版，第64页；王聪：《案外人执行异议之诉中异议事由的类型化研究——以“足以排除强制执行的民事权益”为中心》，载《法治研究》2018年第4期。

务，不得提起案外人执行异议之诉。因买受人未履行支付价款或者其他义务时，所有权保留买卖标的物属于被执行人所有，如果被执行人的取回权未受限制或者尚未丧失（受限或者丧失的情形，同出卖人取回权的三种情形），则执行法院根据申请执行人的申请解除买受人的占有具有正当理由，买受人有忍受强制执行的义务，不得提起案外人执行异议之诉。

第二，买受人不能基于期待权提起案外人执行异议之诉并排除强制执行。关于所有权保留交易中，买受人享有的权利的性质是一个颇具争议的问题，存在物权说、债权说、期待权说等多种学说。其中，期待权说内部关于期待权的性质，也存在较大争议：一是在财产权领域，期待权是物权还是债权；二是从权利作用看，期待权究属支配权还是请求权，是形成权还是抗辩权；三是从权利效力范围来看，期待权是绝对权还是相对权。[①] 事实上，在期待权概念的发源地德国，期待权的性质也未有定论。[②] 部分学者认为买受人可以基于期待权提起案外人执行异议之诉并排除强制执行，实际上隐含着期待权是物权的观点，因为只有物权期待权具有对抗效力，可以对抗金钱请求权执行程序中申请执行人享有的债权。笔者认为，在我国，不存在动产物权期待权这种权利。动产物权期待权与上文所述的不动产物权期待权类似，其根植于德国物权形式主义的物权变动模式等制度。在我国物权法定主义[③]以及债权形式主义的物权变动模式之下，买受人享有的权利只能是债权。[④] 事实上，所有权保留也规定

---

① 参见申卫星：《期待权基本理论研究》，中国人民大学出版社2015年版，第89页。

② 参见申卫星：《期待权基本理论研究》，中国人民大学出版社2015年版，第191－213页。

③ 日本法也有类似规定。川井健『民法教室・物権法』（日本評論社，1985年）32頁参照。

④ 王利明、李永军教授持相同观点。参见王利明：《所有权保留制度若干问题探讨——兼评〈买卖合同司法解释〉相关规定》，载《法学评论》2014年第1期；李永军：《所有权保留制度的比较法研究——我国立法、司法解释和学理上的所有权保留评述》，载《法学论坛》2013年第6期。

在《民法典》合同编。而且从物权对抗效力的角度看，出卖人在满足特定条件时享有取回权，而买受人所享有的期待权并不能对抗出卖人，可见，买受人所享有的权利也不可能是物权。①

第三，买受人不能通过支付剩余价款而要求解除执行机关采取的执行措施。执行机关对所有权保留买卖标的物采取执行措施之后，若允许买受人通过支付剩余价款而解除执行机关采取的执行措施，相当于变相赋予买受人类似优先受偿的地位。由于买受人享有的是债权，申请执行人通常享有的也是债权（这里的债权是指执行债权发生的基础权利），故在金钱请求权执行程序中，二者应当平等保护。如果申请执行人享有物权，甚至应当优先保护。不过，在所有权保留买卖中，买受人通常实际占有标的物，且买受人的本意是取得标的物所有权，故应当赋予买受人优先购买权，使占有人与权利人向同一个方向转化，减少权利冲突主体。此外，由于买受人通常实际占有标的物，相对于其他竞买人，买受人更了解所有权保留买卖标的物，故能进行更为有效的利用。如果买受人行使优先购买权，则意味着该财产对其有利用价值。通常情况下，其取得标的物能进行更为连贯、高效、充分的利用，有利于物尽其用。事实上，优先购买权作为一项具有数千年历史的法律制度，其一方面要建立在一定的法理基础之上，反映人们一定的立法技巧和逻辑思维；另一方面亦应在一定程度上反映社会生活对法律规则的需求，具有为社会服务的价值。② 因此，赋予所有权保留买卖买受人优先购买权，有利于实现为社会服务的价值。

---

① 参见王利明：《所有权保留制度若干问题探讨——兼评〈买卖合同司法解释〉相关规定》，载《法学评论》2014 年第 1 期。

② 参见许尚豪、阚英：《论优先购买权价值功能与法理基础的统一性》，载《政法论丛》2008 年第 1 期。

结　语

我国的民事诉讼法和实体法与德国、日本等国的法学理论以及具体规则具有高度的相似性，但各国的法律规定以及司法实践仍有诸多不同之处，由此导致各国关于第三人/案外人（执行）异议之诉异议事由的理论和规定并不完全相同。例如，德国的判例和学界通说认为，第三人可以基于不动产物权期待权提起第三人异议之诉，但在采债权意思主义的日本[①]以及采债权形式主义的我国，根本不存在不动产物权期待权。前期的诸多研究侧重域外的理论介绍以及简单的实证考察导致我国尚未构建起完全契合我国既有的民事程序和实体理论，未构建起符合我国司法实践以及既有规范的案外人执行异议之诉异议事由理论体系。本书从司法实践中存在的问题出发，基于《民法典》与《民事诉讼法》等实体法和程序法的规定，运用基础理论建构了初步的案外人执行异议之诉异议事由理论体系。当然，《民法典》等实体法规定的民事权益的类型颇多，案外人执行异议之诉的异议事由呈现多样化，本书虽然以物债两分的体系对案外人执行异议之诉的异议事由作了较为全面的研究，但仍有部分内容由于司法实践尚未产生较大分歧等原因而未能展开进一步的说明。例如，本书未对《民法典》新增设的超级优先权得否成为案外人执行异议

---

① 参见陈华彬：《物权法论》，中国政法大学出版社 2018 年版，第 114－118 页；田山輝明『物権法』（弘文堂，2004 年）54 頁；舟橋淳一『物権法』（有斐閣，1994 年）74 頁。

之诉的异议事由进行研究。

案外人执行异议之诉的异议事由，是一个勾连民事程序法与实体法的制度。基于案外人执行异议之诉的异议事由是否等同于民事实体法规定的民事权益抑或可以突破民事实体法的规定这一问题，如何厘清民事强制执行法与实体法的关系法理，并通过民事强制执行法的研究反向推动实体法规则的完善，是值得民事强制执行法学理论进一步深入思考的命题。笔者认为，民事强制执行法作为公法，对于民事实体法并不是亦步亦趋、如影随形的。在民事执行权这一公权力介入的背景下，经过权益判定程序确定的私法关系可能会发生扭曲或者变形，民事执行程序中可能会产生不同公权力主体、不同私权利主体以及不同公权力和私权利主体之间的各种各样的复杂的利益关系冲突，而只调整当事人双方实体利益关系的《民法典》等实体法并未或者不可能对扭曲或者变形的私法关系进行事后矫正以及对在执行程序中产生的利益关系冲突尤其是涉及公权力主体的利益关系冲突作出价值判断。此时，即需要作为公法的民事强制执行法对扭曲或者变形的私法关系进行矫正、对各种各样复杂的利益关系冲突进行处理、对《民法典》等实体法规则进行事后填补或者突破。事实上，民事强制执行法在某种意义上也是一部特殊的民事实体法，实体利益衡量和价值判断贯穿民事强制执行程序始终。不过，民事强制执行法突破实体法的规定必须遵循谦抑原则、法定原则、比例原则，必须具备足够、充分、必要且正当的理由。否则，诸如司法实践不断扩展中国式不动产物权期待权的类型以及赋予中国式不动产物权期待权以物权效力，必将动摇物权法定原则、债权形式主义的物权变动原则以及债权平等的实体法原则，进而造成民事强制执行法与实体法的冲突，产生民事强制执行法瓦解实体法的严重后果。

主要参考文献

中文部分

一、专著

1. 肖建国：《司法公正的理念与制度研究》，中国人民公安大学出版社 2006 年版。
2. 肖建国：《中国民事强制执行法专题研究》，中国法制出版社 2020 年版。
3. 江必新主编：《强制执行法理论与实务》，中国法制出版社 2014 年版。
4. 肖建国主编：《民事执行法》，中国人民大学出版社 2014 年版。
5. 赖来焜：《强制执行法总论》，台北，元照出版有限公司 2007 年版。
6. 陈旻、李馨：《执行异议之诉案件裁判思路与操作》，中国法制出版社 2012 年版。
7. 吴光陆：《强制执行法》，台北，三民书局股份有限公司 2012 年版。
8. 陈荣宗：《民事程序法与诉讼标的理论》，台北，瑞明彩色印刷有限公司 1965 年版。
9. 朱腾飞：《案外人异议之诉研究》，中国政法大学出版社 2016 年版。
10. 最高人民法院民事审判第二庭编著：《〈全国法院民商事审判工作会议纪要〉理解与适用》，人民法院出版社 2019 年版。
11. 江必新、刘贵祥主编：《最高人民法院关于人民法院办理执行异议和复议案件若干问题规定理解与适用》，人民法院出版社 2015 年版。
12. 韩世远：《合同法总论》，法律出版社 2011 年版。
13. 张登科：《强制执行法》，台北，三民书局股份有限公司 2013 年版。
14. 江必新主编：《比较强制执行法》，中国法制出版社 2014 年版。
15. 舒国滢主编：《法理学》（第四版），中国人民大学出版社 2016 年版。
16. 梁慧星、陈华彬：《物权法》，法律出版社 2016 年版。
17. 陈华彬：《物权法论》，中国政法大学出版社 2018 年版。
18. 申卫星：《物权法》，中国人民大学出版社 2016 年版。
19. 杜万华主编：《最高人民法院〈物权法司法解释（一）〉理解与适用》，人民法院出版社 2016 年版。
20. 王利明：《物权法研究》（第三版）（上、下卷），中国人民大学出版社 2013 年版。
21. 尹田：《物权法》，北京大学出版社 2013 年版。
22. 高富平：《物权法讲义》，法律出版社 2011 年版。
23. 孙宪忠主编：《中国物权法：原理释义和立法解读》，经济管理出版社 2008 年版。
24. 高仁宝等编著：《执行异议之诉法律适用指引》，法律出版社 2018 年版。
25. 最高人民法院物权法研究小组编著：《〈中华人民共和国物权法〉条文理解与适用》，人民法院出版社 2007 年版。
26. 最高人民法院民法典贯彻实施工作领导小组主编：《中华人民共和国民法典物权编理解与适用》（下册），人民法院出版社 2020 年版。
27. 朱岩、高圣平、陈鑫：《中国物权法评注》，北京大学出版社 2007 年版。
28. 王利明：《债法总则研究》，中国人民大学出版社 2015 年版。
29. 郑云瑞：《公司法学》，北京大学出版社 2016 年版。
30. 施天涛：《公司法论》，法律出版社 2014 年版。

31. 最高人民法院民事审判第二庭：《最高人民法院关于〈公司法解释（三）、清算纪要〉理解与适用》，人民法院出版社 2016 年版。
32. 王利明：《合同法总论》（中卷），中国人民大学出版社 2016 年版。
33. 王洪亮：《债法总论》，北京大学出版社 2016 年版。
34. 申卫星：《期待权基本理论研究》，中国人民大学出版社 2015 年版。
35. 孙宪忠：《德国当代物权法》，法律出版社 1997 年版。
36. 王泽鉴：《民法学说与判例研究》（第七册），北京大学出版社 2009 年版。
37. 最高人民法院民事审判第一庭编著：《最高人民法院关于审理商品房买卖合同纠纷案件司法解释的理解与适用》，人民法院出版社 2015 年版。
38. 赵廉慧：《信托法解释论》，中国法制出版社 2015 年版。
39. 王闯：《让与担保法律制度研究》，法律出版社 2000 年版。
40. 杨立新：《物权法》（第四版），中国人民大学出版社 2013 年版。
41. 刘得宽：《民法诸问题与新展望》，中国政法大学出版社 2002 年版。
42. 最高人民法院民法典贯彻实施工作领导小组办公室编著：《最高人民法院新民事诉讼法司法解释理解与适用》，人民法院出版社 2022 年版。

二、译著

1. ［德］伯恩·魏德士：《法理学》，丁小春、吴越译，法律出版社 2003 年版。
2. ［德］莱奥·罗森贝克：《证明责任论》（第五版），庄敬华译，中国法制出版社 2018 年版。
3. ［德］曼弗雷德·沃尔夫：《物权法》，吴越、李大雪译，法律出版社 2002 年版。
4. ［德］鲍尔、施蒂尔纳：《德国物权法》（上册），张双根译，法律出版社 2004 年版。

5. ［日］高桥宏志：《民事诉讼法制度与理论的深层分析》，林剑锋译，法律出版社2003年版。
6. ［日］能见善久：《现代信托法》，赵廉慧译，中国法制出版社2011年版。

三、论文

（一）期刊论文

1. 肖建国、庄诗岳：《参与分配程序：功能调整与制度重构——以一般破产主义为基点》，载《山东社会科学》2020年第3期。
2. 陈桂明、范向阳：《不动产执行程序中执行力的扩张——兼谈执行法作为程序法对实体法的回应和干预》，载《人民司法》2007年第21期。
3. 汤维建：《应单独制定我国的强制执行法》，载《人民检察》2011年第7期。
4. 肖建国、庄诗岳：《论案外人异议之诉中足以排除强制执行的民事权益——以虚假登记财产的执行为中心》，载《法律适用》2018年第15期。
5. 王轶：《民法价值判断问题的实体性论证规则——以中国民法学的学术实践为背景》，载《中国社会科学》2004年第6期。
6. 刘保玉：《附物权担保债权人的执行选择权问题探讨》，载《法学家》2017年第4期。
7. 张力、张翠萍：《论民法典时代的抵押物转让规则之建构——以公示公信原则为基础》，载《中国不动产法研究》2019年第2辑（总第20辑）。
8. 高圣平、王琪：《不动产抵押物转让规则的解释论：〈物权法〉第191条及其周边》，载《法律科学（西北政法大学学报）》2011年第5期。
9. 梁上上、贝金欣：《抵押物转让中的利益衡量与制度设计》，载《法学研究》2005年第4期。
10. 廖浩：《民事特定继受执行程序研究——以执行主体变更、追加的二阶段架构为中心》，载《华东政法大学学报》2020 年第 4 期。

11. 孙宪忠、常鹏翱：《论法律物权和事实物权的区分》，载《法学研究》2001 年第 5 期。
12. 马强伟：《预查封制度质疑及物上期待权的执行》，载《法学》2019 年第 10 期。
13. 曹志勋：《论我国法上确认之诉的认定》，载《法学》2018 年第 11 期。
14. 孟祥沛：《论中国式按揭》，载《政治与法律》2013 年第 5 期。
15. 唐烈英：《论个人住房贷款中的连带责任保证》，载《法学论坛》2007 年第 4 期。
16. 陆青：《合同联立问题研究》，载《政治与法律》2014 年第 5 期。
17. 尹田：《物权登记的效力及其法律适用——对〈物权法司法解释（一)〉相关规定的解析》，载《法律适用》2016 年第 5 期。
18. 郑永宽：《论机动车等特殊动产物权的登记对抗效力》，载《法学家》2019 年第 4 期。
19. 方帅：《特殊动产的物权变动与对抗规则——兼析物权法解释（一）第六条》，载《时代法学》2017 年第 1 期。
20. 汪志刚：《准不动产物权变动与对抗》，载《中外法学》2011 年第 5 期。
21. 张淳：《我国〈物权法〉第 24 条适用二题》，载《法学论坛》2013 年第 1 期。
22. 景光强：《特殊动产物权变动解释论——重新审视〈物权法〉第 24 条》，载《法律适用》2016 年第 6 期。
23. 王宝道：《案外人异议之诉权益冲突规则研究——以多重买卖与案外人异议规则的比较为切入点》，载《中南大学学报（社会科学版）》2019 年第 3 期。
24. 龙俊：《中国物权法上的登记对抗主义》，载《法学研究》2012 年第 5 期。
25. 尹田、尹伊：《论对未经登记及登记不实财产的强制执行》，载《法律适用》2014 年第 10 期。
26. 朱晓喆：《存款货币的权利归属与返还请求权——反思民法上货币“占有即所有”法则的司法运用》，载《法学研究》2018 年第 2 期。
27. 其木提：《错误转账付款返还请求权的救济路径——兼评最高人民法院（2017）最高法民申 322 号民事裁定书》，载《法学》2020 年第 2 期。
28. 孙鹏：《金钱“占有即所有”原理批判及权利流转规则之重塑》，载《法学研究》2019 年第 5 期。
29. 黄海涛、杨俊逸：《汇款错误产生之债权不能对抗强制执行》，载《人民司法》2020 年第 2 期。
30. 徐同远：《〈民事诉讼法〉第 227 条在存款执行程序中的适用》，载《法律适用》2015 年第 7 期。
31. 黄忠：《违法建筑的私法地位之辨识——〈物权法〉第 30 条的解释论》，载《当代法学》2017 年第 5 期。
32. 胡婷、王亚新：《共有不动产执行中的争议处理——兼论执行立法草案相关条文的内容构成》，载《西南政法大学学报》2020 年第 2 期。
33. 汤维建、陈爱飞：《“足以排除强制执行民事权益”的类型化分析》，载《苏州大学学报（哲学社会科学版）》2018 年第 2 期。
34. 申光伟：《案外人涉房执行异议之诉及其主要权利类型》，载《人民司法》2019 年第 22 期。
35. 王聪：《案外人执行异议之诉中异议事由的类型化研究——以“足以排除强制执行的民事权益”为中心》，载《法治研究》2018 年第 4 期。
36. 陈娴灵：《案外人异议之诉异议事由释论》，载《江汉论坛》2011 年第 9 期。

37. 王轶：《行政许可与合同效力》，载《中国司法》2020 年第 8 期。
38. 徐化耿：《保证金账户担保的法律性质再认识——以〈担保法司法解释〉第 85 条为切入点》，载《北京社会科学》2015 年第 11 期。
39. 崔建远：《“担保”辩——基于担保泛化弊端严重的思考》，载《政治与法律》2015 年第 12 期。
40. 毋爱斌、陈渭强、刘晓宇：《保证金账户可以特定化并构成货币质押》，载《人民司法》2012 年第 10 期。
41. 霍楠、夏敏：《保证金账户质押生效则不能成为另案执行标的》，载《人民司法》2014 年第 4 期。
42. 乔宇：《执行异议之诉中对质押保证金的认定》，载《人民司法》2017 年第 14 期。
43. 倪亚蓓：《保证金账户的认定标准》，载《人民司法》2016 年第 8 期。
44. 马一德：《借名买房之法律适用》，载《法学家》2014 年第 6 期。
45. 翟业虎、程婉秋：《借名买房行为法律问题初探》，载《江淮论坛》2015 年第 4 期。
46. 赵秀梅：《借名登记合同中的法律问题》，载《国家检察官学院学报》2014 年第 5 期。
47. 魏海：《不动产事实物权的判定依据及冲突解决规则》，载《法律适用》2010 年第 4 期。
48. 孙宪忠：《〈物权法司法解释（一）〉与交易中的物权确认规则》，载《法律适用》2016 年第 11 期。
49. 崔建远：《以物抵债的理论与实践》，载《河北法学》2012 年第 3 期。
50. 崔建远：《以物抵债效力的司法裁判规则》，载《人民法治》2015 年第 9 期。
51. 陈永强：《以物抵债之处分行为论》，载《法学》2014 年第 11 期。
52. 司伟：《债务清偿期届满后的以物抵债纠纷裁判若干疑难问题思考》，载《法律适用》2017 年第 17 期。

53. 司伟、王小青：《执行异议之诉中不动产买受人排除强制执行的要件审查》，载《人民司法》2019 年第 23 期。
54. 张守国、明晨燕：《民事执行程序中权利冲突特殊规则的构建——以未过户登记房屋继受人利益保护规则之完善为视角》，载《法律适用》2018 年第 18 期。
55. 烟台市中级人民法院课题组：《执行异议之诉的实证分析与立法完善——以程序与实体问题切入》，载《山东审判》2017 年第 3 期。
56. 王毓莹、翟如意：《执行异议之诉中排除执行的民事权利类型化研究》，载《人民司法》2019 年第 28 期。
57. 刘颖：《论债权请求权人可否提起案外人异议之诉》，载《暨南学报（哲学社会科学版）》2020 年第 4 期。
58. 王利明：《论民法典物权编中预告登记的法律效力》，载《清华法学》2019 年第 3 期。
59. 司伟：《预告登记排除金钱债权执行中的几个问题——以房屋所有权预告登记为例》，载《法律适用》2017 年第 21 期。
60. 蔡虹、邓沁婷：《预告登记权利人“排除异议”的判定——以〈异议复议规定〉第 30 条为中心》，载《河北法学》2020 年第 5 期。
61. 庄加园：《预告登记在强制执行程序中的效力》，载《当代法学》2016 年第 4 期。
62. 金可可：《预告登记之性质——从德国法的有关规定说起》，载《法学》2007 年第 7 期。
63. 杨立新、宋志红：《预告登记的性质、效力和范围探索》，载《法学杂志》2006 年第 4 期。
64. 庄加园：《不动产买受人的实体法地位辨析——兼谈〈异议复议规定〉第 28 条》，载《法治研究》2018 年第 5 期。
65. 常鹏翱：《比较法视野中的预告登记》，载《金陵法律评论》2005 年第 1 期。

66. 章晓英：《论房屋所有权转让预告登记在金钱债权执行中的法律地位》，载《政治与法律》2016 年第 11 期。
67. 程啸：《论抵押权的预告登记》，载《中外法学》2017 年第 2 期。
68. 夏沁：《论备案登记制度的民法规范实现》，载《东方法学》2019 年第 2 期。
69. 滕恩荣：《商品房预售合同登记备案不具有物权公示效力》，载《人民司法》2013 年第 10 期。
70. 龙骞：《执行异议中不动产物权期待权探究》，载《山东审判》2017 年第 6 期。
71. 吕凤国：《物权期待权应在合理期限内行使》，载《人民司法》2019 年第 23 期。
72. 张丽洁：《论物权期待权与抵押权的适用规则——从未经变更登记的房产强制执行的角度》，载《甘肃政法学院学报》2019 年第 2 期。
73. 张维娟：《案外人执行异议之诉审查标准冲突与弥合进路选择——以“双阶 + 双标”模式的思辨为视角》，载《山东审判》2019 年第 3 期。
74. 赵晋山、王赫：《“排除执行”之不动产权益——物权变动到债权竞合》，载《法律适用》2017 年第 21 期。
75. 叶名怡：《离婚房产权属约定对强制执行的排除力》，载《法学》2020 年第 4 期。
76. 汤莉婷：《关于离婚协议能否排除执行的案外人执行异议之诉审查标准解析》，载《法律适用》2019 年第 10 期。
77. 赵忠奎：《公司实际出资人执行异议之诉理论检视与裁判路径选择》，载《江西财经大学学报》2020 年第 3 期。
78. 余佳楠：《我国有限公司股权善意取得制度的缺陷与建构——基于权利外观原理的视角》，载《清华法学》2015 年第 4 期。
79. 胡晓静：《股权转让中的股东资格确认——基于股权权属与股东资格的区分》，载《当代法学》2016 年第 2 期。

80. 李建伟：《有限责任公司股权变动模式研究——以公司受通知与认可的程序构建为中心》，载《暨南学报（哲学社会科学版）》2012 年第 12 期。
81. 贾林青：《信托财产，超然于各方当事人之外的独立财产——就我国〈信托法〉有关信托财产独立性规定的适用研究》，载《法律适用》2005 年第 11 期。
82. 王迪、吴斌：《论信托财产的强制执行》，载《人民司法》2005 年第 1 期。
83. 高圣平：《〈民法典〉视野下所有权保留交易的法律构成》，载《中州学刊》2020 年第 6 期。
84. 杨建进、吴传档：《浅析所有权保留财产的执行》，载《法律适用（国家法官学院学报）》2001 年第 5 期。
85. 刘贵祥：《〈民法典〉实施的若干理论与实践问题》，载《法律适用》2020 年第 15 期。
86. 翟云岭、孙得胜：《论所有权保留》，载《法学家》2010 年第 1 期。
87. 王利明：《所有权保留制度若干问题探讨——兼评〈买卖合同司法解释〉相关规定》，载《法学评论》2014 年第 1 期。
88. 李永军：《所有权保留制度的比较法研究——我国立法、司法解释和学理上的所有权保留评述》，载《法学论坛》2013 年第 6 期。
89. 许尚豪、阚英：《论优先购买权价值功能与法理基础的统一性》，载《政法论丛》2008 年第 1 期。
90. ［德］丹尼斯·斯诺尔、汉斯·于尔根·克虏伯：《德国不动产登记制度管理发展现状（三）》，王志成译，载《资源与人居环境》2017 年第 1 期。
91. 常鹏翱：《中国式买房：网签备案的功能分析》，载《法律科学（西北政法大学学报）》2020 年第 4 期。
92. 庄诗岳：《中国式可期待财产的控制：预查封的效力分析》，载《河北法学》2023 年第 6 期。
93. 肖建华：《执行标的若干问题研究》，载陈光中、王伟主编：《诉讼法论丛》（第 2 卷），法律出版社 1998 年版。

（二）学位论文

1. 胡婷：《民事执行中实体事项的审查》，清华大学 2020 年博士学位论文。
2. 匡青松：《第三人执行异议之诉研究》，湘潭大学 2011 年博士学位论文。
3. 曹春梅：《第三人异议之诉研究》，西南政法大学 2015 年博士学位论文。
4. 王荣珍：《不动产预告登记制度研究》，武汉大学 2013 年博士学位论文。

四、法典翻译及报纸

1.《意大利民法典》，费安玲等译，中国政法大学出版社 2004 年版。
2. 王毓莹：《执行异议之诉中账户资金的排除执行问题》，载《人民法院报》2017 年 11 月 1 日，第 7 版。
3. 王琳：《付款人对错误付款至查封账户的资金可提起阻却执行异议——山东滨州中院判决惠丰小额公司诉三丰小额公司案外人执行异议之诉纠纷案》，载《人民法院报》2018 年 1 月 11 日，第 6 版。
4. 叶锋：《借名购房合同的效力认定》，载《人民法院报》2015 年 8 月 12 日，第 7 版。
5. 吴锦江：《不应强制执行建设工程履约保证金》，载《检察日报》2011 年 12 月 26 日，第 3 版。

日文部分

一、专著

1. 松村和德『民事執行救済制度論』（成文堂，1998 年）。

2. 三ケ月章『民事執行法』(弘文堂，1981 年)。
3. 田中康久『新民事執行法の解説』(金融財政事情研究会，1979 年)。
4. 内田武吉『民事執行・保全法要説』(成文堂，1999 年)。
5. 小野木『強制執行法概論』(酒井書店，1960 年)。
6. 和田吉弘『民事執行法・民事保全法』(弘文堂，2007 年)。
7. 吉川大二郎『強制執行法』(法律文化社，1965 年)。
8. 石川明『強制執行法概論』(鳳舎，1967 年)。
9. 菊井維大『強制執行法（總論)』(有斐閣，1976 年)。
10. 中野貞一郎『民事執行・保全法概説』(有斐閣，2006 年)。
11. 三谷忠之『民事訴訟法講義』(成文堂，2005 年)。
12. 柚木馨『擔保物權法』(有斐閣，1958 年)。
13. 柚木馨『抵當権・譲渡擔保（注釈民法)』(有斐閣，1965 年)。
14. 兼子一『増補強制執行法』(弘文堂，1951 年)。
15. 鈴木祿彌『物権法講義』(創文堂，1972 年)。
16. 鈴木禄彌『物權法講義』(創文社，1985 年)。
17. 我妻榮『擔保物權法』(岩波書店，1953 年)。
18. 我妻榮『動産抵當制度』(勁草書房，1957 年)。
19. 我妻榮『新訂擔保物權法』(岩波書店，1968 年)。
20. 中田淳一 = 三ケ月章『民事訴訟法演習』(有斐閣，1964 年)。
21. 近江幸治『民法講義（債権法総論)』(成文堂，2004 年)。
22. 田中実等編『債権総論・各論（重要問題と解説)』(法学書院，1972 年)。
23. 遠藤浩等編『民法（事務管理・不当利得・不法行為)』(有斐閣，2004 年)。
24. 加藤雅信『新民法大系Ⅱ 物権法』(有斐閣，2003 年)。
25. 千葉恵美子等著『民法 2 物権』(有斐閣，2002 年)。
26. 石田喜久夫『口述物権法』(成文堂，1992 年)。

27. 鈴木禄彌『物権法講義』（創文社，1994年）。
28. 淡路剛久等『民法Ⅱ　物権』（有斐閣，1987年）。
29. 半田正夫『債権総論』（法学書院，1995年）。
30. 遠藤浩等編『民法　債権総論』（有斐閣，1981年）。
31. 田山輝明『債権総論』（有斐閣，1986年）。
32. 篠塚昭次『民法口話3　債権総論』（有斐閣，1993年）。
33. 野村豊弘等『民法Ⅲ　債権総論』（有斐閣，2003年）。
34. 田山輝明『物権法』（弘文堂，2004年）。
35. 板橋都夫等編『民法総則・物権法』（成文堂，1991年）。
36. 川井健『民法教室・物権法』（日本評論社，1985年）。
37. 山野目章夫『物権法』（日本評論社，2004年）。
38. 舟橋淳一『物権法』（有斐閣，1994年）。
39. 近江幸治『民法講義Ⅲ　担保物権』（成文堂，2004年）。
40. 遠藤浩等編治『民法　担保物権』（有斐閣，2003年）。
41. 湯浅道男『担保物権法』（成文堂，1995年）。
42. 林良平等『口述担保物権』（有斐閣，1981年）。
43. 槙次悌『担保物権法』（有斐閣，1986年）。

二、论文

1. 中野貞一郎「譲渡擔保權者と第三者異議の訴」鈴木忠一＝三ケ月章監修『実務民事訴訟講座』（日本評論社，1970年）。
2. 板阪佐一「詐害行為取消反訴の認容と第三者異議訴訟」民商法雜誌53卷（1966年）。
3. 三穀忠之「不動産譲渡禁止の仮処分と第三者異議の訴」判例タイムズ30卷（1979年）。
4. 牧山市治「依頼人が振込先を誤記入した場合の受取人は預金債権を取得しないとされた事例」金融法務事情1267号（1990年）。
5. 本間義信「詐害行為取消の訴と第三者異議の訴との関係」民商法雜

誌 61 巻（1969 年）。
6. 大習武士「誤振込による預金に対する差押えと第三者異議の訴えの許否」判例時報 918 号（1996 年）。
7. 山田誠一「誤った資金移動取引と不当利得」金融法務事情 1325 号（1992 年）。
8. 住吉博「譲渡擔保と第三者異議の訴」ジュリスト456 號（1970 年）。
9. 小酒禮「譲渡擔保権と第三者異議の訴」判例タイムズ34 巻（1983 年）。
10. 松村和徳「第三者異議の訴えの法的性質論——ドイツにおける學説史を中心として」民商法雑誌 98 巻（1988 年）。
11. 塩崎勤「誤振込による預金に対する差押えと振込依頼人からの第三者異議の訴えの許否」金融法務事情 1299 号（1991 年）。
12. 滝沢昌彦「誤振込による預金債権の成否と預金債権の差押に対する第三者異議の訴えの可否」ジュリスト1018 号（1993 年）。
13. 松並重雄「第三者異議の訴えの原告についての法人格否認の法理の適用」法曹時報 60 巻（2008 年）。
14. 上穀清「不動産引渡命令に対する第三者異議の訴の許否」民商法雑誌 63 巻（1970 年）。
15. 川久保政徳「佔有権に基づく第三者異議の訴え——非金銭執行を中心に」判例タイムズ39 巻（1988 年）。
16. 竹内俊雄「譲渡擔保権者と第三者異議の訴」用地ジャ－ナル18 巻（2009 年）。
17. 菅原胞治「振込取引と原因関係」金融法務事情 1358 号（1993 年）。
18. 後藤紀一「振込取引と不当利得」金融法務事情 1300 号（1991 年）。
19. 森田宏樹「振込取引の法的構造——誤振込事例の再検討」中田裕康＝道垣内弘人編『金融取引と民法原理』（有斐閣，2000 年）。
20. 伊東乾「第三者異議の訴」中田淳一＝三ケ月章『民事訴訟法演習Ⅱ』

（有斐閣，1964 年）。

21. 中野貞一郎「強制執行における變態擔保」中田淳一 = 三ケ月章『民事訴訟法演習 II』（有斐閣，1964 年）。

22. 小野木常「第三者異議の訴」『綜合判例研究叢書民事訴訟法（2）』（有斐閣，1957 年）。

德文部分

1. Kühne, Berechtigt nach gemeinem Rechte juristischer Besitz zur Intervention der Exekutionsinstanz oder infolge der Vollstrcckung eines Sicherheitsarrestes?, Beiträge zur Erläuterung des deutschen Rechts 23 (1879), 497 ff.

2. Picker, Die Drittwiderspruchsklage in ihrer geschichtlichen Entwicklung als Beispiel für das Zusammenwirken von materiellem Recht und Prozessrecht, 1981, S. 33.

3. v. Schrutka, Zur Analyse der Exscindirungsklage, Zeitschrift für das Privat – und öffentliche Recht der Gegenwart 13. Band, S. 312 f.

4. Kuttner, Urteilswirkungen ausserhalb des Zivilprozessrechts, 1914, SS. 22, 25.

5. Blomeyer, Rechtskraft – und Gestaltungswirkung der Urteile im Prozeß auf Vollstreckungsgegenklage und Drittwiderspruchsklage, Acp 165, Band, S. 481ff.

6. Bettermann, Die Interventionsklage als zivile Negatoria, in Festschrift für Friedrich Weber zum 70. Geburtstag, S. 87ff.